UP Collection

新装版

日本・1945年の視点

三輪公忠

東京大学出版会

UP Collection

Keeping Japan's Dreams Alive after 1945:
Opinion Leaders and Intellectuals under the Postwar Allied Occupation

Kimitada MIWA

University of Tokyo Press, 2014
ISBN 978-4-13-006527-6

はしがき

明治期の日本人は、自国のことをしばしばイギリスになぞらえた。地理的位置を最大の根拠として、現在よりも、未来をなぞらえたのであった。貿易立国のイギリス、大海洋帝国イギリスは、当時の日本人が思いえがく日本のための実在する模範国家であった。しかし東アジアの縁辺に、そのままもう一つのイギリスをつくればよいと考えていたわけではない。日本の特殊性を生かしつつ、世界に通用し、珍重され、尊敬されるような国家をつくりだそうとしていたのである。

日本をイギリスになぞらえて、国家づくりをするというのは、いうならば地政学的な着想であった。地理的条件を最重要の要因としつつも、その国土に居住する民族の特性を同じように重視し、その歴史性、文化性等を加味した現状分析と将来への見取図である。一八九二年という時点で、近代日本の特筆すべき知性と良心の人であった内村鑑三も、日本および日本人の世界史に果たすべき役割はなんであるかとの問に答えようとしたとき、最初に注目したのは、ヨーロッパ大陸の縁辺、大西洋上に位置するイギリスとの相似性であった。内村はイギリスのことを「大西洋のわが日本の姉妹帝国」と呼んだ。しかし同時に彼は、地理的条件だけで、一国の世界史的役割がすべて決定するものでないことを、古代ギリシャを例に引いて強調するのを忘れなかった。古代ギリシヤ人がギリシヤ以外の土地に住んだとして、あの文明が生まれなかったのと同様に、古代ギリシヤ人以外の人間集団がギリシヤに住んだとしても、あのような文明の創造者とはなりえなかったろうというのであった。つまり彼は、国土の地理的条件と共に、そこに生活する人間の民族的特質を同じように重要視していたのである。

日本人の可能性について、もっとも楽観的な瞬間には、内村も次のようにいった。「全東洋人のうちで日本人だけが、西洋の思想を理解することができる。そして、全文明人のあいだで、日本人だけが、東洋の思想を正しく認識している」。そしてそこから導かれる結論としての日本人の天職は次のように表現された。「東洋と西洋を調和させ共存させること。東洋の立場を盛り立てつつ、西洋の先導者となることである」。以上は一八九二年二月五日の *The Japan Daily Mail* に掲載された "Japan's Future as Concieved by a Japanese" と題され、あるいは別名 "Japan : Its Mission" (日本の天職) として記憶されている論文に表明された内村の立場であった。

それから二年、日清戦争がはじまった。内村はこれを、朝鮮の「独立」を貫徹させようとする日本と、朝鮮を旧来通り朝貢国として位置づけていた中国との戦争と認識し、"The Corean War" (朝鮮戦争) と呼び、"a righteous war" (義戦) と呼んだ。朝鮮民族を中国の因循姑息な悪政から解放し、欧州からアメリカに渡って再生したキリスト教とその文明が、日本を通じてアジア大陸に伝播してゆく自然のいきおいを助ける戦争であった。内村は日清戦争を全面的に支持するこのような見解を、開戦直後に認め、"Justification of the Corean War" (朝鮮戦争の義) として八月二三日の『国民之友』に発表した。

内村はこの戦争のことを法律的にも道義的にも間違いのない戦争だといい切った。しかしこのとき内村は、日本人の民族的天職を信じようとするあまり、勇み足になっていた。内村は一八七六年の日朝修好条規が、一方で朝鮮の「独立」をうたいつつも、もう一方では日本が不平等特権を一方的に朝鮮から奪い取っていたことをどう考えていたのだろう。内村はいわば政府の示した戦争目的を額面通りに信じて、この戦争を「義戦」としたのであった。明治天皇による宣戦の詔勅にも、朝鮮は日本が「啓誘シテ列国」の仲間入りをさせた「独立ノ一国」であるのに、中国はこれを「属邦ト称シ」、たえずその「内政ニ干渉」してきた。こうして、日朝修好条規の存在そのものを否定し、日本の「権利利益ヲ損傷シ」、遂には東洋平和の条件をつきくずしてしまっているのである、とあった。

そして日本軍が陸では平壌を「解放」し（九月一六日）、海上では黄海海戦で清国北洋艦隊の主力を殲滅した（九月一七日）後で、「義戦」としての日清戦争の戦後処理につき、内村は自らの信ずるところを一〇月三日の『国民之友』に発表した。まず巷間で行なわれていた戦争目的に関する主張を次の三項に要約した。「一、朝鮮の独立を確定するにあり」。「二、支那を懲誡し、之をして再び頭を擡げ得ざらしむるにあり」。「三、文化を東洋に敷き、永く其平和を計るにあり」。

内村は第一項について、朝鮮独立の確定によって日清戦争の目的のすべてが達成されるとするのは、東洋の問題を皮相的にしかとらえることのできないものの言であるとする。彼の考えでは、東洋問題の鍵は中国にあった。そこで第二項について彼は、中国を滅ぼすことが日本の戦争目的かと問いかける。第一の目的たる朝鮮の独立は中国の廃頽によって助けられるか、日本の繁栄と安全は中国が衰亡するとにある中国に払わねばならぬ好意的評価に、いささかはにかみを感じつつも、決然と次の如くいいきった。

「支那の興廃は東洋の安危に大関係あるは、吾人の言を要せずして明なり、東洋若し東洋として宇内に独歩せんと欲すれば、支那の独立は日本の独立と均しく必要なり、余輩は吾人目下の大敵たる支那人に就て斯く言ふ事を甚だ好まざれども支那人は吾人の隣人にして吾人の彼に於けるは欧米人に於けるよりも親且密なる事を吾人は須臾も忘るべからざるなり、支那の安危は吾人の安危にして支那敗頽に帰して其禍の吾人に及ばざるはなし、支那を発して而して而後日本立つべしと信ずる人は宇内の大勢に最も暗き者と称せざる可からず、東洋の平和は支那を起すより来る、朝鮮の独立、日本の進歩共に支那勃興（真正）の結果として来るべきものなり」。

そして第三項について、内村は朝鮮同様中国を助けて「文化を東洋に敷」くことによって平和と進歩を東洋にもたらすことができるとした。

「吾人は半島政府より闇愚暴虐野蛮の徒を駆逐せしが如く大陸政府より常に世界の進歩に抗して亜細亜的圧制と醜俗とを永遠にまで維持せんと欲する蒙昧頑愚の徒を排除せざるべからず……吾人は支那其物と戦ふにあらずして、其吾人の同胞を窘迫する、其文明の光輝を吾人の同胞に供せざる、其亜細亜的虐政の下に同胞四億人を永久の幽暗に置かんと欲する北京政府と戦ふなり」。

東洋に文明の光をもたらすものとしての尊い役割に対する日本人の自覚を促そうとするかのように内

村はさらに次のように書いた。

「然り吾人は亜細亜の救主として此の戦場に臨むものなり、吾人は既に半ば朝鮮を救へり、是れより満州支那を救ひ、南の方安南暹羅に及び、終に印度の聖地をして欧人の覊絆より脱せしめ、以て始めて吾人の目的は達せしなり、東洋の啓導を以て自ら任ずる日本国の冀望は、葱嶺以東の独立振起より小なる能はず……」。

ここに近代日本の対外戦争における「聖戦」思想の原型をみることができる。内村の場合、それはキリスト教的人間愛に発する普遍的なるものへの信念に貫かれていた。その人類史上における役割を日本のものとするとき、内村のナショナリズムは大いなる高揚点に達していた。

一八九五年四月、下関条約にもられた中国に対する懲罰的条項の数々をみて、日中関係の将来を憂える人は当時の日本人の間にも決して少なくはなかった。しかし内村の受けた衝撃は格別だった。信仰上の友として、日頃自分の心情を赤裸々に書き送っていたアメリカのD・C・ベルへの手紙（八月三日付け）に、「『義戦』は略奪戦のようになってしまいました」、この戦争を「『正当化』する文章を書いた予言者」としての自分は「今面目がまるつぶれです」と、自己反省の弁を記した。それまで内村はキリスト教国の堕落と共に、西洋にとって「義戦」は不可能になってしまったが、東洋にかぎって、まだ可能だと信じていた。この人類史上の使命を近代日本が負うていると考えていた。この内村は、日本政府の現実政治によって裏切られた。内村の非戦論は、ここに発祥した。日露戦争を通じ、生涯を通じ、二度と「義戦」などということが、現代世界で可能とは考えなかった。

理念と現実の乖離。そこから現実主義と称する、武装立国に向うものがある。しかし内村はその反対の道をえらんだ。それから半世紀後、日本人は類似した体験を通して、戦後に立ち向った。政府の示した戦争目的——東洋永遠の平和の確立とかアジア諸民族の解放など——を額面通りに信じて戦場におもむいた青年で、もし生きのびて戦後を迎えるものがあったとすれば、「聖戦」とは名ばかりの侵略主義の実相をつぶさに見た後では、内村の非戦論に似た平和主義者になったものもあったろう。

この「聖戦」への情熱と戦後の平和主義との強固な関係も、日本の戦後の平和への担い手であることを忘れてはならない。そのためには「聖戦」といわれた戦争の裏も表と同様に、緻密に研究し、特にその知的側面に注目しつつ、国民動員の全体像をしっかりと把握する必要がある。今日の世界において日本人が果たすべき役割について、歴史が与えうる教訓は、この全体像のうちからしか、くみとりえないと思うからである。

本書がその全体像構築のために、ささやかなりとも寄与しうればと願うものである。

目次

第一章　一九四五年の視点

1　国家と戦争

『なぜ国民国家は戦争をするのか』と題する一九八二年出版の著書で、ステシンジャーは、戦争と国家についていくつかの一般理論化を試みている。最初に提示されている一般理論は次のようなものである。

「今世紀に、主要な対外戦争を仕かけた国家で、勝利者となったものはない」(1)。

こういってから、彼が具体例としてあげるのは第一次大戦におけるドイツ帝国とオーストリア＝ハンガリア二重王国、第二次大戦におけるヒトラーの「第三帝国」である。また朝鮮戦争で、戦争を仕かけた朝鮮民主主義人民共和国は引き分けになった。ベトナム戦争では共産軍が勝利を収めたが、戦争を仕かけたのが共産勢力であったとするのは単純すぎる、とステシンジャーはいう。総括するといずれの場合でも、最初に戦争をはじめた側が敗者となる。政府の形態、イデオロギーとは無関係で、「侵略者は、資本主義者か共産主義者か、白人か有色人種か、西洋人か非西洋人か、富める国か貧しい国か、に関係なく、必ず敗者となった」(2)。

ステシンジャー自身は実例としてとりあげてはいないが、たしかにいわゆる「一五年戦争」で中国に対しては侵略者の、そしてアメリカに対しては真珠湾に奇襲攻撃をかけた日本は、完全な敗者となった。しかし、これも彼は言及しないが、日露戦争の開始と結末はどうだろう。この戦争は、日本海軍の旅順港への奇襲攻撃ではじまった。しかし日本の勝利で終ったのである。著者は、この「今世紀」一九〇四年から翌五年までの「主要な対外戦争」の事例を、どう解釈するのだろう。著者ステシンジャーは、一般理論構築のために、都合よく、近代日本のこの歴史的体験を忘れてしまったのだろうか。しかし彼の一般理論を、この欠陥のために、全面的に捨て去るのはおしい。部分的な修正で、有効性を増すのではないか。それへの糸口は、総括のなかで言い替えられた表現のうちにある。「侵略者」が「必ず敗者となった」と読みかえるところから再構築が可能である。日露戦争では、「侵略者」は帝制ロシアだったのである。日本の国家的存在を脅やかしていたのは、拡張主義政策を追求中のロシアだったのである。しかし一般理論として、「侵略者は必敗す」としたのでは、なにかまだ不満が残る。力の政治としての現実の歴史の分析に、突然大衆文芸の道義感が持ちこまれたようなとまどいを感じる。もっといい修正法はないものか。そこで筆者としては、次のように言い改めることができるのではないかと考える。

国民国家形成の過程で戦われた戦争は、必ず勝利に終る。

こうすれば、ステシンジャーがあげていた対外戦争の事例がすべて、この命題と整合性を持ちうるだけでなく、一九世紀に戦われたいくつかの国民国家形成過程での対外戦争についても、どうして「侵略者」が勝者となるのかを説明できる。例えば一八七〇―七一年の普仏戦争におけるプロシャのように

「侵略者」のようでありながら、戦争はドイツ帝国という国民国家の形成で終ったし、一八九四―一九五年の日清戦争でも、戦争を仕かけた日本は国民国家形成の方向で一歩前進した。その努力を完結したものが、今世紀最初の主要な国際紛争としての日露戦争だった。

朝鮮戦争が「引き分け」で終ったのは、「国民国家形成の過程」として考えれば、あれは国際紛争ではなく、内紛として終ったためである。そして分裂国家としてとはいえ、北も南も「民族」としての存在を保持しえたのは、中ソ、米を巻き込んだ国際紛争としてこれをみれば、朝鮮民族が総体として、外圧に勝利したその結果だとすることができる。もし「引き分け」ではなく、あの戦争を通じて、「侵略者」と位置づけられた北朝鮮の主導のもとに民族的統合が達成されたとしても、この一般理論に適合する。朝鮮民族は国民国家の形成へと一歩前進したことになるからである。その事情は、ベトナムをめぐる国際紛争と同様に理解することができる。国民国家形成への一つの段階としての対外紛争が、国境地帯で戦われることが予想される。

以上のようにステシンジャーが見落した日露戦争の解釈から、戦争についての新しい一般理論を構築しえたこととしよう。この理論を朝鮮戦争に適用してみると、この戦争の意義も新たになった。「国民国家の形成過程」という歴史分析へのアプローチが、このように歴史の新しい解釈を生んだのである。その有効性は、なにも日本や朝鮮などに限ったものではない。世界史における近代を国民国家の形成の時代と考えるならば、この一般理論の応用範囲の広がりは大きい。国民国家が形成され、あるいは再編成されようとしている民族に、どこでも通用するのではなかろうか。世界史における近代という時代は、民族自決という国際的原則を育み、次第に動かし難いものとしていった時代でもある。この原則が普遍的な原則として確立されつつあったればこそ、その結果として国民国家の形成過程における戦争は勝利に終るという、歴史の展開が起ったのだ、とみることができる。第一次大戦末期から戦後にかけて、中央ヨーロッパから東欧に、オーストリアとハンガリアも数えれば八つもの国民国家が新たに形成された。それらはすべて、敗戦国ドイツ、オーストリア、オスマンの三帝国と革命ロシアの旧領土から形成されたものであった。敗戦国ドイツ以西でも自主独立を求める動きはあったが、独立を許容されたものはアイルランド自由国のみであった。そのため民族自決の原則の徹底度において、大きな格差のある地域が残存することになった。第二次大戦でも、この地域は敗戦国としての戦後処理を受けなかった。このため、民族自決の原則は、またしても無視されたままとなった。イギリス（連合王国）における北アイルランドの問題、それにスペインとフランスにおけるバスク人の分離独立への動きは、その顕著な例である。フランスにもブルターニュに民族自決主義がくすぶりつづけてきている。産業革命やフランス大革命で、近代を先導してきたと思われていたイギリスやフランスが、今日の視点に立てば、国民国家としては、かえって前近代的な尻尾をつけているというのは興味深いことである。しかもそれが、国際社会の基本原則として、自らも振りかざした民族自決を、両大戦において勝利したために、自らには適用しなかったためだというのは、いっそう面白いことである。

かつてナポレオンによって征服されたドイツ民族は、ナポレオンがフランス国内では実施しえない理想的な制度的改革を強要された。その結果が、ビスマルク時代のドイツの対フランス優位につながっていったという。戦争の効用が、長期的にみて、勝者によりも、敗者の方にあるらしいというこの興味深い事実は、第二次大戦の敗戦国日本についてもいえそうである。平和憲法、教育改革、農地改革等々、敗戦ゆえに実行された変革のうえに、今日の日本の繁栄と平和は築かれた。それも戦勝国にねたまれるほどの繁栄が。

2　戦争目的の日本的設定

敗戦国の方が、戦勝国よりも、長期的にみて、戦争が結果的にもたらす効用を受けるようだ、というこの一つの歴史上の現象は、それなりの条件を必要としているらしいことも観察される。それは、歴史における大きな変動と重なりあっているときに起るもののようである。たとえば、最近とみに評判の高いジョージ・モデルスキーの理論——世界史において、国際システムの形成＝推進＝保持にかかわる強国は、一六世紀以降百年を一周期として盛衰する(3)——を援用していえば、二〇世紀というアメリカの世紀に、システム保持者としてのアメリカの役割に、新たなシステムの原理の提唱者として日本は挑戦した。その結果、日本は敗北した。それは原理そのものがあやまっていたのではなく、衰退期どころか、ようようイギリスに代って既存の世界システムを運用するべく約束され、今まさに隆盛期に突入したばかりのアメリカによって打ち負かされるという、歴史変動の周期的なダイナミズムの必然であった。しかし、日本はそのとき、次の百年周期における世界システムの創造者、推進者、保持者の候補者として世界史の舞台に登場していたのではなかったか。二〇世紀のシステム保持の役割を任されたアメリカとしては、敗戦後の日本にこのシステムの構成メンバーとしての位置を許すつもりなら、そしてアメリカの立場の補強に役立つと判断されたとすれば、日本の求めるものが、たとえかつて日本を戦争に駆り立てた原理とどこかで連続していたとしても、これを許容し、活用してゆかなければならない。

一九二〇年代の国際協調主義、自由貿易主義から一転して、一九三〇年代の日本は、アジア・モンロー主義を唱え、ブロック経済の確立を追求した。これは、アメリカの対外政策の変化に対応していた。自由貿易主義の国際システムを、前世紀の推進＝保持者であったイギリスから継承しておきながら、その責務に忠実でなかったアメリカへの挑戦が始まっていた。しかしアメリカとても、一気に保護貿易主義に撤退し、モンロー主義という閉鎖的な地域主義に引きこもり、これを不可逆的な国策としたわけではない。それは常軌逸脱と考えられており、条件が整い次第、アメリカが任された世界システムの原理である自由貿易主義を復活させるつもりであった。通常、コーデル・ハルは、日本を対米戦に追い込んだ元凶のように目される。しかし最近のアメリカの一研究家によると、この国務長官は、国際経済における多辺主義《マルティラテラリズム》を唱導し、日本にブロック経済、自給経済圏の確立などという愚を覚らせようとしていたのだという。そしてこの国際経済に対する考え方が、戦後にまで生きつづけ、日本の経済復興に直接、大きく影響した。日本の工業水準を満州事変前の状態にまで引きもどし、アメリカの工業に依存させようとする初期の改革案が、世界政治におけるアジアの安定に寄与しないのが明らかになるにつれて、アメリカは政策の変更を迫られた。このとき、戦前からの多辺主義の理論が急浮上し、東南アジアの経済を日本経済に結びつけ、これらとアメリカ経済との三辺主義が政策化していった(4)。

この研究者の立場をさらに一歩進めて歴史を解釈すればどうなるだろう。多辺主義というアメリカの経済的世界戦略の結果として、東南アジアの諸国家と日本の経済関係は深まり、遂に一九七〇年代の末までには、日本の戦争目的であった「大東亜共栄圏」が達成されたかのようにさえなった。しかし、アメリカを排除した閉鎖的な地域経済として成立したものでないことが決定的な相違であった。しかも、手段として戦争を用いずに、達成されたのである。しかし日本の仕かけた戦争の結果は、そこに深くかかわっていた。それは賠償という形で、これらの新興国民国家の経済と日本の経済を結びつけるところから始まった。戦争中はこの地域と「現地調達」という暴力的な搾取の関係しか持ちえなかった日本は、敗れることによって、「賠償」で自らの経済復興の糸口をつかんだのである。そしてそれは、アメリカが戦前は、一度はその原則から逸脱することによって、日本を戦争に追い込んでしまった、あの世界システムの保持＝運用者として、誠実に行動したためにおこったことであった。そして戦後の日本は、戦前のように、世界に対しては流通度の低い、特殊日本主義的な価値を目的に設定したりはしなかった。誰にでもわかる、「侵略国」の敗戦後の償いとして、それを表現し、実行した。

そこには、「八紘一宇」などという「大東亜共栄圏」の基本的理念とされたものが、亡霊としてさえ登場できる余地はなかった。敗戦後直ちに、占領軍の支配のもとで、この言葉は、「大東亜戦争」、「大東亜共栄圏」、そして「英霊」とともに、日本語から公式に追放されてしまった(5)。天孫降臨の地とされる九州は高千穂の峰には、戦前建立された「八紘一宇」の石塔がある。占領軍による新聞遵則（プレス・コード）から派生した禁止条項として、ジャーナリズムからは姿を消したはずの、戦前日本の世界政策の原理を表す文字は、コンクリートで塗り潰されたとはいえ、塔そのものが破壊されないかぎり、そこに残ることになった。一九六六年夏に訪れたさい、これらの四文字ははっきりと読みとれた。それから更に二〇年、はげしい南国の陽光や風雨にさらされてきたこの塔は、今日どうなっているであろうか。しかし「八紘一宇」の文字の意味や由来を承知している人は、若い人の間には皆無ではなかろうか。そして、良きにつけ、悪しきにつけ、この言葉によって動員された日本人がいたことを思うとき、言葉の抹殺によっておこっている歴史認識の空白が気がかりになる。八紘一宇は『日本書紀』巻三の「橿原奠都の令」中の「掩八紘而為宇」からとられ、古代国家が形成されたときからの日本の国家的理念だとされた。それは中国の中華思想にある、皇帝の徳により治まるという徳治主義の、特殊日本的な適用という様相のある国策の表現であった。一九四〇年七月二六日、第二次近衛内閣によって決定された「基本国策要綱」に「八紘ヲ一宇トスル肇国ノ大精神」(6)というように使われた。

八紘一宇の表現としての起源が、六、七世紀にさかのぼるとしても、この文字をもって政府の対外政策が公式に表明されたのはこのときがはじめてであった。なぜ突然、このような表現となったのか。この疑問に答えようとするとき、その作業を通じて、実は、「大東亜共栄圏」という一つの広域経済圏の構想が、一九四〇年という、対米英開戦前の状況からは、いかに現実味のとぼしいものであったかがわかる。それは、この「基本国策要綱」と、これが決定した翌日、大本営政府連絡会議で決定した「世界情勢ノ推移ニ伴フ時局処理要綱」を比較検討してみるとわかる。一つの相違は、用語である。「基本国策」の方では、自国のことは「皇国」と呼んでいる。これはまさに「八紘一宇」という古典的な国策の表現と符合する用語である。これに対し「時局処理」の方では、自国のことは「帝国」とあり、これは当時までの慣行通りである。そしてこの文書には「八紘一宇」はもとより、これに類似した古典的な概念などは現れない。ここに表現されているものは赤裸々な力の政治としての現実の政治情況の認識と分析であり、それへの具体的な対応のための処方箋である。例をあげよう。

「基本国策」では、「世界ハ今ヤ歴史的一大転機ニ際会シ」といい、「皇国亦有史以来ノ大試錬ニ直面ス」としたうえで、「皇国ノ国是ハ八紘ヲ一宇トスル肇国ノ大精神ニ基キ世界平和ノ確立ヲ招来スルコト」にあるとする。そして、そのために「大東亜ノ新秩序ヲ建設スル」という。これに対し「時局処理」は、「帝国ハ世界情勢ノ変局ニ対処シ内外ノ情勢ヲ改善シ速カニ支那事変ノ解決ヲ促進スルト共ニ好機ヲ捕捉シ対南方問題ヲ解決ス」という。そしてそのためには、第三国と開戦することもありうる。しかしできるだけ「戦争相手ハ英国ノミ」とする。しかし対米戦は避けがたいこともあるから「準備ニ遺憾ナキヲ期ス」というものであった(7)。

これだけからも感じとれるように、前者が抽象的、理念的、総論的であるとすれば、後者は具体的、現実的、個別的である。前者が具体性を欠きつつも、「大東亜共栄圏」を指向しているのに対し、後者では、中国における事変の収拾と、対米戦の回避が求められている。前者が世界史上の大変動期における、日本の使命の発見と確立に、積極的にかかわろうとしているとすれば、後者は、今日の問題をこれまでの慣行の範囲で処理しようとしている。それにしても前者の観念的表現、古典という名のエスノセントリズムはどうだろう。いったいこの違いはどこから起っていたのか。それは、どちらかといえば外務省筋から出て来た表現なのではないか。「八紘一宇」という概念がはじめて公式文書に表現されたのが、ここで問題にしている「基本国策」であったとすれば、「皇道精神」などという用語がはじめて用いられたのは一九三六年八月七日、五相会議決定となった「国策ノ基準」であった。このような特殊日本的概念を、対外政策の基本方針に用いるということは、とりもなおさず、近代日本の一大転換点――一九三五年三月、国際連盟からの脱退が現実となったこと、そして翌三六年の年末までには、ワシントンとロンドンの海軍軍縮条約が満期となり、日本はもはやこれらに拘束されなくなったこと――を反映していた。日本は「皇道」というマイ・ウェイを歩みはじめたのである。そして、一九三八年七月、外務省の若手「新官僚」は、彼等の新大臣宇垣一成陸軍大将に対して、「皇道宣布」の外交を実施することを要請した(8)。(このことについては、第四章で詳しくとりあげるであろう。)

これだけの根拠で、公文書への「皇国」、「皇道」、「八紘一宇」など、古典的用語なり、エスノセントリックな概念を導入したのが、外務省官員であるとか、あるいは外務大臣と並んで五相会議のメンバーである大蔵大臣配下の「新官僚」であったなどと早急に断定することはできない。しかしこれだけの事実でも、外務省筋が、このような国策の表現に対し、従前からの国際主義の名において、強力に反対したとも思えない。一九四〇年以前の状況については、さしあたってこれ以上のことはいえない。しかしこの年七月二二日の第二次近衛内閣成立以降については、もっと直接的な関係を指摘できる。それは満州事変の後すでに「王道主義」にまさる「皇道主義」などと著書などで喧伝しはじめていた松岡洋右が外務大臣として入閣していたからである。そこに二六日「基本国策要綱」が閣議決定された。「皇国ノ国是ハ八紘ヲ一宇トスル肇国ノ大精神」なりとは、まさに松岡と松岡輩下の外務官僚の作文ではなかったろうか。

こう仮定して翌二七日大本営政府連絡会議決定の「時局処理要綱」を読むと、その「要領」の五との関係が、特別な意義を持ってくる。それは次のようなものである。

「南太平洋上ニ於ケル旧独領及仏領島嶼ハ国防上ノ重大性ニ鑑ミ為シ得レハ外交的措置ニ依リ我領有ニ帰スル如ク処理ス」(9)。

ここにいう「旧独領及仏領島嶼」とは、第一次世界大戦でドイツが敗北したため、戦後処理において、C式の国際連盟委任統治領として、オーストラリアやニュージーランドに任された赤道以南の島嶼と、以前から仏領であったニューカレドニアや仏領ポリネシアのことであった。一九四〇年六月二二日、フランスがヒトラーのドイツに降伏したとき、占領をまぬがれたフランスの西南地域にビシーを首府としてラバールの親ナチ政権が、「正統」政府として成立した。このときから仏領諸島はインドシナと共に理論的にはビシー政府のものとなった。そのうえ赤道以北の旧ドイツ領島嶼は日本の委任統治領となっていたが、一九三五年に日本が連盟を脱退したために新たな問題が生じてきていた。すなわち三八年一一月、日本は平和的な事業への協力も打ち切り、連盟との関係は正式に終焉してしまった。

他方、敗戦国なるがゆえに、植民地を委任統治領として戦勝国に割り当てられてしまっていたドイツは、一九二五、六年ごろから旧植民地への権利を主張しはじめていたのである。ヒトラー政権の成立後は、交換利益を提供するなら妥協も可能との意志表示があった。そして三八年二月には、ヒトラーは議会演説で旧植民地回復の必要性を強調した。日本側は、同情の念は示しつつも、南洋諸島は手離せない、これは日独関係を強化する方向で解決したいと応じた(10)。そのうえ一九四〇年の六月以降は、ドイツはいつでも仏領インドシナをはじめ、南太平洋の「仏領島嶼」を自由にできる立場にあった。ドイツがここに進駐し、ここを拠点として、日本が自らの自給生活圏として考えはじめていた「大東亜共栄圏」の地理的範囲（南太平洋や東南アジア）に介入してくるということが、起りえたのである。そのときはオーストラリアやニュージーランドも黙ってはいまい。これは容易ならぬ状況の出現を予測させた。イギリスの植民地も、まさにおこるかにみえているイギリスの敗北とともに、同じ運命をたどるかもしれない。しかし、日本としてはいまだ、対米はおろか対英戦さえ決定しかねていた。とすれば、「大東亜共栄圏」の成否は、まず第一に、ドイツの合意を得ることができるかどうかにかかっていた。そこで現実にはいまだ存在しない「大東亜共栄圏」を「八紘一宇」という理念の魔術で処理しようとしたものが「基本国策」ではなかったか。

一九四〇年八月一日、松岡外相は最初の記者会見で、政府の要人としてはじめて公式に「大東亜共栄圏」という国家目標を表現した。そしてその年の九月六日の四相会議、一六日の連絡会議は、日独伊三国同盟の調印を目前にして、日独伊間の秘密了解事項として、次のようなことを決定した。

一、皇国ノ大東亜新秩序建設ノ為ノ生存圏ニ就テ

(イ) 独伊トノ交渉ニ於テ皇国ノ大東亜新秩序建設ノ為ノ生存圏トシテ考慮スヘキ範囲ハ日満支ヲ根幹トシ旧独領委任統治諸島、仏領印度及太平洋島嶼、泰国、英領馬来、英領ボルネオ、蘭領東印度、

ビルマ、濠州、新西蘭並ニ印度等トス(11)(傍点三輪)

ここにいう「大東亜新秩序」とは、日独同盟と交換に、旧ドイツ領諸島などの懸案を、全体的に一挙に解決しようとしたものだったとみることができる。「八紘一宇」といい、「大東亜共栄圏」といった「基本国策」の理念と政策指針は、共にこの対独現実政治の取引きの、力の政治としてのおぞましさをはぐらかすのに役立ったのではないか。日独防共協定(一九三六年)のもと、突如ドイツがソビエトと不可侵条約を締結して、ノモンハンでソビエトと軍事衝突中の日本に一大衝撃を与えたのはまだたった一年前のことであった。この「裏切者」ドイツとあらたに同盟関係に入るとすれば、その見返りは懸案の領土問題の解決でなければならない。しかし、同盟と領土がやりとりされただけでは、あまりに軽薄な感は否めない。そこで「東亜新秩序」の拡大適用となり、南太平洋＝オセアニアまでも覆うことになった。それを「大東亜共栄圏」と表現すれば、その具体性のために、それだけ批判の対象にもなりやすい。しかしそれを「八紘一宇」という徳治主義的な理念だけで表現しておけば、この言葉に酔いやすい人々は、それだけヒトラーの魔性も見失う。

日中戦争の解決を求めて、戦争目的を道義主義的に表現するのになれてきた政府も、また国民も、かくして、「悪魔」と食事を共にすることになった。南洋諸島をヒトラーのドイツに奪還されずにすむ方法を探しているうちに、日独同盟に行き着いた。もしこのような解釈が妥当ならば、日独同盟を一番欲していたのは軍部ではなく、旧ドイツ委任統治領の問題に直接一番かかわった外務省でなければならないといえるだろう。少なくとも外務省官員のうちには、この方向で、同盟の有用性を認識していた人はいたはずである。

3 新渡戸稲造と矢内原忠雄

大正時代のはじめに東京帝国大学に開設された植民政策講座の初代担当教授であった新渡戸稲造は、「植民地獲得の方法」として一二種類を論じたことがある。「征服」のような暴力的なものに対立するものとして「先占」を置く。「先占」について彼は次のようにいう。

「『山水もと主人なし、之を愛する者に属す』。経済上よりいえば、これほど良き方法はない。確定せる政府のなき土地に、平和的方法を以て一国の民が Squat（勝手に土著）して之を耕作するときは、おのづから本国の領土となる。『剣を以て得たる土地は剣を以て奪はる。鋤を以て得たる土地は永久なり』。（モムゼン）」(12)。

満州事変に至るまでの日本人は、満州（中国東北地方）をいわば「無主の土地」とみたがる傾向があった。新渡戸にもどことなくそんな気配があった。しかし赤道以北のミクロネシア諸島（ガム島を除く）について、「先占」を根拠とすることはできない。外来の国家としては、はじめスペインが、そしてついでドイツがこれを植民地として支配していたからである。とすれば、新渡戸は己が好んで引用したモムゼンに習い、いつかはこの「委任統治領」も、また戦争によって失われることは予測していたわけだろう。この南洋諸島をドイツに奪還されないようにしようと、日独同盟にまで進んだ日本は、結局この同盟のもとで対米英戦を開始し、敗北した。とすれば、この島々を占領したこと、そしてそれを保持しつづけようとしたことこそが、大日本帝国崩壊の遠因であったことになる。

新渡戸が国際連盟事務次長に就任するため、ジュネーブに転出したとき、彼の後を継いで植民政策講座の担当教授となった矢内原忠雄は、これらの島々について研究し、報告書にまとめた。新渡戸が主導的役割を果たしていた太平洋問題調査会 (Institute of Pacific Relations) のために準備されたもので、一九三五年六月に出版された。その英語による全訳は、一九四〇年、オックスフォード大学出版局から、*Pacific Islands under Japanese Mandate* として出版された。それはちょうど、日本がこれらの島々を保持するために、ドイツとの同盟を選択しようとしていた年であった。この報告書の末尾で、矢内原は、連盟脱退後の日本の立場にふれている。彼によると、脱退したからといって、委任統治を引き受けたときの条件が解除されたわけではない。それらは三つあって、これらの島々を軍事目的に利用しない、島民の精神的、物質的福祉を増進する、そして毎年、統治にかんする報告書を連盟の委員会に提出するということである。日本政府は疑うべくもなく経済発展の実をあげるだろう。しかし自分が心底ねがうのは、日本政府が国策として、島民の福祉の増進をはかり、太平洋の平和の維持に実りある貢献をすることを決め、国際連盟の精神を発揚することである(13)。

このとき、矢内原はこの島々の領有を続けるための措置が、対米英戦争を呼び、日本を敗北に導こうとしていたことを予感していたであろうか。矢内原は初版一九二六年の講義録的な著書で、「植民政策の理想」について述べている。

「凡そ人格尊重なき処に正義なく、正義なき処に平和もない。人格尊重は愛であり、愛は犠牲である。……

虐げらるゝものゝ解放、沈めるものゝ向上、而して自主独立なるものゝ平和的結合、人類は昔望み今望み将来も之を望むであろう。希望！　而して信仰！　私は信ずる、平和の保障は『強き神の子不朽の愛』（テニソン）に存することを」(14)。

真の平和はキリストの愛以外のところに見いだすことはできないと信じていた矢内原であるから、軍事的占領からはじまっていた日本の南洋諸島支配が、やがて日本を戦争に引きずり込み、破滅させたとしても、驚いたりはしなかったろう。神の御旨として、これに応ずる心がまえはあったはずである。

教育者としての新渡戸の生涯は多彩である。彼は、人間を人格として尊ぶとともに、人間が社会における役割を自覚し、その義務を遂行することを求めた。役割に応じた適切な教育が望まれ、教育施設もそれにふさわしいものでなければならない。新渡戸は札幌農学校に在勤中、貧民の子弟のために「遠友夜学校」という学校を私費でつくり、農学校の学生の奉仕によって運営した。東京では、第一高等学校長と東京帝国大学教授を兼ねていた時代に、女子教育のために、東京女子大学を創設した。そして、台湾で植民行政にたずさわったころからの関係で、桂太郎により創立されていた国策学校、東洋協会植民専門学校（現在の拓殖大学）の学監に一九一七年四月就任している。その翌年二月には、台湾で民生局長官として新渡戸と一緒に植民行政を推進した後藤新平が、校長として着任した。このころ新渡戸は、東京帝国大学で植民政策論を講じていたのである。社会における役割にふさわしい学校教育を理想とする新渡戸は、この植民専門学校の生徒に対しては、自ずと異なった教育をした。しかし実学を重んじた新渡戸であったので、実際に海外に移住して植民活動に従事するこれら青年たちに対するとき、教育者新渡戸の真骨頂が現れているといえる。学監に就任して、およそ一年、この学校の第一六回卒業証書授与式において、五四名の卒業生を前に、新渡戸がした訓示の記録が残っている。今日それを読むとき、痛切にそのことを感じる。新渡戸は、血気にはやる若者達の狼藉をいさめた。特に海外にあっては、どこまでも個人として身を正しく治め、決して、日の丸の威を借りたりしてはいけないと訓した(15)。このとき卒業した生徒のうちには、南洋の島々にいったものもあったろう。そして矢内原が太平洋問題調査会への報告書で評価したような現地人の生活向上にも貢献していたのではなかろうか。

新渡戸は英文の著書の一つ『武士道』が、一八九九年の日付をもってニューヨークで出版されて以来、あまたの英文による日本に関する著書や講演で、欧米では最大の日本紹介者とされ、日本では最大の国際人と目されていた。世界秩序を維持するための国際機関、国際連盟の事務次長も務めたこの日本人にして国際人の新渡戸を襲った生涯における最大の苦悩は、満州事変後の日本の国内問題と、国際的批判にどう対処してゆくかということであった。新渡戸は、国内では軍閥を批判したが、国外では、日本の立場を弁明した。その結果国外では新渡戸は軍閥の圧力に屈したと批判され、国内ではアメリカの走狗であると攻撃された。

国内における新渡戸批判は一九三二年二月におこった。火の手はまず四国の松山からあがった。講演のためにこの市を訪れた新渡戸が「わが国をほろぼすものは共産党か軍閥かである、しかしその何れかといへば、今では軍閥と答へねばならぬ」(16)と語ったと地元紙の記者が報じたことに発する。この新聞記者は、新渡戸の思想をとやかくいうつもりはない、しかし貴族院議員たるものの言葉としては、今日のこの切迫した国際情勢下では、不謹慎といわざるをえない、影響の大きさを考えると憂慮せざるをえない、と書いた。自由な言論の具たるべき新聞が、まずこの愛国者を、その世界主義的思想のゆえに、攻撃の矢面にすえたのであった。その後、新渡戸はアメリカとカナダで日本の立場を説いて廻った。アメリカやカナダの旧知の友にも、新渡戸は軍国主義、侵略主義に加担しているとして見捨てられた。これは戦前日本が体験した、国内的国際的大変動の発端で、日本の知識人、言論人を突然襲った悲劇の典型であった。国策として、「敵」が国外にいまだ確定されていないうちに、言論は先ばしり、その「自由」のもとで、新渡戸のような愛国者は、その自由主義的な発言のゆえにまず槍玉にあげられたのである。このとき愛国主義を独占的に代表していたのは軍閥であった。国外では、新渡戸のような愛国主義の擁護者も軍閥と同一視された。国策としての敵が国外に設定され、その敵について、一定の国民的コンセンサスがえられたそのときから、言論界の攻撃も国外に向い、それだけ国内の批判は軍閥から遠のく。

新渡戸が軍閥を批判し、新聞がその新渡戸を攻撃したときは、まだ国外の敵が国策として限定されていないときであった。日本政府当局は、満州事変において、日本は国際法を破っていない、国際法を遵守していると弁明しつづけた。日本は国際法を秩序原理とする既存の国際システムを離脱するつもりも、これを否定するつもりもなかった。日本も交えた、いわゆる五大国を中心にして形成され維持されていたベルサイユ＝ワシントン体制を今後も日本の行動規範とするつもりだとしていた。このたてまえのもとで、現実には体制否定の軍事行動がとられていた。しかしたてまえのもとでは軍閥も国際法遵守を国是とする日本国家の一部であり、軍閥を否定することは、国家を否定することに通じていた。しかしたてまえと現実の乖離に気付いていたものは、たてまえの方を尊重し、国際的には協調主義となり、国内的には軍閥批判に向わざるをえなかったわけである。新渡戸の立場は本質的にいってこれであった。

4　検閲制度下に自由を感じるとき

ところが、一九四〇年までには、先にみてきたように、日本の国策も次第に国外の「敵」を限定しうるようになっていった。それはアメリカであった。そして国内でもアメリカニズムが超克されねばならぬものとして認識されはじめた。こうなれば軍閥も、もはや国民の直接の敵ではない。それどころか、一定の国民的コンセンサスのもとで、共通の「敵」としてのアメリカそしてアメリカニズムと戦うための同志とさえなりえた。一九四〇年一〇月一二日に発会式を挙げた大政翼賛会は、まさにそんなコンセンサスを反映したものであった。そして一二月六日には内閣情報局官制が公布され、内務省図書課は、検閲課と公然と呼ばれるようになった。ここに一八七五年の新聞紙条令に始まる近代日本の情報管理制度が完成した。それまで内・外・陸・海の四省で各自の必要に応じて行なわれてきたものが統合されたのである。

情報の国家管理がここまで至る以前にも、日本のジャーナリズムは、たとえば国際主義を批判し、狭隘なナショナリズムにアピールすることで読者の心をとらえようとする傾向をもっていた。その一つの例は新渡戸の世界主義に立った軍閥批判を攻撃した一地方紙にみられた。あの事件の直接の原因である満州事変にしても、『大阪毎日』、『東京日日』、『大阪朝日』、『東京朝日』など大阪系の全国紙をはじめ『福岡日日』のような広域圏紙からも、熱狂的な支持を与えられていたのである(17)。この満州侵略の結果として、中国に反日ナショナリズムが昂揚し、ひとたび開始してしまえば、日中戦争は日本政府の思うようには収拾できなくなっていった。そしてそのなかで日本人が選び出した究極の「敵」はアメリカ合衆国であった。だとすれば、満州事変の時に世論形成に大きく貢献した大新聞が、事変の結果としての四〇年代に至る日本の国難打開のために、政府に協力しても当り前ということになる。一九四〇年夏の「基本国策要綱」と「世界情勢ノ推移ニ伴フ時局処理要綱」によって、日本が作ろうとする「新体制」にとっての「敵」も限定された。それは満州事変のときの究極の敵でもあった。こうなれば、事変のとき形成された国民的コンセンサスが、ほとんどそのまま有効に作用することが期待される。こうして国内の「敵」としての軍閥への批判は解消してしまう。そして対米英戦争が開始されると、アメリカニズムに批判的であった知識人までも動員して、政府は戦争を遂行することができた。

岩波書店の店主岩波茂雄は出版界の重鎮であった。近衛新体制運動のもと、後に情報局となる内閣情報部と連絡をとりつつ組織された日本出版文化協会の結成準備委員会には、民間代表としてはじめから名を連らねていた。一九四〇年初春早々から津田左右吉の著作に対する刑事弾圧がはじまった。それは出版法第二六条の「皇室ノ尊厳ヲ冒瀆シ……」の条を根拠にしていた。しかしこの書店の出版事業は一九四一年には、好況の絶頂に達した。岩波は自由な出版人として見識の高い人で、意識して、軍閥におもねったりする人ではない。それなのにこの好況を迎えていたということは、彼の選択が他の分野では、政府の見解と一致していたためだろう。そんな場合、検閲制度はあっても、岩波とすれば、出版の自由を享受していたのと同じ効果をもっていたとはいえまいか。この年の末、岩波は『読売新聞』に意見を発表した。出版人に道義心がなく、戦争目的にもとるような行為があれば、そのときは「総動員法の精神を適用」して処置しなければならない。出版人はこの際「最後の紙一枚まで国家奉仕のために捧げ」ねばならない、と訴えた(18)。反アングロサクソンの世界観に支えられた彼の出版活動は、このとき政府の戦争目的と大局的に一致していた。彼は、自分を「自由」とすら感じていたかもしれない。このころ内閣情報局長は谷正之で、次長は奥村喜和男であった。『朝日新聞』の元専務秦正流によると、一九四二年の夏ごろ、奥村は新聞記者を集めて訓示し、「今ほど言論の自由な時代はない」と大真面目でいったそうである。秦は、これをきいて、「さすがに鼻白んだ」という(19)。つまり秦は、この奥村の指摘を荒唐無稽と思ったわけである。しかし岩波茂雄がそうであったかもしれないように、他にも似たような出版人・言論人もいたかもしれない。とすればこれはそれほど荒唐無稽なことではなくなる。制度上の自由ではないとしても、結果としての自由は、しばしば観察されたのではなかろうか。

制度的にはすでに言論の自由を奪われているはずのものが、自由だと感じるということは、その体制が、一つの革命的体制であって、その個人が、その革命を指向しているときだろう。一九四一年米英と開戦した日本は、世界の秩序維持者としての彼等の権威に挑戦し、それから自由になろうとしたのだった。それは世界秩序に対する革命的闘争だった。すくなくとも既存の秩序からの解放を求めていた。この「解放」という性格があの戦争にあったということは、戦争の意味を解くのに重要な鍵である。

いずれにしろ、自由を奪われているはずのものが自由を感じる、そんなたまさかなときが、日米開戦時にはあったということを、われわれは事実として確認しておく必要がある。

外圧から解放されたものは、それだけで自由を感じる。検閲制度があっても、新聞人のうちには、その解放感のゆえに、あたかも自由があるかのように記事を書き、紙面作りをしたものもあったろう。一つの例を取りあげてみよう。真珠湾攻撃から四日目、「大東亜戦争」という呼称が閣議決定し、その旨が、情報局から発表された。このニュースを扱った東京の三大全国紙『朝日』、『読売』、『東京日日』を比べてみると、各紙が、それぞれ独自の判断で、提供された情報に対応し、これを記事にしていることがわかる。「情報局発表」と断わって記載された内容は、「てにをは」に多少の省略があったりする以外は各紙とも同文である。しかし、それと前後して掲載された、解説的な補足文は、『朝日』を最長とし、次が『読売』であり、そして『東日』に至っては皆無に等しいという大きな差がある。いうならば、これは政府の「やらせ」記事であろう。政府が商業新聞を通じて国民に伝達したい情報であった。その際、情報局が提供した解説を紙面にどう使うかの裁量は、各社の編集者にあったのだろう。他社の場合、どうして解説が少なくなったり、皆無に等しくなったのかは、今は問わないことにしよう。しかし『朝日』の場合は、その時点における自分の世界観なり思想が、どこかで大きく情報局提供の情報と合致するところがあったので、長文の解説記事となったのではなかろうか。少なくとも、自分で納得できないなら、解説などわざわざ掲載する必要はなく、結果的に『東日』と同じ扱いにすることもできたはずなのである。

『朝日』の見出しは、「大東亜戦争／大理想、直截に表現／対米英戦の呼称決す」とある。ここにはすでに対米英戦に、少なくとも、その理想においては共鳴しているらしいデスクの様子が感じられる。『読売』の見出しは「大東亜戦争と呼ぶ／支那事変をも含む対米英戦」であり、『東日』も「大東亜戦争と称す／対米英戦、支那事変も含む」であった。

そして『朝日』の場合はまず長文の解説記事があって、最後に情報局発表の短文を置いている。解説の主要部分は次の如くであった。

「大東亜十億の民族を圧迫搾取し、その支配を永久化するため世界史進展の現実を無視した架空的原則論を固執して譲らなかつた米英両国を打倒し、大東亜の地域に『共存共栄』の理想的新秩序を建設するため、帝国政府は八日堂々米英両国に対して宣戦を布告した、……

大東亜戦争――それは今次世界新秩序戦を帝国の目的という見地から呼称したものであり昭和の聖代に生を享けた一億国民はこの未曽有の大戦を戦い抜き勝利の栄光に到達しなければならない、かくてこそ日清日露の両戦役によつてもたらされたわが国運の発展に数倍する飛躍的興隆が帝国否大東亜諸民族の上に輝くであらう」（傍点三輪）。

こう書いてから「情報局発表」として次の文章が続くのである。

「今次の対米英戦は、支那事変も含め大東亜戦争と呼称す、大東亜戦争と称するは、大東亜新秩序建設を目的とする戦争なることを意味するものにして、戦争地域を大東亜のみに限定する意味に非ず」。

『朝日』の解説のうち、特に傍点で強調した部分などは、開戦直前から直後にかけて、日本の高踏ジャーナリズムをにぎわした「近代の超克論」の欧米の文明に対する批判的立場と、ごく親密に響き合うものを持っていたはずである。

欧米の近代から、日本を、アジアを解放するという戦争。国際社会に革命的変革をもたらそうという戦争。旧秩序は、それを思い出させる言語までも含めて撤廃しなければならない。「大東亜戦争」という呼称を決定した政府は、言葉の革命を推進してゆく。六大学野球が、国策にそうべく、野球用語を全部日本語にしてしまったのは、ほんのその一例にすぎない(20)。「大東亜戦争」の呼称を決定した三日後、政府の次官会議は、奥村情報局次長の提案通り、政府の公文書をはじめ、新聞雑誌、宣言、決議など、すべての文書から、「極東」という語辞を追放することに決した。理由は「極東」とはヨーロッパ人のヨーロッパ中心主義の反映であり、アジア人を蔑視するものであり、「言葉は観念や世界観の表現」だからである(21)。「大東亜共栄圏」、「八紘一宇」などという表現は、まさにこのような政府の気概を表現するものとして、革命的含蓄をもつものだったのである。そしてこの「革命的」な含蓄のゆえに、多くの日本人が、この戦争に動員されていったのである。

ここに一人の青年の記録がある。その人の名は四竈《シカマ》信治。海軍中将四竈孝輔の四男。孝輔は、山本五十六が結婚するとき仲人だった。信治は、いわゆる職業軍人として、一九四二年一二月一三日、演習中ゴビ砂漠上空で殉職した。二四歳であった。日米開戦後まもないころ、前線基地で、母宛の遺書を用意した。そこには次のように覚悟のほどが記されていた。

「今度生まれます時は又日本男子と生まれまして又軍人となり、天命である世界新秩序建設の為邁進致すつもりで御座居ます。御心配くださいますな。或は今頃どこかに又この信治が、産の声を挙げて居ることで御座居ましょう。信治は此の新秩序が世界に建設される迄は決して死にはしません。……お父様と御一緒に皆様を御守り致します」(22)（傍点三輪）。

また、弟への書簡には、次のようにあった。

「我は欣んで『八紘一宇』の礎石となろう。貴下願くば大成し、喜こんで死に就きし我等戦友をして安らかに永眠せしめられよ」(23)（傍点三輪）。

この「八紘一宇」という大義のために、どれほどの青年が死んでいったことか。それはまさにマジック・ワードであった。そのために侵略の事実、非人道的行為が視界から茫漠たる闇に消えてしまうような、理想主義の光輝に包まれていた。情報局次長が「極東」という語についていったように、言葉はまさに「観念や世界観の表現」であった。「八紘一宇」は日本的価値で再構築されるべき世界秩序の基本原理であった。それはその世界内のみで通用する特殊概念であった。その概念のために、日本人が武士道でいうあの狂い死にをしたというのであれば、敗戦後の日本からこの言詞を、他の類似した言詞とともに抹殺しようとしたものがいたとしても驚くにあたらない。復讐心を呼びさまさないようにと、忠臣蔵の歌舞伎上演が禁じられたように、言詞のパージもおこなわれた。占領開始直後の九月一〇日にまず「ニューズ頒布についての覚え書」を出した占領軍は、一九日にはいわゆるプレス・コード（新聞遵則）を発表した。そしてそれに続いて、「プレス・コードにもとづく検閲の要領にかんする細則」が新聞社や出版社に通達された。そこに「大東亜戦争」、「大東亜共栄圏」、「八紘一宇」、「英霊」のごとき戦時用語の使用は避けること、とあったことは、すでに触れた通りである(24)。

これに関連して、たいそう興味深いことがあった。もう一〇年も前になるであろうか、国会図書館で資料に当っていたとき、たしか、総合雑誌かなにかで、東京大学のある著名な教授の署名論文が目に止まった。同教授は、戦後の日本を平和国家として再建するために、「大東亜共栄圏」とか「八紘一宇」とかいう用語と共に、「地政学」も追放しよう、と提案していたのである。まさにプレス・コード細則を具体的に敷衍したものであった。その後今ここに筆をとりはじめた原稿を書こうと思い立ったときから、もう二年以上、時に集中的に、また時には思いつくままに、いろいろと探しまわってみているが、残念なことに、この論文に再会することができずにいる。しかしその探索の過程で、思いがけぬ発見もできた。その一部を簡略に次に記して、この章を終えよう。

5 追放図書の行方

占領軍は、日本の民主化を最大目標の一つにかかげていた。日本の戦争が、侵略支配という形で、中国から東南アジアに及んだことを、一貫した計画、陰謀の結果であると考えていた。そこから、戦前と戦中の出版物を、この目的のためのプロパガンダとする考え方がでてきた。一九八二年に出版された文部省関係の資料『連合軍総司令部指令没収指定図書総目録』(一九八二年刊)によると、占領開始翌年の一九四六年三月一七日付けで連合軍総司令部の覚書「宣伝用刊行物の没収」が文部省に示された。それによると、たとえば朝日新聞社が一九四三年に出版した平田時次郎著の『戦争及び建設』のような「宣伝用刊行物」はすべて、倉庫、書店、出版社、配給会社はもとより、政府諸官庁など、個人以外のところからはすべて「蒐集」し、総司令部の指示をまって、「パルプに再製」するものとする、ということであった(25)。

この覚書の目的を達成するために、各都道府県庁は、文部次官通達を受ける。そこには「本事務は、日本の民主化促進のために極めて意義深きものであるから当事者は慎重に本計画の執行に当っていただきたい」と添書があった。はじめは各地方の警察・官公吏員が直接この事務に当ったが、四八年六月二二日の文部次官通達によると、「今後は……教育関係吏員（学校教職員を含まない）」が担当することになっている。そして毎月二回、一日と一五日に本省に報告するものとなっていた。しかもこの通達は「本事務は直接関係ない第三者に知らせてはならない」と明記していた(26)。このためであろう、この通達の対象であったはずの国立国会図書館（旧帝国図書館）で、今日、こんな事実があったことを知っている人を探しだすことはできなかったし、この図書館の歴史を書いた公式の刊行物にも、これをほのめかすような記述さえみつけることはできない。事実の記憶は、当時の図書館長と彼の事務執行に直接関与したわずかな人に限られていて、彼等の退官そして死とともに消え去ってしまったのであろう。

占領軍は、このような民主化の施策の実施に当っては、「事実上の焚書」の印象を避けようとした。それは検閲が一見して検閲とわからないようにしたのと同じ発想だったろう(27)。すべては自発的に起り、進められるというのが理想だったろう。そのときにあたって、文部次官通達は「日本の民主化促進のために」極めて重要なりといい、この事務を秘密裡に推進するため「直接関係のない第三者に知らせてはならない」と強調していたのである。これこそ、連合軍総司令部の占領政策への、全き「占領協力」の好例の一つであろう。『占領下の言論弾圧』(一九六九年)などの著書があり、占領下のジャーナリズムについての研究の第一人者である松浦総三にしても、一九七二年出版の共同研究のなかでは、内務官僚が自主的にはじめたものと考えている(28)。

国立国会図書館では、この事務はどのように執行されたのだろう。没収を指令された図書は全部で七七〇〇余に及んだ。そのリストが、先にふれた一九八二年出版の文部省資料である。そこに列記された図書は、どう処理されているのだろう。この図書館には戦前収蔵図書のカードと戦後のカードとがある。戦前のをくってみると、『没収目録』にリストされている信夫淳平『不戦条約論』(一九二八年)、井上哲次郎『武士道の本質』(一九四二年)、中屋健弌『フィリッピン』(一九四二年)、田中直吉『世界政局と東亜新秩序』(一九三九年)、桜井徳太郎『広安門』(一九三九年)、具島兼三郎『世界政治と支那事変』(一九四〇年)、四手井綱正『戦争史概観』(一九四三年)など、当ってみたものはすべてなかった。つまり、カードで検索したかぎりでは、これらの書物は確かに「没収」されたかの印象がある。しかし、カードとは別の一九六四年刊行の『帝国図書館・国会図書館・和漢図書分類目録』の書名索引でみると、戦後の整理番号で、リストされているものもある。四手井の著書が、その一例である。「三九二—Sh二六ウ」という請求番号がついており、借り出せた現物をチェックしてみると、それはあきらかに戦前の図書であった。「昭和一八年一一月二日納本」、「帝国図書館蔵」の印があるほか、戦前の整理番号「九五六—一二六」もそのままであった。

これはどういうことを意味するのか。閲覧者が蔵書を調べる普通の手続きで整理カードを検索したのでは、戦前のカードからも戦後のカードからも、四手井の著書をみつけだすことはできない。しかし現物はあった。そしてしかも、戦後の整理番号を新たに与えられ、一九六四年刊行の『分類目録』には印刷されているのである。つまり、カードは抜き取られたが、書物はパルプに再製されることなどなく、館内のどこかにかくまわれ、占領が終ってから、あたかもパージを解除された政治家のように、復活してきたのだろう。しかし戦後の整理番号はできても、カードにまでは復活を許されなかった。

特定のテーマについての出版物の場合はどうだろう。先にふれた追放されるべき概念、そして学問としての「地政学」などはどうだったのだろう。『没収指定図書総目録』には「地政学」という分類項目のもとに、わずかに六冊だけが指定されている。それは、小牧実繁『地政学上より見たる大東亜』（一九四二年）、日本地政学協会編『地政学論集』（一九四三年）、国松久彌『地政学と東亜共栄圏の諸問題』（一九四四年）などである。六冊というのはあまりに少ない。他の項目のもとに分類されてしまったものも多かったのだろう。戦前、「皇道の地政学」ということを喧伝した小牧の著書は数多かった。『世界新秩序建設と地政学』（一九四四年）などはたしかに『没収目録』にリストされているのがみつかった。

『日本十進分類法』は一九二九年に第一版が出されてから、訂正増補があり、四二年には第五版となっている。戦後は新訂六版が五〇年に、新訂七版が六一年に出ている。これらには、「地政学」は分類項目として立てられている。しかし国会図書館では、戦後の一時期、「地政学」という項目を抹殺したということを聞いたことがある。館内でいろいろ調査してみたが、結局決め手はない。実際抹殺が起っていたとすれば、これら諸版出版年の間のことで、その間にまた復活も起ったと解釈される。一九五六年、日本図書館協会件見標目委員会編として出版された『基本件見標目表』には「地」に関するものとして、「地形学」、「地史学」、「地質学」、「地学」のほか五つの件名があげられ、また「世界地理」がリストされ、それぞれ四〇〇番台、二〇〇番台の整理番号が与えられている。しかし「地政学」は載っていない。戦中の一九四四年と戦後の四九年版の間宮不二雄編『日本件名標目表』には「地政学」は三一〇・二九の整理番号を与えられていたのにである。

小牧の『世界新秩序建設と地政学』は、没収指令を受けた。そしてたしかにこの図書のカードは、国会図書館の戦前の蔵書カード中には見当らない。しかし『分類目録』を検索してみると「三一二・九―Ｋｏ五八―３ウ」となっている。この請求番号で借りだしてみると、現物には最後の「３ウ」の代りに「４」の番号が付され、収納日、蔵書印は戦後のものである。図書館の係の人のいうところによると、戦後のある時期に著者の小牧が、献呈を申し出て、新たに収蔵されることになったのだという。とすると、戦前あったはずのものはどこにいってしまったのだろう。戦前の蔵書が、そのまま復活しているものと、そうでないものとがあることがわかる。それはなにか特別なことを意味するのだろうか。復活した四手井の著書は岩波書店の出版で、一九四四年に日本出版文化協会が推薦した五一冊の図書のうちの一冊であった(29)。陸軍戦史研究の権威とされた四手井少将が陸軍大学校の生徒に「戦争指導の概念を与ふる目的」(30)をもって起草したものであった。奥付けをみると初刷が八〇〇〇部だったことがわかる。

また『没収目録』を通覧してみると、岩波書店の図書で没収の指令を受けたのは、これ一冊だけだったようである。そしてこの書物は国会図書館で決して廃棄処分には会わなかった。それに対し小牧の著書は、一冊として戦前のものは生き残っていない。現在あるものは、すべて戦後のある時期に小牧が贈呈したものだという（贈呈印はないが）。「八紘一宇」を「皇道の地政学」として積極的な政策提言にしてみせていた小牧の所説には、それだけ永久追放されるべき資質があったといえよう。そのうえ、先にふれたように、著名な大学教授によって「地政学」は追放指定されるべき概念であり、言詞であるとされたのだから。

このような事情に当然対応するのであろう、日米開戦の前月設立され、戦時中その機関誌『地政学』を毎月発刊しつづけた日本地政学協会も戦後に解散した。開戦の翌月発足し、近代日本の植民政策学の開祖、新渡戸稲造の夢が実現したものと当時評価するものもあった大日本拓殖学会も消滅した。地政学は名実ともに日本から抹殺された。果たしてそれは侵略のための政策科学だったのだろうか。いずれにしろ戦争拋棄の日本国憲法に呼応した展開だったとはいえる。戦争拋棄をしていないアメリカ合衆国では、この学問は、衰えるどころか、それなりに展開してきている。地政学は西ドイツの大学からも追放された。しかしアメリカの大学では、このような追放が日本やドイツで進められていたときにも、国際関係論を学ぶ学生のために地政学は用意されていた。

小牧実繁の古稀を祝って、弟子達によって一九六八年に出版された書物の表題は『人文地理学の諸問題』（大明堂）となった。またこれより先五九年に、小牧を編者の一人として出版された書物は『人文地理学』（大阪、新元社）となっていた。戦時中に「地政学」と銘打った著書のある他の学者も同様だった。たとえば没収図書の対象となった『地政学と東亜共栄圏の諸問題』（東京開成館、一九四四年）の執筆者国松久彌の一九五七年の著書は『政治地理概論』（風間書房）と題され、一九四二年に朝日新聞社から『地政学』を出版したことのある岩田孝三は五八年の著書に『政治地理』（帝国書院）と表題を付けた。

学界では、戦後の一九五六年に日本国際政治学会が創立された。その創立メンバーのうちには、解散した日本地政学協会や大日本拓殖学会の旧会員も多数いた。戦前の日本と戦後の日本は、決して断絶していない。それどころか連続しているといった方が、より正鵠を射ていると思うが、学界におけるこの連続性もその一つの例であろう。

第二章　戦争と国民国家の形成

1　国民国家造出理論の挫折

一九六〇年にアメリカで出版された『発展途上地域の政治』と題する書物の序論の中で、編者の一人アーモンドは、共産党による支配が徹底しているような全体主義の政治体制のもとでも、一番大事なのは権力による強制ではなくて、コミュニケイションのメディアを独占しているということである、と書いた(1)。この書物には編者のアーモンドとコールマンの他、パイを含む四名が、論文を載せている。パイのは「東南アジアの政治」と題された現状分析と将来への展望であって、植民地から独立したばかりのこの地域の国々、ビルマ、カンボジア、インドネシア、ラオス、マレー、フィリピン、ベトナム、そしてタイについて、特に楽観的でも、悲観的でもない。しかしそこには国民国家形成に寄与しうる政策科学への確信と自負心が読みとれる。この確信と自負心は、この三年後の彼の文章に、もっと明示的に表現された。それは『コミュニケイションと政治発展』と題するパイ自身の編集になる書物の序文においてであった。彼は次のように書いていた。

「欧米の政治理論が今日まで、国民国家造出の諸問題を、国民全体にかかわる政策の系統的な目標として取りあげようとしてこなかったという事実ほど気掛りなことはない。だいたいにおいて、欧米の学者達は『国民（nation)』と『国家（state)』は自然に発現するものであって、それぞれ個別の社会が持っている本質的性格を反映するものであり、その本質によって国民や国家は生まれてきたのであり、この本質は今日でもなお、その国民や国家を動かす根本的な自然の力となっている、と考えてきている。国民国家造出過程についての欧米の学説は、一番いい場合でも自発性に対する信念に導かれてきた。一国民は、たとえば植民地政府のような外部からの支配によって妨げられないなら、彼等独自の文化と彼等自身の生まれつきの才能を十分に生かせるような国家の諸制度を創り出すだろう、という信念である。この考え方によれば、一個の社会の諸制度は、一国民の基本的性格の反映ということになる」(2)。

こう書いてからパイは、この考え方のために、欧米の政治学者は、これまで発展途上国の人民が国家造出で試行錯誤しているのに、何等理論的な助言を与えることができなかったと批判する。そして政策科学の可能性を十分に追求すべし、として次のように訴えた。

「今こそ決定的な時である。自由な諸制度に価値を置くものは誰でも、途上国の国民国家造出の過程を促進するために、どんな戦略や原理が適切なのかという、きわめて現実的な課題に、真正面から取り組むべきときが来ている」。

国民国家の造出をこのように、たとえばコミュニケイションの理論から、一定の目標に向けて助長することが出来ると考え、人にもすすめ、自分にもその使命を課したパイであった。しかしそれから一三年たって出版されたティリー編『西欧における国民国家の形成』にはしがきを寄せたパイは、これまでの自分の努力に、否定的な評価を下すかの如き感慨を述べている(3)。このティリーを中心とする欧米の歴史学者の研究は、西ヨーロッパの国家形成過程を歴史的に追求したものであって、そこには、国際的な武力衝突が国家の形成をうながしたことが、実証的に示されていた。しかも、その戦争と国家形成の有機的な関係は、パイがかつて冷笑的に眺めた、国家形成における「自然的発生」の理論を支持しているかの如くであった。極言すれば、政策科学たることを目差した、パイ等のコミュニケイションズ理論による国民国家造出のための理論構築が、失敗に終ったことを告げる宣言ですらあった。歴史研究者にとって、それが「自然的発生（spontaneity）」として理解されている事実は、この書物の表題の「国民国家の形成（The Formation of National States)」に、はっきりと反映している。パイ等、政策科学者を自負する社会科学者が使いなれた新造語、「国民国家の造出」という訳語を当てうる "nation building" に代って、ここでは、フォーメイション――形成――が用いられている。それは、天然の現象として、たとえば地層が「形成」されるというように用いられる言葉である。これに対しビルディングは、どちらかといえば、地盤の性質を検査するボーリングにはじまり、杭打ち、土台の構築、鉄骨を組み、コンクリートを流し込んでゆく、あの建設工事そのものを意味することができる言葉であり、またその結果である建築物を意味する。それは人為的な行為であり、緻密な計算に裏打ちされた作業である。

第一次大戦の結果、ヨーロッパには新しい国民国家が誕生した。第二次大戦開始前後から、分割され併合されたりして、そのいくつかは消滅した。戦後また復活したものもあるが、そのままソビエト連邦内にとどまっているものもある。ヨーロッパ大陸と南北両アメリカ大陸外の世界各地に、植民地時代の統合と発展を基礎に、新興国が生まれた。しかし独立享受が、そのまま国民国家の出現とはならなかった。世界秩序の維持を任された大国、強国によって、独立国、主権国家としての処遇は与えられた。ウェストファリア条約以来発達してきた国家系の中には、独立国としてでなければ、植民地としてか、あるいはまた国連信託統治領としてしか存在しえない時代であった。アメリカのような、自由と民主主義を最大の政治的価値とし目標としている国家にとって、新興国がこの方向に着実に発達しつづけることは、国益にかなったことであった。新興国がアメリカ的な世論政治に基づく民主主義体制として国民国家となるとき、アメリカの夢は達成されることになる。そしてそれが平和裡に達成できると考えたのがパイのような政策科学者だったわけである。

ところが、「平和」のうちに国家造出はすすまなかった。インドシナ半島で起ったことは、彼等をはじめて懐疑的にした。また旧アメリカ植民地フィリピンの近代的国民国家としての遅々たる発展の過程が、それに追い打ちをかけている。そこにティリー等欧米の歴史学者の共同研究の成果が示された。一三〇〇年以降、ヨーロッパではイギリス、フランス、ドイツなどの国家形成が進捗しはじめる。この変動をもたらした重要な要因の一つとして、税制の確立があげられた。それは対外戦争のなかではじめて可能になった。勝敗によって変る国家の運命と自己の利害を同一視できる貴族階級から、はじめて十分に徴税することができるようになった。こうして対外戦争中に確立した税制は、平和が回復した後も継続運用された。このような事情は、第二次大戦後の新興国にはあてはまらなかった。たとえ対外戦争があったとしても、アメリカなどの援助で国家を運営していた国々では、民主主義的な税制が正直に施行されることはない。一握りの「貴族階級」が益々富み、貧しい大衆との格差は拡がるばかり。しかもこれら富裕層の人々は、自己の運命を国民一般のそれと同一視することが希である。対外戦争において、最後まで自己の国家と国民を守ろうとはしない。それどころか、経済的、軍事的援助を与えてくれている国の政府筋や経済界の人士とこそ利害を共通にしている場合の方が多い。そのため敗色が濃くなれば、彼等はいち早く国外に逃亡してしまう。こうして支配層に国民意識がとぼしければ、対外戦争すらが、国民国家造出のために有効に作用しない。それは南ベトナム政権の敗北にみる通り、かえって共産主義革命の勝利を助けさえする。とすれば、国民国家造出のための実践的理論の構築を目差していたパイのようなアメリカの学者に、これ以上のジレンマはありえなかった。パイは次のように書いている。

「世界における発展途上地域の現況をみると、かつてヨーロッパにおいて戦争が用意したような強制力のある要因が不在なことがわかる。それゆえに、発展途上にあったときのヨーロッパ国家がなしえたほどの高率の国家収入をあげることができないとしても驚くに当らないだろう。しかしだからといって、戦争がいまよりもっと起った方がいいなどと思うものはいない」(4)。

2　近代日本の戦争

日本が近代国家として出現した過程は、自然発生的なものであったのか、それとも造出されたものであったのか。幕末開国に国家の近代化への発端があったとすれば、欧米列強の外圧に触発されたことになる。それをもって自発的変革と呼ぶのなら、近代日本はその出発点において自発的であったといえる。そして明治維新以降における諸制度の整備の跡をみると、これは国民国家造出のための一つの模範答案のようにみえてくる。近代日本においては、パイのいうように、「自然的発生」は政策科学的造出と対立するのではなく、造出を助ける力として作用したようである。同時に対外戦争のあまりの頻繁さに驚く。パイが国民国家造出の理論を構築するに当って、「自然的発生」の理論を排除したのは、直感的に感じていた戦争との因果関係からは自由な理論としたかったためであろう。しかし歴史的にみれば、日本が近代的な国民国家として出現しえたのは、対外戦争が頻繁に戦われたのと同じだけ確かな事実であり、この二つの事実の間の関係の意味は問われるに価しよう。

ところで、戦争と国民国家の形成の因果関係を、日本についてもう少し追求する前に、フランスの平和研究者、ブートゥールとキャレールの共著になる『戦争の社会学——戦争と革命の二世紀、一七四〇—一九七四』からいくつかの興味深い分析結果を読みとっておきたい。二人の研究によると、この書物の副題になっている二三四年の間に世界の各地で起った「主要武力紛争」の総数は三六六である。「主要武力紛争」とは、かならずしも国際紛争とは限らず、国内における革命も含むが、一〇〇〇人以上が殺戮されたとか一年以上継続したとかいうような条件六つのうち少なくとも一つ以上を満たすもののことである(5)。これら三六六の紛争の四三パーセント、一五七の紛争にかかわった国の上位六ヶ国は、英、仏、露、中、墺、トルコで、それぞれ四八、四〇、三五、一九、一八、一三の紛争を経験したという(6)。また紛争の発生しやすい地点として、紛争の三分の一が集中した地点の上位五地点は、上位から中国とその国境地帯、近東、地中海、インドとその国境地帯、バルカン半島となっている(7)。付録の「分析対象とされた三六六件の主要紛争」の表によると、「国際紛争」は、このうちの一六四である。それらは年代順に、日清戦争、日露戦争、第一次大戦、満州事変、日華事変、第二次大戦である(8)。（義和団事件＝北清事変は、国際紛争としてないので、ここでは数えなかった。）

以上の分析結果やデータから、いろいろな興味深いことを指摘できる。日本の最初の国際紛争は、一八九四年で、全国際紛争一六四中の第一〇七番目であったこと、そして最後が、一九四一年で第一四六番目であったこと、その間一一六番、一二四番、一三九番、一四二番目を戦ったことである。わずか四七年間に六回国際紛争を戦ったこと、これは同期間の全国際紛争三六のうちの一七パーセント弱に当る。これを多いとするか少ないとするか、それは何を基準にするかによることだろう。分析の対象となった二三四年という全期間をとれば、イギリス、フランスと比べ圧倒的に少ないといえるだろう。この差はどこに起因するか。その答は国民国家の形成との関係にみいだすことができるとはいえまいか。つまり「遅れて来た」国家として、かつてイギリスやフランスのしたことを、近々半世紀ほどの間に集中的にしたのだと。同じことが、ドイツやイタリアにもいえるだろう。そしてこれら日本がかかわった六つの紛争が、すべて、この書物が指摘した紛争最多発地点の中国とその国境地帯でおこっていることはなにを意味するだろうか。日中間に、また日露間に、中国の領土上で武力衝突が起ったのは、なにか中国に特殊な事情のゆえだったのだろうか。たとえば、第四章で論じる「中国非国論」が主張したような。さらにもう一つ、興味深い事実がここにある。これら六つの国際武力紛争は、すべて日本が開始したものであるということである。日清、日露の戦争はいうまでもない。満州事変は関東軍の謀略だったし、日中戦争の発端の蘆溝橋事件が日本軍の謀略でなかったにしても、日本側に武力解決の意志がなければ、全面戦争になるわけはなかった。第一次大戦では日英同盟の誼があったとはいえ、ドイツ軍に挑発されたのでもないのに、開戦したのは日本だった。第二次大戦で、真珠湾に奇襲攻撃をかけたのはやはり日本だった。戦前日本の歴史は、対外戦争の歴史であり、日本は軍備競争に明け暮れていた。武装した日本が戦争をし、「高度国防国家」日本が悲惨な結末を生んだ。ここに、戦後日本の平和思想の一潮流が発している。近代日本の戦争は、すべて日本が仕掛けたもの、少なくとも、日本が自ら選んではじめたもの。それも強力な軍備の自信に支えられて。とすれば、日本が武装を拋棄し、こちらから戦争をする意志を捨てれば、この地域の平和は乱されない。武装拋棄＝平和という戦後日本人の信念の背景には、日本人のこんな歴史認識があったのだということが、ブートゥールとキャレールの分析結果からも推論できる。

近代日本の対外戦争は、ブートゥールとキャレールが「主要武力紛争」と識別したものだけでも六つあった。国民国家の出現と対外戦争の間に、なんらかの有意義な関係があるとして、日本の場合はどこまでが、国民国家となるためには避けがたいものであり、どこから先が、必ずしも必然的ではなかったといえるだろうか。国民的解放ということを、近代国民国家の主要な属性とするなら、対外的には、ロシア帝国の拡張主義の脅威から解放されるための戦争と位置づけることのできる日露戦争は、国民国家形成過程で避けがたく起ったといえるだろう。その前の日清戦争は、近代国家としての国境画定を追求していた日本にとって避けがたい紛争だったとすることが可能だ。では第一次大戦はどうだったか。日本にとっての第一次大戦は、中国や太平洋におけるドイツの権益や領土を、ドイツに肩代りして日本のものとしようとしたものであった。それはもはや国民国家の形成のために必然であったのではなく、帝国主義的な植民地再分割闘争のはしりであった。対外的に「解放」という意味も皆無であった。この時代は本来、対内的な「解放」を完結すべき時代であった。いわゆる自由民権運動を、一時停止していたのは、対外的な安全保障に対する戦略的判断のためもあった。日清、日露と二つの対外戦争によって、外圧を排除し、条約改正の達成とともに国権を確立するのに成功した以上、次の国家目標としての民権の確立がおし進められるべきときだった。

しかし、民権の確立が一応制度的に達成されるためにさえ、まだ一九二五年三月まで待たねばならなかった。このとき帝国議会においてはじめて男子普通選挙法が成立した。それが、日清・日露のような「国民主義」戦争の直後でなく、近代日本の最初の「帝国主義戦争」をドイツと戦い、勝利した後であったということは皮肉なことであった。選挙権を得た人民が、その参政権を行使する場は、帝国主義的な戦利品をどう扱うかに関与することが多かったからである。意地悪ないいかたをすれば、国民主義の名において、もはや正当化することもできなくなった対外戦争や、戦利品の分配に、国民ははじめて政治参加し、政府と共同責任を負うことになったのである。

3 国民国家形成過程の戦争

これまでに述べたことを整理してみると、一九五〇年代に研究を開始した当時、パイは、国民国家の形成という政治発展を「自然的発生」においてとらえる歴史研究家者の立場を軽侮していた。政治発展は、人為的に始動させることも制御することもできると考えていた。それゆえの政策科学であった。しかしその後一九七〇年代はじめまでの現実政治を体験し、観察分析した結論として、西欧の政治発展過程の歴史的研究の意義を発見し、対外戦争との関係に注目せざるをえなくなった。欧米の先進国の場合、国家が人為的に造出されたというよりも、自然発生的に形成されたものであったことの意義は重かった。

日本の近代化について、自発的要因に早くから気付いていた人が、政策科学を標榜する人ではなく、歴史家や詩人であったというのは偶然ではないかもしれない。詩聖と讃えられ、アジア人としてはじめてノーベル文学賞を受けたインド人タゴールは、近代日本の突発的出現をつぎのように表現した。

「西洋列強は日本の戸口に立って、天地に轟く砲弾の響をわが声として、『国民国家よあれかし』と宣言したのであった。するとたちどころに国民国家が誕生したのであった」(9)。

また戦後日本の歴史学界に多大の影響を与えた、カナダ人歴史家ノーマンは、一九四〇年ニューヨークで、太平洋問題調査会（IPR）によって出版された著書の表題を *Japan's Emergence as a Modern State* とした。岩波書店から一九五三年に出版された大窪愿二訳の日本語版は、『日本における近代国家の成立』となっているが、ノーマンは、まさに近代国家として、日本は emerge（出現）した、と表現したのであった。タゴールは、外圧＝武力による威嚇の直接的因果関係において国民国家の誕生をとらえた。ノーマンもまた、日本近代国家の形成を、自然的発生において理解した。

ノーマンが「出現」という言葉で表した、近代国家日本の歴史が、対外戦争の歴史であったことはすでに指摘した通りである。正式に宣戦布告をしたものだけでも、日清、日露、第一次、第二次世界大戦と、前後四回にもなる。それもどういう偶然か、正確に一〇年毎に、はじめの三つの戦争は起っている。単なる偶然にしても面白い。では、三つの戦争以前と以後はどうだったのか。歴史の展開を思い浮べてみると、それ以前にも、それ以後にも、一〇年周期はあったとすることができる。一八五四年の神奈川条約締結、六四年には、英米仏蘭四国連合艦隊と長州藩の交戦、そして七四年には、幕末開国以来はじめての海外派兵が台湾に対して行なわれた。八四年には、甲申事変がおきている。このとき日本軍と清国軍は兵火を交えたのである。それから一〇年、日清戦争、さらに一〇年、日露戦争、そしてさらに一〇年して第一次大戦となる。この規則正しさから、当然つぎの一九二四年には、なぜ武力紛争がなかったのか、と逆に不思議な気がする。歴史の研究において周期説が主張されることは決して希ではない。それまでの一〇年周期に、これといって説得的な理論は提出できない。しかし「なぜ」起らなかったか、に答える努力は、この時代の平和の条件と次の戦争の原因の一端を理解するのに役立つ。

第一に国民国家の形成と戦争という、われわれの問題意識から発想すると、一九二四年までには国民国家の形成がすでに終っていたからだ、とすることができよう。そして第二に、一九一四年の戦争の結果として生まれた、いわゆるベルサイユ＝ワシントン体制という国際秩序は、日本自身が五大国あるいは三大国の一国として、その形成そのものに参画したものであって、それなりに日本の国益にかなうものであったから、武力行使の必要がなかった。実際一九二四年には、排日移民法がアメリカで成立し、日本人の民族的自負心を傷つけはしたが、基本的に、この秩序の原則である自由貿易主義の恩恵を享受していたのである。つまり日本は、自分もその形成に正式に、直接参画した国際システムが、期待されただけの機能をまがりなりにも果たしていたかぎり、武力行使にまで至る必要がなかったのである。しかしその機能が期待を裏切れば、平和の維持もその限りではない。ニューヨーク株式市場の大暴落に端を発した世界大恐慌と共に、その時はきた。アメリカは一九三〇年には早くも、高関税法（ホーレイ＝スムート法）を成立させて、自国の産業を保護する措置にでた。その翌年にはイギリスが大英連邦内諸国間の関税に優遇措置（ウェストミンスター憲章）をきめた。ベルサイユ体制を支えていた原則の一つ、自由貿易主義が、このシステムの管理責任者である二つの大国によって、あい次いで拋棄されたのである。この背信行為に対する反撃は、このシステムの最大受益国の一つであった日本によって、直ちにおこされた。一九三一年九月、日本軍は中国の東北地方で侵略を開始した。これが満州事変である。日本はここに日本の工業のための資源の供給源を確保しようとした。このとき日本は、国際法を遵守していると、いい続けていた。つまりたてまえとしては現存の体制を否定したのではなかった。アメリカやイギリスが自由貿易主義の原則に立ち返れば、武力行使の結果を捨てて、紛争前の秩序を修復することもありえたはずである。共同管理責任者の間での合意がえられぬまま、秩序は修復されず、秩序攪乱に先鞭をつけたはずのアメリカもイギリスも、自分の非は省みず、最初の武力行使者としての日本のみを、非戦条約（一九二八年）など、国際条約違反者として批判しつづけたのである。その結果、日本は国際連盟を脱退し、海軍軍縮条約からも離脱し、実質的にベルサイユ＝ワシントン体制の外に立つことになった。このなかで一九三七年七月には日中戦争が開始し、四一年一二月には、遂に日米開戦となった。

ここにあげた三つの武力紛争は、ブートゥール、キャレールも取りあげていたものである。しかしこの他にも実際には武力行使の紛争があった。ブートゥールとキャレールは、これをロシア革命の一部とし、第一次大戦の中に組み込んでしまったのだろう。あるいは、中国の内紛の中に組み込んでいるかもしれない。ともかく、一九一八年から二二年まで、日本は東部シベリアに派兵していたし、北樺太（サハリン）の軍事占領は、一九二五年まで続いた。これはロシアに起ったボルシェビーキ革命に端を発するもので、二〇年までは連合国の共同出兵という形で行われ、アメリカ軍も多数参加していた。また中国では、国民革命軍の「北伐」中、一九二七年と二八年の二度、日本政府は自国の権益と在留邦人の生命を守るために派兵した。

前者の紛争のことは、ソビエトの史学は「ロシア革命干渉戦争」と呼んでいる。共産主義の拡散浸透を恐れる日本とアメリカの間に一応の協力関係ができたかにみえたのが、この紛争であった。実態は共同出兵の名からほど遠いものではあったけれど、いずれにしろ、中国への派兵をも含めて、一九二〇年代には、武力行使はしばしば大国によって体制擁護、秩序維持のための必要悪として是認されていた。同じ中国における日本の武力行使であっても、満州事変はもはやそのような性格ではなく、大きく許容範囲を越えていた。日本政府がどう弁明しようとも、それは関東軍の謀略による軍事侵略であった。

4　ヘゲモニー確立のための戦争

満州事変は明白なる侵略戦争であった。その性格が、日清、日露の戦争とは大きく異なることは、すでに指摘した通りである。かつては国民主義の戦争として「解放」という特性があったのに、今度はもはやそのような性格はない。それどころか、ヘゲモニーとしての特性が歴然としている。自民族の「解放」から、他民族を支配しようとするヘゲモニーへ、と日本の武力行使の目的が大きく変動した。第一次大戦がヘゲモニーのための戦争であったことも、すでにふれた通りである。この戦争中に中国に突きつけられた二一ヶ条要求（一九一五年）がそのことをはっきりと裏付けている。

国民国家の形成に対外戦争が有意義に作用するという命題を追求しつつ、ここまで来たわけだが、どこからが国民国家形成の段階を越えた、ヘゲモニー確立のための戦争となるのか。欧米、主としてドイツとアメリカ合衆国の場合について考察し、改めて日本の場合と比較してみよう。

近代国民国家系の出発点は、一六四八年のウェストファリア条約にあるとされる。これらの条約は、宗教戦争の性格をもって開始した三〇年戦争を、キリスト教世界で世俗化が進行した帰結の一つとして終結させた。国家主権の概念と国際法の諸原則、それに勢力均衡政策という、三つの要素から成り立つ国際システムが成立したのである。ここに生まれたヨーロッパの秩序は、キリスト教文化を背景とする国際法秩序であった。そこでは、戦争は絶対悪とはされず、国家の目的を達成するための外交という手段につづく、もう一つの手段と考えられるようになる。国際法は、まさに、戦争と平和を管理するものとして考案されていた。フランス革命は国民主義的側面でヨーロッパの政治社会の発展に寄与することになる。しかし、それはナポレオン戦争となったときから、ヨーロッパ全土を支配しようとするヘゲモニーのための戦争となった。ナポレオンの敗北後生まれたウィーン体制は、ヨーロッパ五大国（英、露、独、墺、仏）協調による大国管理の体制であった。フランス大革命の後も、革命はパリーからという期待は、フランスの革命思想の洗礼を受けたヨーロッパの諸地域に広がっていた。そこに起った一八四八年の革命は、まさにヨーロッパの主要都市に波及した。革命そのものは、それぞれの地域の体制保持者によって急速に鎮圧されてしまったが、この過程を通じて、民族意識が覚醒し、中央から東のヨーロッパ各地で、多民族国家、大陸型植民地国家内から、民族自決を求める運動が興ってゆく。一民族一国家を追求する、この新たな政治社会動静は、ウィーン体制下のヨーロッパでは、主として国内問題として発生するが、体制の維持ということで、大国が、他の大国の介入を求めたり、求められなくても介入したり、またその逆だったりして、新たな緊張の種になった。しかし大勢は平和のうちに推移した(10)。

だが、その平和はヨーロッパの外の紛争の裏面であった。植民地をめぐる紛争が、ヨーロッパの大国同志の間で起りつづけていた。これは、ヨーロッパ内における緊張を解消し、ヨーロッパ内で武力衝突となるのを防いでいた。この事情は、一八七一年普仏戦争を戦い終えた後のドイツにもいえた。この戦争で、ドイツ民族の統合は、プロシヤ主導で、一つの完成点に達していた。オーストリアの参加はなかったが、ドイツ帝国が結成されたのである。これ以降、一九一四年に至るまで、ドイツはヨーロッパ内では武力行使をしなかったが、海外では植民地問題で、イギリスと紛争関係に入りがちだった。この例でみるようにドイツの場合、普仏戦争までは国民国家形成過程における戦争とし、それ以降をヘゲモニー確立のための闘争と見定めることができる。いまここで、一八七一年におけるドイツ帝国成立のことを、「一つの完成点」として限定的に表現した。それは大きくいって二つの意味がある。一つはすでに指摘したように、オーストリアの参加のない、いわゆる「小ドイツ」としての統合であったことである。もう一つは、ドイツ民族にとっての民族的統合であったかもしれないが、このドイツ帝国領土内には、多数の異民族、殊にプロシヤ領内には、ポーランドの分割の結果としての旧ポーランド領が、その住民とともに含まれていたことである。このとき同時にポーランドの復活、国民国家としての再統合が達成されていたら、そしてそのうえ、他の地域でも、民族自決の原則の貫徹が計られていたら、少なくとも国民国家形成過程における紛争としては戦争は少なくなったろう。

ドイツの場合とくらべるとき、アメリカ発展史のなかで起った国際武力紛争は、どこまでを国民国家形成のための戦争とすることができるだろうか。アメリカが独立宣言とともにイギリスの植民地としての地位を脱却しはじめたとき、アメリカは国民国家として出発したといえるだろう。とすれば、その後のアメリカの歴史は、民族統合の歴史というよりは、領土拡張と、それにともなう国境画定の歴史とすることができよう。たとえば、一八四五年には、アメリカは、メキシコ領土内のテキサスで独立宣言したアメリカ人定住者と条約を結んで、これを併合し、アメリカの領土とした。この事実を動かし難いものとするため、アメリカは兵を送ってメキシコと戦った（一八四六―四八年）。この戦争に勝ったアメリカは戦利品としてさらに広大な領土を割譲させた。それは今日のカリフォルニア、アリゾナ、ネバダ、ニューメキシコの諸州である。今日のわれわれの感覚では、国民国家形成の過程で起ったことと、一応納得してみても、戦後処理の仕方があまりにも拡張主義的で、結果として侵略戦争という印象をぬぐえない。しかし見方によっては、この戦争は相対的には、アメリカのみならずメキシコも、またその限りにおいてカナダも、国民国家として国境の画定を進めねばならぬ時代にあったから、力関係とのかねあいで、一応は我慢できるものとして定着していったのだろう。こうして決定した国境は、その両側で、それぞれの住民の国民意識の昂揚に寄与しただろう。もしこのときメキシコ側に、怨念が残ったとすれば、それはドイツ帝国成立のときに、アルサス＝ロレーヌをドイツに割譲させられたフランスと類似した展開であった。ともかく北アメリカでも、同時代に、ヨーロッパと同じように国民国家の形成が進んでいたといえる。そして国民国家の形成が、このとき領土的にも完了したとすれば、ドイツにしてもアメリカにしても、これらの戦争を境に地域内へゲモニーの確立への転換点に立ち至っていた。

近代日本の対外戦争のなかで、国民国家形成のための戦争は、日露戦争までとする立場についてはすでにふれた。第一次大戦への参戦は、もはやへゲモニー確立への第一歩であった。しかしそこに至るまでの過程とその後の展開は必ずしもヨーロッパやアメリカの体験と同じものとはいい難い。その理由は、日本が近代国民国家を形成したのは、ヨーロッパやアメリカ地域ではなく、東アジアという歴史世界の縁辺においてであったということに由来する。この歴史世界には、それなりの国家系があった。その国家系から自ら選んで脱出し、ヨーロッパの近代国民国家系にいち早く参画し、平等の待遇を受けようと努力しはじめたのは、この歴史世界では日本だけだった。この事実に着目するとき、近代日本の対外武力紛争に新しい解釈が可能になる。

一八七六年、日本は日朝修好条規によって李王朝の朝鮮を独立国と認めた。これは朝鮮にも、東アジアの伝統的国家系から離脱させ、日本と同様の近代国民国家にしようとしたものだとすることができる。しかしこの条約は、この目的のための手続としては不完全であった。中華帝国としての清朝中国の宗主権は、そのまま継続しつづけ、同時に朝鮮は、日本に不平等特権を許してしまっていた。朝鮮が自力で近代国民国家として対外関係を調整できないでいる間に、日本の国境画定の努力は進行していった。北方では千島樺太交換条約（一八七五年）が締結されて、ロシアとの国境が画定した。南方では、すでに中国と日本に両属関係にあった中山王国を廃して琉球藩としていたが、さらにこれを廃して沖縄県とした（一八七九年）。このために中国から抗議を受けたが、日本は直接関与できる地域では、着々と近代的な国境を画定する方向に進んでいた。

朝鮮が近代的な国造りに遅れていたとしても、宗主国の中国の権威が十分にこの地に及び、地域外からの勢力の影響を排除できていれば、さして問題はなかったろう。国民国家形成過程の日本は、第三勢力の威圧を感じないで国民国家としての完成をみたかもしれない。自力で外圧を排除できない朝鮮には、日本をも含めて列強諸国が勢力の伸張をくわだてた。日本はこの地における優越権を確保するために、まず清国と、次いでロシアと争った。その結果、日本の優越権が列強によって保証された。そのとき日本は朝鮮を完全独立の道程にのせることもできたはずである。しかしときはあたかも、後発国にとって植民地獲得の最後の時期に当っていた。アメリカはスペインに代ってフィリピンを領有するようになったばかりであった。アメリカは日本の野心をこの新領土からそらすために、代償として日本の優越権が朝鮮で拡張することを認めた（桂・タフト協定）。そして結果的に、日本は一九一〇年、日韓条約によって、韓国を併合した。こうして、完全独立という形で完結することもありえた日韓関係は、韓国の完全従属、完全消滅として幕を閉じた。これは、ヘゲモニーの確立という視点でみれば、まさにヘゲモニーの極限的完成といえた。とすれば、その後の第一次大戦への日本の参加は、はじめてのヘゲモニー確立のための戦争というより、朝鮮を越え、今度は中国にヘゲモニーを拡大しようとしたものと位置づけなおした方が当っていることになる。

しかし全く別の解釈も可能である。それは近代国民国家形成の過程で、イギリスが連合王国を形成するためにたどった道と類似したことを日本がしたという解釈である。一つの国名グレイト・ブリテンのもとにイングランドがスコットランドを併合したのは一七〇七年のことであった。それまでにコーンウォール（一三三七年）とウェイルズ（一五四二年）が併合されていた。グレイト・ブリテンに最後に併合されたのはアイルランドで、一八〇一年のことであった。一七八六年、林子平は『三国通覧図説』を著した。ここにいう三国とは、日本の外縁に位する蝦夷、琉球、朝鮮のことであって、中国やロシア、インドではなかった。蝦夷や琉球のカテゴリーに数えられた朝鮮であってみれば、近代国民国家として辺境の統合を進めていった日本が、北海道、千島、沖縄の後で、韓国を併合したのはそれほど違和感のある展開ではなかった。実際日韓併合は日本の議会で論じられることもなく、近代国民国家を形成中の日本人には自明の成り行きと考えられていたようである。このような認識を助ける道具立てもあった。それは、東アジアの歴史世界での秩序原理であった徳治主義の援用であった。これが、近代ヨーロッパにおけるヘゲモニーとニュアンスの違ったものを、少なくとも理念的には、近代日本の拡張主義に与えることになっていると解釈できる。このことを次に論じてみよう。

5　徳治主義という東アジア的ヘゲモニー

一八八七年初夏、国内の反対にあい、条約改正交渉が行きづまってしまったところ、時の外務卿井上馨は、日本をアジア大陸東の洋上に、ヨーロッパ的な一帝国として出現させたいと願った(11)。井上はこのとき、日本をイギリスのようにしたいと考えた。島国としてのイギリス。そのイギリスは当時、世界に冠たる海洋帝国として君臨していた。イギリスを特徴づけるものは島国性(insularity)であり、それは日本にも共通するこの超大国の属性であった。当時「島国性」は、イギリスのあの「素晴らしい孤立(splendid isolation)」と重なり合う、好ましい含意を持っていて、今日のように「閉鎖性」とか「偏狭性」を意味してはいなかった。井上も当然、この好ましい意味で考えていたわけである。そのころヨーロッパ大陸の国際政治は、ドイツの宰相ビスマルクの絶妙な外交手腕のもとに展開していた。それは、よそ目には相互に矛盾しているとしかみえない、いくつもの同盟、協商関係の運営から成り立っていた。

このときイギリスは、ヨーロッパ大陸の政治からは一定の距離を持ち、超然とし、同時に世界政治においては、大海洋帝国の保持者で、いわゆるパックス・ブリタニカの担い手であった。井上はそんなイギリスの姿に、日本の未来を擬していた。もし日本が当時のイギリスに学び、自己の発展に資そうとするのだったら、この大陸の政治に超然とするというところに、もっと注目すべきだったろう。イギリス国王はかつて大陸にブリタニー（ブルターニュ）という領土を持っていた。しかし一五四七年までには、それを完全に拋棄した。それはフランス国王の領土に併合されてしまったのである。こうしてイギリスは大陸の政治から自由になったのである。

日本にとって大陸との関係でブリタニーに匹敵するものは朝鮮半島である。古代日本は、この地に任那という支配地を持ったといわれる。しかし、五六二年までにはここから撤退している。そして六六三年には、百済王を助けようとして向けられた日本の水軍は唐の水軍と戦って敗れ、百済人をつれて日本に逃げ帰った。次に日本がこの地に攻め入るのは、秀吉の軍勢で、一五九〇年代のことである。このときは明朝中国の介入により敗北し、撤退した。この間一二七四年と八一年には元朝中国が朝鮮を通って北九州に進攻してきたが、いわゆる「神風」が吹いて、この勢力を撃退した。明治の日本は、軍制の改革のために、ドイツ陸軍の参謀本部付少佐メッケルを招聘した。一八八五年着任後間もなくメッケルは陸軍大学で明治天皇に謁する機会を与えられ、親しくお言葉を賜った。それに引き続き天皇は教室でメッケルの講義を一時間半にもわたって聴いている(12)。メッケルは一八八八年に離日するまで三年間にわたって陸軍大学で戦術について教鞭をとるとともに、政府に対しては軍制について建言した。彼の助言のうちには、軍隊は天皇に直属する、政府は指揮権を持たないというものもあって、その影響力は大きかった。メッケルはまた、朝鮮半島の戦略的重要性を、日本に突きつけられた短刀だ、と表現したとされる。それは元冦の事実で補強される警告であった。井上外務卿が、日本をイギリスのような島嶼国家、海洋帝国にしてみたいと意見を述べたのは、まさにメッケルが日本陸軍に直接助言を与えている最中であった。しかし井上が考えたように、日本の未来を、イギリスをモデルにして築こうとするのなら、大陸の政治に深入りするのを避けがたくするはずの朝鮮支配を日程にのぼらせたりしてはならなかった。

にもかかわらず、日本は次第に朝鮮問題に深くかかわってゆく。それは、当時までに国民国家の形成をなし終えた国々が、植民地獲得競争の最後の段階に入っていたことと無関係ではない。そして日本がモデルにしようとしたイギリスは最大の植民地帝国であった。植民地をヨーロッパ大陸にもっていなかったにしても、植民地保有ということは、日本人の考えたイギリスの偉大さの属性であった。この属性を日本は朝鮮併合で満たそうとした。朝鮮はたまたま大陸に陸続きだったのにすぎない、とみることもできよう。しかしここでは、もうすこし内発的な要因を発掘してみたい。国民国家が「造出」されたというよりも「出現」したというような歴史過程として、日本の朝鮮へのかかわり方を考えてみようというのである。それはこの地域の伝統の特殊性への注目から出発する。

この地域の特殊性といえば、それが東アジア歴史世界と呼べる、漢字の使用を共通項とした地域を構成していたということを、まず挙げなければならない。この地域の国家間の関係は、儒教の人倫を敷衍した階統秩序として、中華帝国の中国を頂点に形成されていた。この秩序が機能し、維持されるのは、中華帝国皇帝の徳治による。実際には、中華帝国皇帝が、たとえば朝鮮一の権力者に冊を与えてこれを朝鮮王とする冊封制度であり、封建制度の国際版であった。朝鮮王は中国の皇帝に朝貢し、中国は宗主国として朝鮮に保護を与えるというものである(13)。このような伝統の持つ意味は意外と重かったのではないか。われわれはともすれば、日本近代をいわゆる「脱亜入欧」の歴史としてだけ理解しようとするために、このような伝統が、日本の対東アジア諸国政策にかかわっていた意義に思い当らない。日本はこの伝統を無視したのではなく、それが有用なときは使いつづけたのではないか。ここに視点を置いてみると、近代日本の対外態度に、新しい解釈が可能になり、歴史上の出来事が、より納得のゆくものとなる。

日本は、その対外接触において、伝統と外来の新制度とを相手によって使いわけたのである。欧米列強に不平等条約を与えてしまった日本は、それから脱する道を、彼等の打ち立てた国際法秩序のもとで見出すことを国策に定めていた。彼等に対しては、彼等が納得する欧米の行動様式を最善に生かして行動した。しかし朝鮮や中国に対して同じことをしたとして、外交目的を達成することができたであろうか。伝統に固執していたこれらの国々、そのうちでも「大明の東屏」をもって自ら任じ、儒教の世界観で自らの対外態度も律しようとしていた朝鮮に対し、なぜ欧米の流儀を用いる必要があったろう。朝鮮の支配層にとって西洋化した日本は欧米諸国と変るところのない禽獣であり「洋賊」であった。儒教の正統を継ぐものと自らを見定めた彼等にとっては、清朝中国すらが、もはや夷狄であった(14)。このような世界観のなかにいる朝鮮人にアプローチするのには、それなりに有効な方法があったろう。それは、国家間の関係を階統的秩序として認め、その秩序原理を徳治主義としてきた東アジア歴史世界の伝統を利用することではなかったろうか。

朝鮮人が、あるいは中国人が、このように伝統の有用性を認識していたかどうかは、いまは問わない。ここでまず問題にしたいのは、日本人の側に、そのように理解したものがいたらしいということである。欧米流に近代国家としての国造りをはじめた日本人にとって、隣国をそのときどうするのか、ということは、簡単には解けない難問であった。一八七三年の征韓論で突出して以来、試行錯誤の歴史であった。このなかには、伝統からの発想とでもいうべきものが多々あった。「日本盟主論」の系列に属する対朝鮮、対中国論策などは、それである。たとえば島田三郎の立論である。島田は『横浜毎日新聞』の主筆として、自由民権論を鼓吹し、木下尚江らと廃娼運動など社会正義確立のための運動にかかわったジャーナリストであり、一八九〇年以降、衆議院議員に連続当選した、議会政治家であった。この島田に『東洋策』(一八八八年)と題する著書があるが、ここで島田は、対中国積極開戦論を開陳するのである。彼は中国と開戦せよといった。しかし普通の意味の征服戦争をしろ、といったのではなかった。日中開戦の目的は、この戦争によって日中の優劣を決し、東アジア地域の共通の運命の将来を任すべき指導者を決定しようとするものであった。欧米列強の外圧に悩む両国にとって、リーダーを即決しようとするとき、戦争という手段以上に効果的な手段がありえたろうか。いうならば、それは、村祭の青年相撲に似ていた。伝統的な東アジア世界を自然村的な運命共同体に見立て、衆人環視のもと、鎮守の杜で、日中両国に奉納相撲をやらせようというのであった。この相撲に勝ち抜いた青年は、村人の尊敬と信頼に価し、共同体のリーダーとしてふさわしい。つまり、東アジア歴史世界の諸国が団結して、外の世界と互角に渡り合えるような指導国家をみつけだすための戦争の提唱であった。侵略戦争とは全く発想を異にするものであり、このようなリーダーのことを「盟主」と呼んだのであった(15)。

こうして選ばれた「盟主」であってみれば、その地域内支配の原理としては、伝統的な徳治主義が当然視されていたというべきである。これをしもなお、欧米の国際政治の実態から帰納的に作りだされた権力政治の用語で、ヘゲモニーと呼ぶのなら、それに「東アジア的」という限定語を添えて、含意を補正する必要があろう。それは、ここにいうような「盟主」という特殊な国際政治上の概念を生み出した、一九世紀後半における東アジア政治の事情とともに、東アジア歴史世界の、徳治主義という秩序原理を想起させるものでなければならない。

6　「脱亜論」と「大東合邦論」

一八八五年春、前年末の甲申事変の結末をみて、朝鮮を助けつつ、東アジア共通の運命を切り開くというこれまでの近代化路線を拋棄することに決した福沢諭吉は、その決心を自分が出版していた日刊紙『時事新報』に「脱亜論」と題して発表した。ちょうど同じころ樽井藤吉の『大東合邦論』も日本語で書かれた。ただこの原稿は、出版される前に、樽井が大阪事件のまきぞえをくって無実のまま投獄されたとき、紛失してしまった。とにかく、同じころ、同じ国際情勢に反応しながら全く対極的な政策提言をしているとして、竹内好によって発掘され、評価された。竹内によって一番評価されたのは、樽井が

「大東」という名の連邦国家を、日本と朝鮮が「対等合邦」して作ろうと提唱した点にある。彼はこれを「空前にして絶後の創見だ」とする(16)。しかし提案されたこの合邦の結果については、評価をさしひかえている。というのは「連帯はそれ自体が価値ではない」からである。この点では福沢の方が勝っている。福沢は文明の信奉者であるが、「文明はそれ自体が価値だ」からである。樽井の場合、「連帯によって何を実現するか、という点では確たるものがない」と竹内はいう(17)。

ともかく、竹内もその分析に利用した一九一〇年の再版本を、竹内の読み下し文で一読してうける強い印象は、たしかに独創的で、その内容には、その後の日韓関係の展開などと関係して、興味津々たるものがある。たとえば樽井は、序言で、日韓の国民性の特質を「日本は和を貴んで経国の標」となし、「朝鮮は仁を重んじて施治の則となす」(18)といっている。竹内は「対等合邦」の立論として『大東合邦論』を評価したが、同書の中には、「対等」とか「平等」とかいう用語が、そのまま明示的に使われているわけではない。まさに「和」とか「仁」などという東アジア歴史世界の概念によって表現されるのである。彼はいう。

「東亜の諸国は、家族制度たり。家族制度は、一家をもって国本となすの謂なり。ゆえに上下相保つの心最も切なり。ゆえに合邦は、もとより東方諸国に適するものなり」(19)。

これだけを読めば、樽井の構想したものは、どちらかといえば、中国中華に代る日本中華の階統秩序にみえてくる。それは君臣、父子の関係でないとしても、すくなくとも兄弟の関係であることは、樽井の文章からも読みとれる。そして秩序原理は、中華帝国の徳治主義というのに近い。樽井はいう。

「昔わが国は韓土に学びて今日の盛有り。今我の彼を導くは、徳に報ずるなり」(20)。

またいう。

「朝鮮王、永世の尊栄を保たんと欲せば、また日本と合同するに如かず。日本の皇統はもとより万世一系たり、国民忠誠の実想うべきなり。今これと兄弟の誼を結び、彼此並立すれば、その王統は日本国民の擁護するところとなり、もってこれを万世に伝うること、なお麻の中の蓬のごとし」(21)。

そしてすぐ続けて、「何となれば、合邦の制はその民たがいに各邦の君を尊奉すればなり」とした。このあたりから、対等合邦という意味がはっきりしてくる。西洋の歴史には、古代ギリシャからドイツ帝国まで、合邦の例が多々ある。歴史の方向は、まさに合邦にある。東アジアの諸国が、欧米列強に対峙できるのは、この方法を最善とする。にもかかわらず今日まで、東アジアには合邦が起らなかった。これから合邦するには、西洋の先例から学ぶことができる。ドイツ連邦、オーストリア＝ハンガリア帝国、英国、アメリカ合衆国、オーストラリアなどである。しかし「新機軸」を出すのもいい。もし合邦しても数年で不都合が生ずることがある。そのときはこの制度を解いて、旧に復するのがいい(22)。これは、アメリカ合衆国が、奴隷制の擁護と撤廃をめぐって南北に分裂して争ったことに学んだものであろう。分離独立の権限が州政府によって留保されていたら、合衆国憲法のもとで、平和な国権下放《デボリューション》もありえたろう。一九七〇年代に、イギリスやカナダでデボリューションの動きがあった。スコットランドとケベックである。どちらの場合も、議会制度のなかでこの問題に対処し、問題に決着をみた。今日の憲法で、分離独立の権限を、構成諸邦が明示的に留保しているのは、ソビエト連邦だけである。この点樽井の先見性には驚歎せざるをえない。彼もまた、国際法秩序の学習を最優先課題とした明治国家建設期の思想家だったということか。

この点で、福沢と樽井は近似している。ナショナリズムの原理を、その担い手の最小の集団で、はっきりと把えているからである。ただ福沢は、そのナショナリズムを欧米に発する文明で貫徹しようとして、朝鮮を切り捨てた。それに対し樽井は、東アジアの伝統のうちから革新的連帯の原理を創造しようとした。「対等」とは統合の内容ではなく、不都合があれば、旧に復することのできる条約上の権利の留保を意味する。統合中は、「和」とか「仁」とか、徳治主義を思わせる伝統を力とする、天皇の権威に期待するものになっているからである。しかし竹内自身も認めるように、東アジアの隣邦との連帯で、欧米列強の侮りを防ごうとしたのは、樽井だけではない。福沢にも「心情としてのアジア主義」(23)はあったのである。親日＝近代化路線の宮中クーデターが失敗して、日本に亡命してきた金玉均を、それまで種々積極的に後援してきた福沢なのに、見限ってしまった。一方樽井はその亡命政治家を助けて、朝鮮との新関係を拓くべく、奔走した。福沢と樽井のように、朝鮮をめぐって対極的な政策提言をしたような場合でも、最小限「心情的」にはアジアとの連帯を願っていたということの意味は重大である。現実にアジアとの連帯を具体化するような政策が実施されれば、それに積極的に反対する根拠が希薄となるような知的条件があったということである。

日本は日清戦争の結果、中国の勢力を挫くことはできたが、三国干渉でかえってロシアの影響力を増大させてしまった。この戦争のとき、日本を代表するキリスト教徒内村鑑三は、これを文明の戦争とし、朝鮮を蒙昧固陋な宗主国中国から解放し、完全独立させる「義戦」と考えた。しかし戦争の結果は、中国から戦利品として領土や賠償金を奪いとるという、彼が主義として肯んじない通常の侵略戦争とえらぶところがなかった。彼はこのときから非戦論者となった。キリスト教徒でなくても、このような戦後処理に反対するものはあった。彼等は、日中関係が将来長期間にわたって修復しないことを恐れ、三国干渉の結果国際環境が悪化したのを憂えた(24)。しかし戦利品を当然とするのが大勢であった。旅順港の浜辺の砂礫を持ち帰り、一度は日本の領土となった遼東半島の土として、自宅の客間の床の間に飾り、来客にもその主旨を語り、ロシアに復讐するための臥薪嘗胆を訴えることを自らの使命とした徳富蘇峰のような言論人もいた(25)。

日露戦争に内村は非戦論の立場から絶対反対した。しかし彼とても、苦戦の後、旅順が遂に陥落したとの報を聞くと、昂ぶる心を押えることはできなかった。彼は家のなかから通りに走り出て、思わず「万歳」を叫んだのであった(26)。謹厳なクリスチャンの口をついてほとばしり出たこの「万歳」ほど、この戦争が、民族を外圧から解放するための「国民戦争」であったことを象徴的に示すものはないだろう。しかし他方日本の朝鮮支配は今度こそ、段階的に急速に進んでゆく。アメリカとは桂・タフト覚書、イギリスとは第二次日英同盟によって、またロシアとはポーツマスの講和条約によって、朝鮮において日本が優越権を確立することが是認されていた。一九〇四年八月の第一次日韓協約ではじめられた、韓国の外交権の事実上の掌握は、翌年一一月の第二次協約（韓国保護条約）で、外交を完全に日本の外務省に任せることとなって完結した。このとき李朝の宮廷や政府内部から反対が起った。これは旧廷臣が王宮前で自殺するというような消極的な抵抗であった。これに対し、地方では儒生などが、はやくも反日暴動に立ちあがった(27)。

一九〇七年六月ハーグの万国平和会議に韓国皇帝の密使が現れた。自国の窮状を訴えるためであった。しかし英米露は聞く耳を持たなかった。彼等にとって、韓国の運命はすでに日本にゆだねられていたのである。日本政府は、この機会をとらえ、さらに強圧的に韓国政府に臨み、七月には第三次日韓協約と秘密覚書によって、内政までも広範に日本政府の代表としての統監の指導下におくことにした。この新しい密約のもとで、韓国は国軍を失った。旧国軍将兵を中心に、ゲリラ活動が始まった。しかし統監は憲兵隊によって警察権を掌握し、このような事態に対処した。一九〇九年一〇月、第二次、第三次日韓協約の締結を進めた前統監伊藤博文が、ハルビンで韓国のナショナリスト安重根に暗殺された。そしてその翌年の八月、韓国は日本に併合され、その主権を名目的にも完全に喪失した。

日露戦争までは国民主義の戦争であった、と先に述べた。しかしその結果として進んだ、日本の朝鮮支配はヘゲモニー確立のための行動という以外のなにものでもないようにみえる。そこでこれまでに問題にしてきた、微細とはいえ十分に意味があると考える差異に目を向けてみたい。

日韓併合において、伝統的な価値はどのように作用したのだろうか。東アジア歴史世界に固有の秩序原理、徳治主義はなんらかの意味をもったのだろうか。つまりそれは、ヘゲモニーとしても、「東アジア的」と限定し特殊化すべき特質を備えていたろうか。結論から先にいえば、それはすべて「イエス」である。伊藤博文らの締結した条約には明示的には現れない。しかし、最後に併合条約となって完結する日本政府の対韓交渉に当って、露払いの役割を果したのは、樽井の『大東合邦論』の論旨であった。竹内も評価した「対等合邦」という欧米流の主権国家の平等の思想と、日本は「和を貴んで経国の標」とし、朝鮮は「仁を重んじて施治の則」とするという東洋道徳的価値とで構築された、提言であった。最も楽観主義的で、日本の協力者を信頼し切ったものは、「対等」と「徳治」の両方が実現するものと思ったろうし、現実政治のもとで「対等」などありえないと諦めたものでも、「徳治」にいささかなりと希望を託したろう。旧宗主国中国との関係の長い歴史は、どちらかといえば良好で、中華帝国の徳治主義を信じてもよい伝統を生んでいたのだから。今度、中国に代って、日本がその役割を果たそうというのなら、この点において伝統に一縷の望をつなぎうるはずであった。

一進会に集った韓国の要人は、そんな思いだったろう。樽井の思想を継承して、一進会の活動を押し進めた黒龍会の内田良平は、そのような期待に応えるべく努力した。それゆえに、現実に起った日韓併合の姿は、日本政府の裏切り行為と思われた。大東合邦の理想は潰えたが、内田はその理想実現にかかわった同志を顕彰しようとした。日韓合邦記念碑を立てたとき、内田は併合当時の総理大臣李完用の名をけずって、李容九の名を加えた。容九の遺児李碩奎は日本名は大東国男を名乗った(28)。

日本政府も、このような期待に応えようとしたかの如くである。それは韓国併合のための条約の締結とは別に、明治天皇が、韓国皇帝に送ったメッセージであった。それは東アジア歴史世界で、中華帝国皇帝が、隣邦の第一人者に送って、これを王とした冊封制度に習ったものであった。これは「前韓国皇帝ヲ冊シテ王ト為ス詔書」と呼ばれるものである(29)。こうして「対等」ではないにしても徳治主義を秩序原理とする伝統的な階統秩序が想起され、希望が抱けるようになっていた。このような伝統に希望をつなぐというのは、儒生のような伝統的思想の担い手ではなかったか。そのゆえであろう、第二次日韓協約で、日本のヘゲモニーが徳治のかけらもないのに反撥して、いちはやく反日暴動の前衛となったのが地方の儒生達であったというのは。一九一九年の三・一万歳事件に向けて朝鮮人のナショナリズムが昂揚する中、反日教育の中心にいたのは、キリスト教徒と共に儒生や天道教の信奉者であった(30)。彼等は、「冊」まで与えて徳治主義を想起させておきながら、警察権力による恐怖政治を実施した総督府政治に、いたく憤激したのだろう。それに対し併合が公表された一九一〇年八月二九日、日本国民は祝杯をあげ、諸新聞も併合を祝し、これを批判する論調は全くみられなかった。社会主義を標榜していた『週刊社会新聞』さえ、併合を容認したうえで、同化政策の重要さを強調した(31)。これは、一方で古代以来日本の国造りの歴史は、徳治と同化の歴史であったという認識と、もう一方では、欧米流の近代化に一応成功したものとしての国民的自負心を反映したものだろう。

このような日本人の意識を代表するものの一人として、新渡戸稲造をあげることができる。日韓併合が達成されたとき、新渡戸は第一高等学校の校長だった。九月の入学式の訓話中で、彼は暑中休暇中の出来事の一つとして、このことにふれた。新入生の一人矢内原忠雄は、その訓話を日記に記録した。一九四〇年に出版された『余の尊敬する人物』(岩波新書)で、旧約聖書中の人物エレミア、日蓮、リンカーンと並べて、新渡戸を取りあげた矢内原は、この訓話の日韓併合にふれた部分を次のように再現した。

「次に忘れることの出来ないのは朝鮮併合の事である。之は実に文字通り千載一遇である。我が国は一躍してドイツ、フランス、スペインなどよりも広大なる面積を有つこととなつた。又諸君が演説なり文章なりで思想を伝へ得る範囲が、急に一千万人も拡がつたのである。今能登の岬の処に中心を置き、百八十里ほどの半径で以て円を描けば、北海道と九州と朝鮮とが入り、丁度鴨緑江が境界になる。更に北緯四十度東経百三十五度の辺に中心を移し、三百二十里ほどの半径で以て円を描けば、遼東半島、南満州が入り、樺太も丁度北緯五十度の処まで入る。更に少し中心を転じて三百八十里ほどの半径にすれば、ハルビンは勿論、北満州、チチハル迄も円内に入つてしまふ。我々は之で何も外国の土地を侵略しようなどといふ考はないのであるが、事実は事実として拡がるものである。既に第一の円は実現せられた。とにかく今や我が国はヨーロッパ諸国よりも大国となつたのである。諸君は急に大きくなつたのである。一箇月前の日本と今の日本とは既に違つてゐるのである。かく大国となりし上は、もう旧来の島国根性などといふものは棄てねばならぬ。疑つたり、嫉んだり、そねんだり、あんなこせこせした下らない島国根性を捨てて、大きな心持にならねばならない」(32)。

「対等合邦」とはならず、『大東合邦論』の精神を継承した内田良平や、一進会の同志李容九らを落胆憤慨させた日韓併合ではあった。近代日本がその出発点で構想したであろう近代国民国家としての国土の広がりが、林子平が『三国通覧図説』で示した日本の辺境の全域を加えて一応完結したはずの、まさにそのとき、新渡戸が、次なる発展の方向と範囲まで示して、日本の明日を担うべき青年学徒に訓示したことの意義は大きかったといわねばならぬ。新渡戸にとって、日韓併合は単なる完結点ではなかった。

新たなる出発点であった。それはこれから新たに「日本人」となるべき「一千万」もの人民のことを意味したばかりでなく、さらにその彼方の大陸への日本民族の進展を意味していた。それは、日本人の内なる勢い、自然なる力、「事実は事実として拡がる」ものとして認識されていた。その勢いは、果たして止まるところを知らず、シベリア出兵、満州事変、日中戦争、そして太平洋戦争となってゆく。日米開戦の直後、一九四二年一月に大日本拓殖学会が東京で発会式を挙げた。新渡戸はすでにこの世になかったが、札幌農学校（後の北海道帝国大学）で新渡戸に学び、新渡戸の後任として植民政策論を担当した高岡熊雄は、学会の発足をもって、新渡戸の夢の一つが実現したものとした(33)。

7 同化主義という日本的ヘゲモニー

すでにみてきたように、新渡戸は日韓併合を、日本の徳治主義と同化主義という原則で是認していた。これより先、日清戦争後、新渡戸は台湾総督府の民政局で、実際に植民地行政にたずさわった。日露戦争後の一九〇六年には、第二次日韓協約（保護条約）下の朝鮮の視察旅行をした。「亡国」、「枯死国朝鮮」と題された二篇の随筆は、翌年出版された『随想録』（丁未出版社）に収められている。ここに記録されたような対朝鮮観が、併合是認を支えていたといえよう。新渡戸は、ソウル郊外の荒廃した山野の風景に、かつて旅したイベリア半島の旧大帝国の零落した姿をダブらせた。

「山陵は赤裸々たり、森林は荒れて、昔は緑に蔽はれたりける巌石を露出す。田は瘠せて今は田男が鋤犂の勤労に報ゆるに豊ならず。

最も悲しむべきは民力銷耗してまた余す所無きこととなり。努力の源は涸れぬ。彼等を勤労せしめんにも既に刺戟無し」(34)。

どうしてこんなことになってしまったのか。新渡戸によれば、朝鮮が衰亡したのは、ひとえにその住民のためであった。

「此人民にはアルカヂア的質朴あれども、さりとて原始的人民の精力あるを示さず。其の習俗は吾人をして、ホーマアが歌、若しくはタシタスの上代独逸人記、若しくは又た新爽なる古事記に現はれたる如き、野性的気魄を想起せしめず。

韓人生活の習風は、死の習風なり。彼等は民族的生活の期限を了りつゝあり。彼等が国民的生活の進路は殆ど過ぎたり。死は乃ち此の半島を支配す」(35)。

このようにイメージされていた朝鮮人民とその国土を併合した日本の政策を、彼は具体的にどのようなものであるべきと考えていたのか。一九〇九年、東京帝国大学に植民政策講座が新設されたときから一九二〇年まで、彼はこの講座を担任した。日本の朝鮮支配の最初の一〇年間が、この期間に重なるのである。とすれば、当然刻々と展開する植民地支配について、政府への情報のインプットとか、彼の講義へのフィードバックとかがあったろう。彼の後継者となる矢内原忠雄は、一九一六年から一七年の年度に新渡戸の講義を聞いている。それを基幹とし、高木八尺の一九一四年から一五年の年度のノート、大内兵衛の一九一二年から一三年の年度のノートで補充してまとめたものが、一九四三年に岩波書店から『新渡戸博士・植民政策講義及論文集』として出版された。しかし不思議なことに、ここには朝鮮での日本の体験は、一切ふれられていない。最も朝鮮に関する記述があってよかろうと思われるのは、「第五章植民地獲得の方法、第十一項合併」とか「第八章原住民政策、第五項原住民に対する政策、第七目同化政策」などである。しかしここでふれられているのは、合併の例としては、オーストリアによるボスニア＝ヘルツェゴビナの合併のみであり、同化政策は古代ギリシャのアレキサンダー大王のインド侵入から説きおこし、スペイン、ポルトガルの例にふれ、アメリカのフィリピン支配からオランダのジャワ統治にまで及ぶが、日本の植民地支配については、それこそ一言もない。

この書物が出版されたのは一九四三年七月であり、矢内原が序文を書いたのはその前年の九月であった。矢内原が『余の尊敬する人物』中に、一九一〇年当時の新渡戸の日韓併合を評価する言葉を書き込んだのは一九四〇年のことであった。このころは矢内原自身、日本の朝鮮支配の事実を、新渡戸と同じように歴史の勢いとして肯定していたということだろうか。一九一一年八月には朝鮮教育令が出され、朝鮮人に日本語を普及し、朝鮮人を「忠良ナル国民」とする同化政策がすでに動きはじめていた。日中戦争開始と共に、朝鮮人の「皇国臣民化」政策が強行された。「皇国臣民ノ誓ヒ」が制定され、神社参拝、宮城遙拝が強要された。一九三九年一一月には遂に「創氏改名」まで断行するに至った(36)。『余の尊敬する人物』が出版されるころまでには、朝鮮人の民族的アイデンティティの一方的犠牲において、形式的には「内鮮一体化」がスローガン通り進行してきていたことになる。

同化政策において、手段として早くから用いられたものに、神道の導入があった。一九一九年の三・一事件がようやくおさまると、まずソウルに天照大神と明治天皇を祀る朝鮮神社がつくられた。一九二五年には官幣大社に列せられ、その名も朝鮮神宮となった。明治憲法にも、信仰の自由はあった。しかしこれは、「日本国民ハ安寧秩序ヲ妨ケス及臣民タルノ義務ニ背カサル限ニ於テ信教ノ自由ヲ有ス」（第二八条）と限定されたものであった。同化政策のもとで、この制約は当然朝鮮人にも及んだ。政府は「神社は宗教にあらず」との立場をとり、神道は他宗教から分離され、別扱いを受けた。一九〇〇年には内務省内で、宗教局とは別個に神社局が作られ、一九一三年には宗教局だけが文部省に移管された。他宗教の信仰者に対しては、神社への参拝は国家への忠誠心の証なり、とする立場がとられた。一九三二年、東京でカトリック系の上智大学の学生が、軍事教練の配属将校に引率されて靖国神社に赴いたときが最初のテスト・ケースであった。六〇名中の二、三の学生が参拝を拒否した。この報告を聞いた陸軍省は憤激し、配属将校の引き揚げという懲罰的処置を報いた。この間駐日ローマ教皇使節とカトリック東京大司教からの「神社参拝の公民的性格に関する公式の説明」を求められた文部省は、次のような回答を与えている。

「学生生徒児童等ヲ神社ニ参拝セシムルハ教育上ノ理由ニ基ツクモノニシテ此ノ場合ニ学生生徒児童ノ団体カ要求セラルル敬礼ハ愛国心ト忠誠トヲ現ハスモノニ外ナラス」(37)。

文部省にこの見解を示されて、なお参拝を拒否することはむずかしい。日本国民としての義務に背く行為と解釈され、信仰そのものが弾圧されると思われたからである。その上、国家神道に組み変えられるまで、神道は、たしかに民族の古俗であった。石田一良によれば、神道の「本体」とは次のようなものであった。

「日本の神は共同体の神であった。……神を祭る生活においては、共同体への個人の埋没が倫理として要求されるのは当然であろう。神道が歴史を通して要求してきた『誠』『正直』の徳は、近代道徳における個人的責任に関するものではなく、『私（それは『けがれ』と考えられた）のない心』――『清明心』であって、畢竟それは全体に和順する心に外ならなかった」(38)（傍点原文）。

このような古俗としての実態があったればこそ、参拝は、共同体の最大限の広がりとして構築された家国家としての近代日本に対する「愛国心」と「忠誠」を示す行為であると文部省にいわれて、なお抵抗できる日本人は希だった。

しかし、この古俗を民族的に共有しない朝鮮人に、同じことを要求すれば、どうなるのか。殊に、キリスト教徒の場合はどうなったのか。そして、朝鮮のキリスト教徒に対して、信仰を同じくするはずの日本のキリスト教徒は、どんな態度で臨んだのか。概していえば、日本のキリスト教徒は、ナショナリズムと信仰とにおいて日韓併合を肯定していたようである。矢内原にとっては信仰の上での師でもあった内村鑑三にしてもそうであった。一九一七年四月一七日付けのアメリカの友人に宛てた手紙で、内村は、朝鮮人が祖国を失ったことを悲しんではいるが、彼等を慰める術はない、というのみである。朝鮮をポーランドにたとえ、日本は飲みくだしはしたが、決してこの食物を消化しえないだろうともいった。そして朝鮮人は一般に日本人よりもキリストの信仰において精神的にすぐれているといい、自分はかつて米英の宣教師から、つらい仕打ちをうけた苦い経験があるので、いわゆる「劣等」民族にはどう付き合うべきかを知っている、とも書いた(39)。この文章は、同化はむずかしいにしても、日韓併合の既成事実はいたしかたのないものと受けとめていると解釈される。内村は正義が人間わざで行われるとは思っていなかった。彼は朝鮮人の幸せを、日本人として、キリスト教の信仰を通じて実現する可能性だけに救いを見出していた。一九〇一年に「社会改良はキリスト信者の道楽の一つである」といって、社会改良運動などには手を出さず、聖書の研究に没頭してきた内村は(40)、民族自決を要求する朝鮮人の運動にも目をつむった。一九一九年五月号の『聖書之研究』に載せた文章で、アイルランドとインドの民族自決の騒動にはふれても、朝鮮のことについては一言もない。平和は人によっては来ない。キリストだけがそれをもたらす。米大統領ウッドロウ・ウィルソンが、民族自決主義をいい、民主主義を唱えたとて、平和がくるわけではない。

「民本主義の普及に由て世界改造、人類平和を計るが如き、迷妄之より大なるはなし、……民主々義の米国の主唱に由りて成りし国際聯盟は世界人類の幸福を増さずして却て之を壊ちつつある」(41)。

内村はこう結んだ。これは時あたかも朝鮮では、ウィルソンが飛行機で朝鮮に飛んできて、ソウル周辺の山頂に降り、民族自決の願いを聞きいれてくれるものと、朝鮮人が噂していたころのことだったのである(42)。

キリストによりてのみ真の平和がくると信じ、社会改革の運動からは身を引いてしまっていた内村は、民族自決運動にも冷淡だった。しかし内村自身、日本人よりも精神的にすぐれていると評価していた朝鮮人キリスト教徒は、どんな反応を示していたのだろう。一九二五年朝鮮神宮が官幣大社に列せられたとき、ソウルのキリスト教連合会は、神社神道は宗教なりとの立場から、神社崇拝に明確に反対した。

これに対し日本政府の態度は次第に硬化してゆく。日中戦争の開始ではずみがつき、一九三七年八月には「国民精神総動員実施要綱」が閣議決定した。文部省は各宗派に協力を要請した。翌三八年三月には、神・仏・基の三教の代表者会議を召集し、この席で文部大臣は、国家とともに歩む宗教であることを望んだ。朝鮮では、数多いミッション・スクールが、文部省のこの立場と対立し、圧迫を受けていた。この年の六月には、長老派系の学校が廃校を決定したと伝えられた。日本基督教会は長老主義に連なっており、一番関係が深かったので、代表として富田満を平壌に派遣した。富田は朝鮮のキリスト教徒の代表を説得するのに成功し、神社参拝を認めさせた。『福音新報』の記事によると富田は次のように言ったという。

「いつ日本政府はキリスト教を棄てて神道に改宗せよと迫ったか、その実を示してもらいたい。国家は国家の祭祀を、国民としての諸君に要求したにすぎない。警官が個人の宗教思想をもって諸君に迫ったというが、国家はかかることを承認してはいない。キリスト教が禁圧せられる時にのみわれらは殉教すべきである。明治大帝が万代の大御心をもって、世界に類なき宗教の自由を付与せられたりしものを、みだりにさえぎるは冒瀆に値する」(43)。

明治天皇の「大御心」という考え方、明治天皇のおめぐみという発想は、こうして、併合の際の「冊封」詔書のたてまえとしての徳治主義にとどまらず、日本のクリスチャンの自己弁護の論理としても採用されていた。そしてこの論理は、一九四一年三月、朝鮮総督府が発行した教科書『初等国史』においてさらに展開され、「大東亜共栄圏」の精神的根幹として示されている。

「……やがて〔朝鮮の〕皇帝は、世界の様子と東亜の形勢とを察して、朝鮮の人々をしあわせにし、東亜の平和をたもつためには、わが国と一体になつて、皇室の御めぐみをいただくのが一ばんよいとお考へになりました。朝鮮の人々の中にも、同じやうに考へるものが多くなつたので、皇帝は、明治四十三年に、この事を明治天皇に御ねがひになりました。天皇は、もつともにおぼしめしになり、皇帝の御のぞみどほりに、これから朝鮮をお治めになつて、東亜のまもりをますますおかためになりました。そこで内鮮は一体になつて、東亜の共栄圏をきづくもとゐができてゆきました」(44)。

「明治天皇の大御心」による信仰の自由などといったとき、それが詭弁であることを一番よく知っていたのは、当事者の富田であったろう。富田は対立でなく「和」を選んだ。そしてそのとき、富田は、もっとも日本的な論理を選んだのであり、その限りにおいて、石田一良の言う神道の「本体」に一致していたのである。そしてその「和」の姿勢を突きつめていって、「日本基督教団より大東亜共栄圏に在る基督教徒に送る書翰」にまで至るのであった。一九四四年の復活節と日付けのあるこの書簡で、富田は、大東亜戦争を「聖戦」と呼び、「日本帝国は万世一系」の天皇を宗家とする「一大家族国家」であるとした。そして内村鑑三が喝破したように、世界が救われるのは、「武士道の上に接木せられたる基督教」によるといい、大東亜諸民族の間に土着化したキリスト教こそが、キリストの福音を伝えるとした。この富田は、一九四二年一月、教団を代表してはじめて伊勢神宮に参拝したが、このことを報じた『教団新報』は、「新教団の発足を報告し、その今後に於ける発展を希願」(45)したと報道した。祈願と書くかわりに、希願と書いたのである。時局に迎合するにあたり、民族の古俗に身を沈め、信仰の矛盾を糊塗したのであった。

8 国民統合と靖国神社

靖国神社が、国民国家の形成に果たした役割は多岐にわたり、大きいものであった。単に軍国主義に貢献したのみではない。それまでの神道の枠を越え、見方によれば、日本に特殊な平等思想の基礎となるべき原理を示していたとさえいえるかもしれない。古代国家が形成されるにあたって、国津神の総代表格の出雲大社が創設され、天津神の伊勢神宮と並立した。先住民と征服王朝はこうしてそれぞれの祖先神を祀った。一般の人民がはじめて神となったのは、維新前後からのこと、それが別格官幣社靖国神社となるのは、一八七九年のことであった。その間に、祟り神＝怨霊を鎮めるという意味のあった「御霊信仰」から、「慰霊のための招魂祭」へ、そして、「勲功顕彰という性格」の強いものにと変っていった。神社神道が内務省の管轄下にあった時、一八八七年以降ひとり靖国神社は内務省を離れ、陸海軍省の管轄下に入った。そして、官幣社のうちでも卓越した地位を持つようになり、実質的には伊勢神宮につぐものとなった(46)。こうして、かつて古代王朝が、統一国家内の調和を、国津神と天津神の祭祀を通じて求めたように、近代国家の建設を目指す明治日本は、一君万民の原理の貫徹を、人民自身を神とすることによって達成できるところに来ていた。しかし陸海軍省が、靖国神社の管理運営を独占したということは、必ずしも日本的平民主義にとって好ましいことばかりではなかった。それどころか、どちらかといえば全く逆のことが起った。陸海軍の軍人は、靖国の英霊の事実を政府攻撃のための材料に使うことができた。古代国家における出雲大社以上に力を持つに至った靖国の祭神を背景に、天照大神の後裔としての天皇を突きあげることもできた。二・二六事件のような軍部の行動を、人は「錦旗革命」と呼んだりするが、その錦旗は実は、天皇であるよりも、靖国の祭神であったことの方が多かったろう。一般人民の同情を集めえたのは、そのためもあったろう。

靖国には、天皇のために戦って斃れたものが祀られている。それも軍人、軍属、あるいはそれに匹敵する公務執行中の国民に限られている。その原形は、一八六八年六月有栖川宮熾仁親王が東征大総督として、江戸城内で主宰した招魂祭にある。天皇方の戦没者のみが祭祀の対象とされた。「賊軍」となった徳川方の戦士の霊は対象外であった(47)。これと相前後して出されていた太政官布告によって、全国に招魂社が創設されることになっていた。靖国神社の前身となる招魂場が東京九段に設置されたのは、一八六九年六月のことであった。境内地はおおよそ三万坪であった(48)。合祀者数は一九八六年七月末現在で、二四六万五一三八柱である(49)。一九一五年、明治天皇を神として祀る神宮の敷地が決定した。その総面積は二二万坪である。靖国神社の相対的な狭隘さがわかる。幕末に勤皇の志士を輩出し、戊辰戦役には官軍として戦った薩摩（鹿児島県）や長州（山口県）には、それぞれたちまち一八社と二三社の招魂社ができた。その他の地方でも、二社以上できたところが一一府県はあった。しかし賊軍となった奥羽越同盟の地域では、一、二の例外はあるものの、祀るべき忠臣を持たない県ばかりであった(50)。これらの県の人民としては、天照大神の神宮と並立するばかりの神威を持つようになる靖国に祀られる機会はつぎの天皇の戦争まで待たねばならない。その時は意外に早くきた。一八七七年の西南戦争に、旧賊軍の武士達のあいだには、汚名をそそぐべきときと勇躍出陣しようとしたものがあったのである。しかし決定的な機会は日清戦争と共にきた。東北地方の農民も徴兵され、戦士として戦い、戦病死したものは、靖国神社に合祀され、天皇の参拝を受けた。

しかし同じ日本人といっても国民化の過程が、制度的に他県とは全く別途に進められていた沖縄県の青年男子が、皇軍として対外戦に投入されるのは日露戦争になってからである。日本政府によって一方的に沖縄県とされた後も、旧中山王国時代の両属制への復帰を希望する島民が圧倒的に多かったこの島の出身者を、対中国戦に参戦させることは憚られたのである。こうして沖縄県人も段階的に国民化され、やがて本土並とされた。これと同じパターンが、合併後の朝鮮にも適用された。朝鮮出身の軍人、軍属などが、靖国に合祀されるのは、太平洋戦争が始まってからのことである。彼等もまた、護国の鬼、英霊として祭神となり、天皇の参拝を受けた。日韓併合後三〇余年、日本の同化政策は、靖国の合祀制度と共に、制度的に完成したのである。厚生省の調査したところでは、戦後の合祀も合わせて、一九七五年一〇月までの累計は、台湾出身者を二万七六五六人、朝鮮出身者を二万〇六三六人としている(51)。合祀と共に、対朝鮮同化政策は制度的に完成したといったが、朝鮮人がそのために強いられた犠牲は、「奴隷狩り」に近い労働力の調達も含んでいた(52)。しかしまた、「日本人」としての国民的誇りを与えようと、朝鮮出身の兵士にわざわざ、マレー、シンガポールで投降した英兵を、市民の見守るなか、ソウル市中を引き廻させたりしている(53)。

国民教育に靖国神社が果たした役割は大きい。近代日本の精神構造について先駆的な仕事をした神島二郎は、ラフカディオ・ハーンの残した記録から、一青年の靖国観を紹介した。この青年の言葉のなかに「家」意識のすべての特徴が現われている、と神島は分析した。その「家」意識は、天皇制という家国家を支えていた。この青年にとって、死は生と同じように甘く、光に満ちてさえいた。かつての出雲大社に代って、近代国家日本の人民と天皇を結ぶものとして靖国の神霊は創られた。それは、生まれいずる国民による創作であった。伝統の革新であった。あたかも明治の変革が、種々の分野でそうであったように。一八九〇年の『小学校発唱歌集』下巻には「招魂社」と題する歌がある。一八九四年の『小学唱歌』、一九一一年の国定教科書尋常小学校四年の唱歌には「靖国神社」の歌が載っている。この間、日露戦争直後には、民間有志による招魂社、忠魂碑の建設競争が起った。郷党意識が郷里の英雄を求め、その英雄を通じて、天皇制家国家における自分の村の位置を確認し、天皇の臣民としての自分の位置を確認することができた。かくて明治の末年、一九一一年四月、内務大臣平田東助は、各府県知事への指令で、招魂社の意義を次のようにいうことができた。

「一般社務を整え、殊に神社と地方団体との関係を厚うし、神社と教育との連絡を密にするが如きは、敬神思想の涵養に与って最も力ありとす」(54)。

ここにいう「敬神思想」とは、そのまま、天照大神の後裔、現人神としての天皇への忠誠心の涵養と直結するものであって、国民教育の核心であった。とすれば、先にふれた一九三二年の靖国神社参拝拒否の事件で、軍事教官の撤収という懲罰的処置を受けたカトリック系の上智大学などに対して、弾圧が強くなるのも当然であった。一九三六年五月には、このような日本政府とこれ以上衝突しないように、日本国民としての忠誠心は表明すべしとて、バチカン政府から次のような訓令が出された。

「神社で行われる祭式に対しては、日本政府当局、また日本の知識人の輿論によっても、愛国心すなわち祖先と祖国の功労者に対する感謝と尊敬の意味しか認められないのであるから、それらの祭式は単なる国民生活上の意義しか含まないものであり、カトリック信者は他の一般国民と共にそれにあずかり、またその人たちと同様に行動してよい。但し誤解をさける必要がある場合には、自分の意向を明言すべきである」(55)。

第三章　大正の青年と明治神宮の杜

1 「義賊」の系譜

丸山真男は、一九四九年に発表した論文「軍国支配者の精神形態」で、日本のファシズム権力者とナチの指導者を比較して次のようにいう。

「フロイド学派をまつまでもなく、ファシズムはどこでもアブノーマルな精神状況と結びついており、多かれ少かれヒステリー的症状を随伴するものである。この点では東西のファシズムはさして変らない。しかしその異常心理の構造や発現形態はナチス独逸と軍国日本ではかなり——というより著しくちがつている」(1)。

ちがっている点として丸山が指摘するのは——ナチの最高幹部の多くは、学歴も地位もない人物だったのに対して、日本では帝国大学や陸軍大学校出の「秀才」ばかりであった。そのうえ、ナチの指導者は、麻薬中毒者、男色家、酒乱者など、「異常者」の集団であり、「本来の無法者」だったのに対し、日本の場合は、全体的にみれば「その政治的判断や行動が不可解かつ非常識」でも、「精神異常者」とはいい難い。かといって、軍国日本が、精神異常者や無法者と無縁だったわけではない。ただ彼等は権力の座にはおらず、「浪人」という名で知られるように、「権力者のところに不断に出入りして彼等のうす気味悪い配下として彼等から不定の収入を得つつ舞台裏で動いていた」(2)。二・二六事件の取調べでの三井合名会社の常務理事池田成彬の供述によれば、池田が金銭を供与していたもののうちには、北一輝のほか中野正剛、赤松克麿、橋本徹馬、津久井龍雄などがいた、と丸山自身が書いている(3)。

もし丸山がここで列挙している人物が、彼のいう「浪人」の典型ならば、軍国日本の無法者も、やはりナチ・ドイツの指導者とはちがっていたといわざるをえない。彼等はみな小学校、中学校で「秀才」と目されたし、北は、聴講生とはいえ早稲田大学に学んだし、赤松は東京帝国大学では吉野作造の薫陶を受け、その女婿となった。橋本と津久井は早大中退、中野は卒で、後英国にも留学した。権力の座にはいなかったとはいえ、赤松と中野は代議士として活躍したし、津久井は、ほとんど当選するところまでいっていた。このなかで一番無法者らしいのは、北一輝だろう。しかし二・二六事件の思想的指導者として処刑されるとき、他の処刑者達が一人の例外を除いて、「天皇陛下万歳」を唱えたのに対して、北は、これを拒否したのである。錦旗革命を実現しようとして失敗した青年将校等が、天皇自らに叛乱軍呼ばわりされながら、なお「天皇陛下万歳」を叫んだのが、彼等の恋闕の情のほとばしりであるとすれば、北の拒否は、どう解釈すればよいのか。革命家として、天皇個人をではなく、天皇制という制度を利用しようとしたに過ぎない北とすれば、論理的に整合性が高く、その限りにおいて、「正常」に近いのではないか。そして中野の場合、イタリアのファシスト党を擬して、黒シャツを着た党員の先頭に自らも黒シャツを着込んで立ったりして、どこか煽動家らしい、胡散臭さがつきまとう。しかしその最期には、志士の正統を継ぐもののような雰囲気がある。東条英機を政権の座から引きずり下そうとして、かえって憲兵隊に検挙されたが、釈放直後、深夜自宅で腹を切って自決したのである。

このような武士の伝統にのっとった自決の仕方に対して、われわれ日本人は畏敬の念に似た同情を禁じえない文化の中にいる。そのためか、中野に対する評価は決して低くはない。たとえば緒方竹虎の場合である。竹馬の友で、かねてから、お互いに先に死んだもののために、碑文を書くことまで約束しあっていた緒方（執筆当時朝日新聞副社長）は、この約束を果たすため、戦後の一九五一年、『人間中野正剛』という一書を編んでいる。緒方は中野の自決の真意を、中野が一九一八年に書いた「大塩平八郎を憶ふ」という文章と、一九二七年西郷隆盛の没後五〇周年を記念した鹿児島における祭典において行なった講演の草稿の中から読みとった。中野は西郷の思想を西郷が好んだ「敬天愛人」の四文字に代表させ、他の維新の元勲だったら選んだだろう「忠君愛国」の四文字と対比した。そして一六歳を最年少とし、兄弟三人まで討死にしたものもあった西南戦争における西郷方の戦死者の総数は九千人ともいわれた。みな西郷の人徳を慕って運命を共にした。しかし西郷自身は「自分一身の進みかたで、かくも一万数千の人の子を損うたことに対し、実に忍びざるの思ひがあつて心で泣いて居られたのでありませう、この忍びざる心こそは数千の子弟をして命を捧げて悔いざらしむる神秘的引力」であった。現代社会では、一人の女性の愛をえて、心中して悔いない青年がいる。恋愛至上主義には同情すべき点もある。しかるに西郷は、「鬼もひしぐ血気の若者一万人に囲繞せられ、其の崇敬、其の愛の的となつて、神仙の如く死」んだ。「大丈夫の本懐これに過」ぐるものはない。中野の文章中の以上の条を紹介してから、緒方は、中野はこの心境に達したいと願っていたのだとする(4)。しかし緒方は、中野の大塩平八郎についての文章を読んで、中野の自裁の理由を「初めて、これだ!」と察知したという。天保の飢饉の折、かつて大坂の町奉行所の与力であり、優れた陽明学者でもあった大塩が、「秘愛の書物までも売って窮民を救った時」、奉行はこれを賞めなかったのみか、かえって「大塩の養子格之助を招んで譴責した」。普段なら、癇癖をおこして激怒するはずの大塩は格之助から報告を受けても憤激しなかった。ただお互いにみつめあい、暗黙のうちに意を決したのである。つまり、中野は、このときの大塩の絶望感と同じものを、憲兵隊に検挙され拘置されたとき以来味わっていたのだ、と緒方は結論したのである(5)。それから間もなく大塩を慕うもの八百余人を結束して蜂起したが、この打ちこわしは、幕府の兵力で忽ち鎮圧され、大塩は逃げのびた隠れ家にまで捕吏の手が迫ったとき、格之助と共に自刃自焼して果てた。大塩一党で処刑されたものは七五〇名に及んだ。

大塩平八郎の人格に対しては、高い評価が定まっている。最近の研究者の一人は、大塩についての著書で、つぎのように問いかける。

「陽明学そのものは為政者の治世のための学問であり、けっして『反乱の哲学』ではない。もっとも意欲的に幕政の一端をになった為政者であり、治世の学に熱烈に傾倒したものが、幕政への批判の兵を挙げ、結局は、反乱者として死ぬ。どうしてこんな逆説がありえたのであろうか」(6)。

そして、結論として、陽明学者としての大塩が、貧窮した人民を救済するために、あえて挙兵するというが如きことは、ただ「心太虚に帰し」、「湯武の勢、孔孟の徳」があるもののみがなしうることと考えていたのに、実際には、彼の挙兵に刺戟されて、私欲の念から発するとしかいいようのない「一揆蜂起の企」や、あきらかな「反賊」の行為が遠隔の地にも起ったことに注目する。その上でこの研究者は「太虚の徳」は「万古不滅」であるとは大塩が好んで口にしたことだが、こんな風に「反賊」の行為として蘇生しようとは、「歴史とは何とパラドキシカルなものだろう」と長嘆息している(7)。

中野を有徳の士とする緒方の評価と、中野が慕ってやまなかった大塩の「太虚の徳」は「万古不滅」なりという思想を結びつけると、中野が大塩を擬して、天命を奉じて国賊を誅する覚悟で、東条英機に肉迫していたときの心理を髣髴とすることができる。中野がもし大塩の正統を継ぐものであれば、中野は「反賊」ではなく「義賊」である。緒方の評価した中野は、「義賊」としての中野であった。とすれば、ここには歴史の逆説的な展開はない。「太虚の徳」は大塩の正統を継ぐ中野において蘇ったのである。

大正、昭和の暗殺史で、政界、財界の大立者を国賊と断じた刺客達は、天誅を叫んで彼等の生命を奪った。国家の体制が、そのためにゆるぎもせず、牢乎として存続しつづけた限りにおいて、刺客達は「反賊」であり「反乱軍」であり、そういうものとして処罰された。しかし大塩を「太虚の徳」の実践者として評価する知的伝統の日本においては、たとえ政府が「反賊」扱いしようとも、彼等を、有徳の志士として畏怖の念をもって遇する民衆は多かったのである。ここに一人の刺客がいる。彼の名は小沼正。血盟団事件の犯人の一人である。彼の狙った人物は井上準之助前大蔵大臣、前日本銀行総裁であった。時は一九三二年二月のことで、民政党から総選挙に立候補した人物のための応援演説の会場に入ろうとしていたところを、つけてきた小沼に至近距離から拳銃狙撃されたのである。命中弾三発がすべて急所に当たり、「痛い」と二度ばかり喘いだが、間もなく絶命した(8)。この小沼は、大塩を英雄とあおぐ父親に、その人格形成において大きな影響をこうむっている(9)。血盟団事件は、他に三井合名の団琢磨の暗殺を含め、一九三九年一一月には東京地方裁判所で判決が下った。団を射殺した菱沼五郎の弁護人は、公判中、被告人は犯行前に明治神宮に参拝し「わが目的若し不可なればこれを遂げさせ給わぬように」と祈願していたとした(10)。明治神宮の神威をかりて、天誅説の裏付けとし、情状酌量にもちこもうとする魂胆であった。情状酌量への圧力は、小沼に対するものを含め、三〇万通という全国から寄せられた減刑嘆願書からもきた。検察側の死刑の求刑に対し、小沼も菱沼も、彼等を指導した日蓮宗の僧侶井上日召も、すべて無期懲役の判決を受けた。この一審のままに服役した彼等であったが、それぞれ減刑されてゆく。小沼の場合は一九三九年の紀元節に帝国憲法発布五十周年記念として、無期から懲役二〇年に、翌年の紀元節には紀元二六〇〇年記念として一五年に減刑され、そして一九四三年四月二六日には、シンガポール陥落記念として特赦され、出獄した。菱沼の場合は、更に早く、四〇年一一月三日の明治節に「恩赦」のはからいで出所した。菱沼はこの僥倖を犯行の日に前もって明治神宮に祈願した、あの御利益だったとでも思ったろうか。

2　暗殺者の天皇観と平泉澄

ここで、本章の冒頭の丸山真男の文章に立ち返ってみたい。日本のファシズムの権力者はナチのそれと違って、「異常者」の集団ではなかった、と丸山はいった。精神異常者や無法者がいなかったわけではないが、彼等は権力の座にはおらず、「浪人」として権力者と薄気味悪い関係にあった。中野正剛もこの浪人のカテゴリーに入れられていた。しかし中野の異常性、無法者性は、緒方竹虎の弁護的評価によって、希薄にされた。中野は大塩平八郎に比肩するものとされたのである。さて小沼正や菱沼五郎など血盟団のメンバーのことはどう考えればいいのだろう。彼等はテロリストとして、ファシズムの権力者とも、浪人とも違う、別のカテゴリーとして考えねばならぬのだろうか。丸山が、「浪人」の実例として、中野と並んで挙げた北一輝は、橋川文三によって超国家主義者として、小沼等と共にとりあげられている(11)。その限りにおいて、小沼を日本ファシズムの一人の体現者と目しても大きな間違いはなかろう。権力者ではなく、権力の座をいまだ手中にしていないという意味での浪人ですらなく、ただ社会の底辺にあって、ひたすら世直しをねがっていた一人の男、という意味では、大塩にというか、大塩を慕って結集した八百余人の打ちこわし勢力のなかの一人の青年リーダーにこそ似ていた。そして、大正に生を受け、昭和の不況下に政治化した有為な地方青年の一典型であった。それが、彼や彼の仲間に同情が集まった理由でもあった。茨城県平磯町の船主の五男として生まれたが、彼がものごころついたころには、父は船主を廃業して、母の畑仕事を手伝って暮していたという。一九一〇年選定の文部省唱歌に「われは海の子」と題するものがあり、戦前広く愛唱されていた。この歌の文句は、このまま小沼等この地の漁業を中心にした共同体的生活の中で育っていた素朴な祖国愛を歌っているようだ。

　生れてしおに浴して
　　浪を子守の歌と聞き
　千里寄せくる海の気を
　　吸いてわらべとなりにけり

………

　幾年《いくとせ》ここにきたえたる
　　鉄より堅きかいなあり
　吹く塩風に黒みたる
　　はだは赤銅さながらに

………

　いで大船を乗り出して
　　我は拾わん海の富
　いで軍艦に乗り組みて
　　我は護らん海の国(12)

小沼の父親が大塩平八郎に傾倒していたことにはすでに触れた。小沼の兄が、徴兵検査に合格して、工兵隊や海兵団に入隊していったとき、父が大書した一五尺もの木綿の送り旗の文句を、小沼は鮮明に記憶していた。「極天護皇基」とか「尽忠報国」とそこには書かれていた。この父親が、小沼が一三歳のとき死亡した。死の床で父は小沼が大工の徒弟となることを決めた。それが遺言だった。小沼の成績は、小学校、高等小学校とも最優秀で、向学心も群を抜いていた。もし家庭が経済的にめぐまれていたら、彼は中学校から海軍兵学校へという、エリート・コースをごく当り前に進んでいったろう。しかし彼にそれは許されなかった。大工の徒弟を皮切りに洋服裁縫店、染物店、製菓工場へと職を変えつづけた。それは進学をはばまれた者の流転の姿であった。もし父が船主をやめていなければ、海の男として、板子一枚下は地獄の世界に生命をはった暮しが成り立っていたかもしれない。染物店に丁稚小僧に入ったとき、小沼ははじめて東京に出た。店は銀座四丁目にあった。夜学に通わせてほしいという希望を、主人は聞いてくれず、夜一〇時ごろまで店先で仕事をした。仕事がいやになると、主人の娘道子をおぶって、銀座の街を歩いた。そこに小沼のみたものは、「華やかな陰に爛れてゆく日本の縮図」(13)であった。それはちょうど、昭和の御代がはじまったばかりのことであった。

「一人一殺」主義の血盟団の暗殺計画には、井上準之助、団琢磨の他に、八名が同時に決定していた。その中には、西園寺公望、幣原喜重郎、牧野伸顕、犬養毅などがいた。そして暗殺担当者は、必ずしも小沼や菱沼のようなほとんど義務教育だけの貧しい家庭の出身者にかぎられていたわけではない。小沼等と似た境遇のものは黒沢大二だけであり、小沼にとっては母方の従兄弟にあたり、当時の日本には方々にあった若衆宿の習慣のなかで、一緒に寝起きをした仲でもあった。他はもう一人の例外である小学校教師古内栄司を除けば、全部大学の学生で、なかでも東京帝国大学の学生が一番多くて三名、ついで京大生が二名、そして国学院大生が一名であった。しかし実際に決行したのは、小沼と菱沼だけであり、その社会的背景から同情が集まるとともに、無頼の徒による犯行として、薄気味悪さがあった。しかしそれから二ヶ月余して起った五・一五事件には、何かもっと違った衝迫力があった。そのことを、当時東京帝大助教授の平泉澄は、戦後も四半世紀を過ぎて書いた回想録に次のように記している。(彼は、前年の一二月には天皇の御前で「楠木正成の功績」を講義し、翌々年の二月には、大亜細亜協会の創立懇談会で、はじめて近衛文麿に紹介されたうえで、近衛に請われて、木戸幸一と近衛の二人のためにわざわざ場所を改めて、歴史上現代をどうみるかという講義をしていた。)

「血盟団事件は、一人一殺で、規模は小さいが、いつ何処で誰が撃たれるか分らぬという無気味さに、特徴がありました。五・一五事件は、結果から見れば、犬養首相が射殺された外は、重傷者殉職者が少々あっただけでありますが、事を起した者が、海軍士官六名、陸軍士官学校生徒十一名、同校中途退学一名、民間十余名、総計して三十余人に上り、襲撃目標が首相官邸を始め、内大臣官邸、警視庁、日本銀行、政友会本部、三菱銀行等であって、その規模は大きく、その目的は政治に重大なる反省を要求する点にあり、不逞の徒の犯罪とは、日を同じうして語るべからざるものがあり、それまでの政治の、沈滞、無理想、欲念の横行にあきたらない世間には、此の事件を一種の清涼剤と見る風がありました」(14)(傍点三輪)。

平泉が、ここで不逞の徒といっているのは、血盟団事件の小沼や菱沼のことを指しているのか、同じ年のはじめの、今上天皇暗殺未遂事件の犯人、朝鮮出身の李奉昌のことを指しているのか必ずしも判然としない。「海軍士官」等々と、陸海軍のエリート青年達のところを強調しているものとして読めば、血盟団事件ではそれほど感銘を受けなかった人々も、五・一五事件では政治の現状への警鐘としてこれを聞いた、というように解釈できる。しかし同じ回想録で、左翼と右翼の差を、右翼は過激といっても「大官に対してであって、決して陛下に対してでは無く、従って是れは憂慮するに当らぬ。左翼は之に異なり、相当危険であらう」といっているので、平泉がもし血盟団の思想をはっきりと右翼と認識していたのなら、小沼、菱沼にも、「一種の清涼剤」としての評価を与えていたことになる。そして平泉は「不逞の考えをいだくのは天皇の御徳を知らないからである」と断定していた。そして天皇の御徳にふれることのできる機会のうち直接的に有効なものの第一に、行幸をまじかに拝することだとした。「日本人でありながら、一度も行幸を拝した事が無く、行幸のある時には、いつも厳重に拘束せられてゐるのであれば、その思想が荒《すさ》んで来るのは、寧ろ当然で、憐むべきではないか」と、平泉は書いている(15)。

平泉のこの天皇観は、「井上日召等殺人事件」つまり世にいう血盟団事件の裁判における、小沼正の「上申書」と符合するものをもっている。銀座の染物店に奉公中、小沼は大正天皇のお召車が銀座の裏道を通って、築地の水交社に向うところを拝した。そのときの感動を小沼は、「上申書」に追記のように特に「思ひ出——行幸を拝して」として書き記している。小沼は主人の三歳ぐらいの娘道子を連れて、沿道の群集の最前列に出て、天皇を迎えた。

「畏れ多くも　聖上陛下に於かせられては、沿道の民の最敬礼に対し挙手のまま溢れるばかりの御微笑を御龍顔にたたえあそばされて、一一沿道の民に軽く御会釈なされて御答礼遊ばされました。……御召車が私の前を御通過の際私は道子様の頭を平手でおし乍ら敬礼を申し上げさせると同時に私も最敬礼を申しました、其の時畏れ多くも　聖上陛下に遊ばせられては、有難くも私と前に居る道子さんの無邪気な敬礼に一段と御微笑を遊ばされて御通過遊ばされました。その時私は全身汗ビッショリとかきました、たゞ有難き二度拝することの出来ない処の御聖徳に浴する事が出来ました。……

その時の感想を申し上げると唯々有難いと申すだけです、而して我等の

陛下、我等の大御親、と云ふ、心が胸一面にふさがりました」(16)。

血盟団の一員としてひそかに活動していたころ、郷里の茨城県の那珂湊警察署では、小沼や古内のことを「真赤でどうにもならんと見ている」とうわさされたことがある(17)。その小沼は、自分は「赤なんかではない、天皇に赤誠を尽そうとしているものである」と懸命に訴えている。彼は、同じ銀座の奉公人でも、道止めを食って仕事が妨害されると憤慨している青年に対しては、批判的記述をしている(18)。

このような天皇観の表現は、裁判官の心証に決して悪い影響を与えはしなかったろう。それは菱沼が明治神宮に祈念したのと同じような意味を情状酌量にもったかもしれない。平泉は、いつかどこかで、この「上申書」を読んだだろう。それが、戦後の回想録における行幸の効用についての彼の積極的な意見になんらかの関係をもったのではないか。これはどこまでも憶測にすぎない。実は平泉は、心のどこかでは、小沼のような青年を志士としてよりも無頼漢として怖れていたかもしれない。しかし五・一五

事件の陸海軍のエリート青年達には、単なる同情以上のものを感じる理由はあった。ヨーロッパ遊学中、満州事変の年の初夏、国際情勢の激変を察知して急遽帰国していた平泉は、秩父宮に侍講したり、天皇に進講する機会があった。その後、一九三三年の春には、松下村塾に似た私塾を開いた。受講者ははじめ東大の史学科の学生が中心であったが、やがて評判をきいて、この門をくぐる陸海軍の青年将校がふえていたのである(19)。

3　明治神宮の造営と大日本青年館

小沼正が生まれたのは一九一一年一二月であり、それから半年そこそこで明治の御代は終った。したがって小沼は、いわゆる大正デモクラシーの時代に小学校、高等小学校の教育を受けたのである。大正の時代が昭和の政治的暗殺者を用意したとは、なにか論理的に不整合なように思われる。しかし一皮はげば、大正時代とはまさにそのようなものであったことがわかる。天皇制下の資本主義社会で、民主主義は「民本主義」と翻訳され、人々は、天皇の赤子としての平等を期待した。欧米の平等思想が、アメリカの独立宣言に典型的に示されたように、絶対者としての神を前提にして、「人は皆、平等に創られたり」(All men are created equal)といったように、天皇制下の日本の政治的近代化は、天皇の御前《みまえ》での人民の平等をうたった。いわゆる「一君万民」の思想である。このような形で民主化を追求するとすれば、キリスト教の神に匹敵する超越性と絶対性を天皇に付与するか、もしそうでなければ、キリスト教的な宇宙観を日本人も受け入れ、そのような欧米化と同時に、天皇を、神秘化から解放して、たとえばイギリス国王と同じように人間化し、天皇の大権も解放して、人民の政府にまかすより他ないはずであった。大正の時代は、たしかに天皇を人民に近づけようとした時代であった。小沼が銀座の裏通りで、大正天皇を至近距離で迎え、そのやさしい笑顔に深い感銘を受けることができたのは、一例である。大正天皇の皇太子が訪欧したとき、訪問先での活動を映画に撮って、逐一、東京の日比谷公園をはじめ、全国各地で上映して国民にみせたのも、皇室を人民に近づけるという政策の一環であった。この政策を発案し推進した「平民宰相」原敬が、平民の生活をかえりみず、党利党略のみに汲汲としているとされ、暗殺者の手にかかったのは、いかにも皮肉なことであり、また大正デモクラシーにとって象徴的な出来事であった。下手人は、国鉄大塚駅の転轍手中岡艮一で、一八歳の士族の青年であった。中岡は小沼のちょうど一〇歳年上であった。「平民宰相」の愛称にもかかわらず、原は上級武士の出身であった。「平民宰相」という言葉には、出身階級よりも出身地方に意義が認められる。原は、戊辰戦争のとき官軍と最後まで戦った東北の「賊軍」、南部藩の出身であった。彼を暗殺したのも士族であった。明治の政治の伝統と暗殺者の経歴の連続性が、ここにはまだあったといえる。

それに対し、小沼や菱沼は、平民の出身であった。平民が、政治的暗殺者になる、というのは、まさに大正以降の一つの特徴といえるだろう。政治参加への期待が、実態を上まわったとき、その不満が暗殺を誘発した。男子普通選挙法が成立したのは一九二五年の春であったが、この法律のもとで最初に総選挙が行なわれたのは三年後のことであった。その間に増大していた期待は、政友、民政という二大既成政党の党利党略追求の姿勢に、より大きな幻滅感を抱かせることになった。制度としての議会制民主主義の一応の完成は、この制度のもとでも決して解決しない農山漁村の諸問題をいっそう明瞭にした。解決の途は、既成政党打破の方向にしかありえない。鹿野政直の表現を借りれば、「議会への絶望は、独裁制への待望」となり、「状況打破をもとめて独裁者＝カリスマ的権威への心理的傾斜が、ふかまってゆくのである」(20)。これは鹿野が、長野県の上田・小県地域の青年団活動の研究の結果、一九二九年から三一年にかけての転換期の精神状況について示した一つの結論であった。小沼等の心境にも通ずる所が大きかったのではなかろうか。

議会制民主主義が制度として完成したときかえって幻滅し、その幻滅から制度そのものを否定する方向に打って出ようとしたという彼等の決断と行動の背後には、大正時代、国民の意識を天皇制国家に向け、さらにいっそう彼等の愛敬の念を強めさせた一つの国民的行事があった。それは、明治神宮の造営と、それへの国民的参加の決定であった。

明治時代は一八六八年から一九一二年まで四五年あった。その間に極東の一小国は、不平等条約の軛を脱し、欧米の列強に伍す位置にまで上った。明治天皇が亡くなったとき、かつてこの天皇の御真影に十分な敬礼をしなかったといって第一高等中学校（今日の東京大学教養学部の前身）を追われたことのある内村鑑三は、自分自身の父親を失ったのと同じほどの悲しみを味わった。日露戦争の陸戦で多大の戦死者を出したことに責任を感じ、死んでおわびしようと考えたことのある乃木希典大将は、妻静子を従えて、天皇に殉死した。このころまでに、天皇、皇后の肖像は、額縁に収められて、一般家庭の客間などを飾っていた(21)。この肖像の場合、明治天皇は大元帥服姿で、胸から上だけであった。写真からは、この天皇の身長がどのくらいであったかはわからない。宮内庁に収蔵されている油彩の肖像画に、膝上からの立像がある。画家は、あの半身の「鮭」のリアリズムで著名な高橋由一である。膝から下は画かれていないが、頭部がこの画の中でしめる比率から考えて、明治天皇は、優に八頭身以上の美丈夫である。この肖像画をみて、この比率にさして違和感を感じないとすれば、この天皇の治政のもとでおこった国家的、国民的事蹟の偉大さを、知らず知らずのうちに、天皇自身の身体的特徴に重ね合わせているためだろう。現実の天皇は、とても小さい方だった。明治神宮内の記念館に収蔵されている天皇、皇后の衣服や、机、椅子などをみた人は、まずなによりもその小さいことに驚くだろう。今日の標準からいえば、七五三の衣装だといっても、それほどはずれていない。国民の思い入れにより理想化された虚像と、実像の差は、たまたま同じ所に陳列されている、天皇の愛馬――木曽駒であろうか――小さな日本在来の黒馬と、今日では馬といえばそれしか見かけないサラブレッドとの差のようなものである。

この天皇の没後、この天皇と共に日本の近代を拓いた元勲、寵臣等の肝煎りで、明治神宮の建設が決定し、一九一五年から工事が開始された。場所は代々木の外輪町、敷地の総面積は二二万坪であった。この地は明治のはじめに設けられた代々木の練兵場と、それに隣接する世伝御料地を合わせたものであった。御料地は、幕藩体制下には、熊本藩主加藤氏の別邸があり、その後彦根藩主井伊氏の下屋敷になったところである。明治の二〇年代に代々木御苑となり、明治天皇が自ら指図して、病弱な皇后の休養と散策のために特に手を入れたことのある美しい庭園を含んでいた(22)。しかし、練兵場の部分は、だだっ広いだけの草地で、所々に松や欅が生えていただけである。この代々木の練兵場とは別に、青山の練兵場が、神宮の外苑として整備されてゆくのだが、どちらも大元帥としての明治天皇には、縁の深い場所であった。たとえば日露戦争の勝利を記念して行なわれた一九〇六年四月の大観兵式には、満州軍総司令官大山巌以下三万を越える将兵が、一二〇余の連隊旗をひるがえして整列し、天皇の観閲を受けている。

明治神宮の造営は、なによりも国民的行事として実施された。神殿、拝殿、鳥居、社務所など建造物はむろん熟達した宮大工の仕事であった。しかし単純な肉体労働でたりる土木工事には、全国市町村の青年の奉仕をあてることにした。かつて明治の末年に、時の内相が各地方における招魂社の建設に関係して、「この際、神社と教育との連絡を密」にすることで「敬神思想」を育てるようにと、各地方長官に伝達していたが、今度は中央で、天皇制国家を支える大衆の思想的基盤の助長に直接かかわるところで、実施されようとしていた。一九一九年一〇月から二二年一二月まで、三ヶ年余かかった内苑工事には、一万一一二九名が、一九二〇年三月から二三年八月までの外苑工事には、五三一四名の青年が全国各地から参加したという記録がある(23)。国民はこのほか、裸地を鎮守の杜とするための植樹にもかかわった。購入されたもの一五三四本、在来の樹木で移植したもの一万六〇〇〇弱をのぞき、一〇万本にも達した植樹はすべて、内地外地を問わず、各地の役所、学校、団体、個人からの献木だったのである。そのなかには、中国在留邦人からの居留地の樹もあった。

小沼はこのころちょうど小学校を終えるころで、まだ奉仕できる年齢層に達していなかったが、もし達していたら、町を代表する青年として、土木工事の現場に送り込まれていたろう。小沼と同年輩の菱沼五郎は、暗殺に向う前に明治神宮に参拝して祈念したというが、市町村青年団の代表の造営工事への参加を通じて、「敬神思想」の培養を計り、それを通して、国家目標へ奉仕する心を育てようとした為政者の期待は、予測しなかった効果もあげるようになっていたということができる。一君万民という、日本的平等思想、そしてこれを通じて、西洋近代の議会制民主主義の土俗的受容を達成しようとしたものは、この時一つの帰結をみたはずである。土俗化は、西洋の平等思想を観念から解き放ち、肉体に内在化させ、暴力というかたちで発現させた。菱沼は、いみじくも、団を暗殺したときにはじめて「自分という者を認め、団という者を認めた。それまで団が自分であり、自分が団であった」と感じた(24)。これはたまたま暗殺者の心理ではあるけれども、天皇制国家における平等思想は、こんな風に発現する構造になっていたものと理解することもできる。それは、日本の伝統的社会で発展してきていた下剋上の慣行を構造的に補強し、その発現を増幅することになった。為政者は必ずしもいつも平等思想のために天皇の権威を増大しようとしたわけではない。彼等が求めたものは、国家への国民の忠誠心を、天皇への崇敬の念を助長することによって確保することであった。そのために、天皇の権威の絶対化がはかられたのである。それは一君万民思想を拠り所とする平等主義者が必要とした天皇像と、たまたま一致することになった。

小沼や菱沼はまだ年少で、明治神宮の造営に奉仕する年齢ではなかったといった。しかし原敬を刺殺する中岡は、一九二一年に一八歳で、十分その資格があった。青年達が選抜され、奉仕活動を開始したのは、先にもふれたように一九一九年からのことで、事件がおこったとき、内苑工事に彼等は従事していたのである。彼等は、どんな思いでこのニュースを聞いたであろうか。彼等はすでにして、天皇の権威を奉仕を通じて内在化しはじめ、一君万民の思想のもとに、世の不正を嘆き、暴力を行使した青年の志の方に同情したのではなかろうか。そのような判断を下しやすい労働環境に彼等は置かれていた。

外苑工事にたずさわった地方出身の青年の記録がある。千駄ヶ谷の一角に急造された宿舎に住み、プロの土工頭に叱咤されつつ、トロッコを押し、石材を運ぶという重労働に数週間従事した。雨が降れば半身水につかってしまうような作業もあった。村の青年団の代表として上京したこの青年の国家的事業への参加という名誉も誇りも、打ち砕かれんばかりであった。奉仕するものへの心遣いがあるというよりは、労働環境は、いわゆる飯場のそれより劣悪だった。手当として一日あたり一円二〇銭が与えられ、青年達はこれで自炊するものとされた。それは沢庵と塩鮭を「山海の珍味」とするような貧しい食卓だったという。過酷な労働条件のもとで、傷病者が続出し、死亡するものさえあった。そんな状況下でも、在郷軍人などによる食後の精神講話は続けられた。囚人労働のような日中の生活と、天皇の赤子としての国民の役割についての精神主義的な講話という、この取り合せから、何が生まれてくるのか。それは決して党利党略にふける政党政治への支持ではない。「昭和維新」とか「錦旗革命」とか「天皇親政」とか、またそれを唱えるものがあれば「政党解消」運動とかに馳せ参ずる価値観の準備ではなかったか。

松岡洋右は、特命全権大使としてジュネーブの国際連盟の総会で、満州事変における日本の立場を擁護し、結局、日本を脱退へと導いてしまったが、帰国後、間もなく開始したのが、この政党解消運動だった。遊説でおとずれた全国津々浦々、彼を熱狂的に迎えたのは、地元青年団の青年達だったのである。

それは血盟団事件から一年余たったころのことだった。松岡の皇国主義的なアピールに感動した青年達は、小沼等と同年輩から、明治神宮の造営に参加したことのある世代にまで及んでいた。青年団の改組全国的組織化もまた、明治神宮外苑の建設と共に一気に進んだのであった。外苑の一角に全国の青年団の寄付をあおぎつつ、彼等の活動の帝都の拠点となるべき大日本青年館が一九二一年には完成していた。改組の中心に置かれたのは、在郷軍人会とのより緊密な関係であった。こうして、いわゆる大正デモクラシーの開幕期にすでに、昭和軍国主義の最大の担い手の一つ、青年団の全国組織の基礎と精神構造が用意されていたのである。

大日本青年館がとりもつ、大正と昭和の連繫は、これに限らなかった。青年館の初代理事長に就任したのは近衛文麿だった。それから一〇年たって一九三一年、新渡戸稲造を委員長とし、蠟山政道、東畑精一等を委員とする農村問題研究会が、事務局をここに置いて発足している。北関東や東北地方に調査団を派遣することを計画し、一部実行に移した。青年館を連絡場所として展開したこのような活動の中心にいたのは後藤隆之助であった。後藤と近衛は、同じころ第一高等学校に学び、当時校長だった新渡戸に特別目をかけてもらったことがあった。すでに触れたことだが、新渡戸は、満州事変に関して軍部批判をし、在郷軍人会は新渡戸をアメリカの走狗と弾劾した。その直後新渡戸は北米大陸に渡り、アメリカやカナダで、日本の立場を弁護して歩いた。一九三三年八月には、太平洋会議に出席のため再び北米に渡った。会議の終了後発病し、一〇月、カナダの太平洋岸の都市ビクトリアで急死してしまった。ちょうどそのころ日本では後藤の組織力で、新渡戸の農村問題研究会のメンバーを一つの核とし、「青年団運動のなかから、人的にも思想的にも、多くのものを負って」昭和研究会が生まれた(25)。この研究会の活動の目的は、近衛を擁立して、軍部の反対をも封ずることができる挙国一致内閣を作ろうというものであった。

4　国際協調政策下の国家主義教育

「大正デモクラシー」という歴史評価がある。ここから生まれるイメージは、大正時代には、義務教育でも、リベラルでデモクラティックな教育だったとなりがちである。たしかに教科書の内容だけから歴史分析をすれば、そうなる。たとえば日本近代の教育史の研究者である唐沢富太郎も、そのような結論を出している。近代国家の建設にあたって国民教育にはらった国家の努力は、日本の場合、特に大きかった。そしてそれは文部省によって推進された。小学校国語読本とか修身の教科書の内容に、文部省は、編纂、検定、あるいは国定というかたちでかかわりつづけた。唐沢によると、明治の末年ごろの教科書には、いまだ前近代的な価値観や、国家主義的な倫理観を教えようとする題材の方が、近代的なものより多かったが、一九一八年の改訂後は、このバランスが逆になった。しかし一九三三年の改訂で、再び逆転した。一九四一年の国民学校用の教材に至っては、国際主義的な題材はほとんど全く影をひそめ、ナショナリスティックな素材の独壇場となった(26)。しかし教科書の内容分析の数量化は、必ずしも教育の内容をそのまま反映しているとはいえない。近代的、国際主義的な教材を用いたとしても、教師しだいで、生徒に伝達されるメッセージは、愛国主義、天皇への忠誠心の育成に向けることができる(27)。教師の方は、明治時代の天皇中心主義の時代に世界観を形成していた場合が多かったろうし、文部省が発する教育上の指針と自らの信条が一致している場合の方が普通だったろう。たとえばポーツマス条約締結直後のころ、文部大臣久保譲は日露戦争後の教育の方向を次のような訓令で明示した。

一、この戦を機会に教育者は我国体の精華たる忠君愛国の精神涵養に今一段の努力をはらい挙国一致平和的国運の発達に尽し一旦緩急あらば義勇公に奉ずる実を挙げしむること

一、正直勤勉忍耐の精神を養い進取の観念及労働を尚ぶ気風を助長し貯蓄を重んじ以て国本の培養に努むるべきこと

一、益々体育を尊重し知育徳育と並進し決して偏軽することなきこと(28)

このような通達の内容は、誠実に実施されるのが普通だった。それはしばしば各学校の校訓などに、個別的に織り込まれていった。その事情は、地方たると中央たるとを問わない。ある地方の小学校の場合を例にとってみよう。栃木県立師範学校附属小学校が一九〇七年に制定した校訓の第一条、第二条、第五条には、「心と体を強くして天皇陛下の御心に添ひ奉れ」、「何事もあるだけの力を尽して為せ」、「よく規律を守れ」(29)とあった。このような校訓が、大正デモクラシーの時代に改廃されたということは聞かない。かえってよき伝統、よき校風の基として尊重され、昭和の時代へと継承されてゆくのである。

教育の内容にしても、国語読本などが国際主義的になったとしても、一九一九年の小学校令によって、「日本歴史」と「地理」の授業時間数が増えていることに注目しなければならない。特に国史教育が重

視され、四年生から教えられることになった(30)。その結果、天皇とか国体の主題を通じて、忠君愛国を教える機会が多くなったはずである。「郷土史」教育は第一次大戦下の一九一五年から導入されていた。お国自慢的な郷土愛さえ、国家主義教育のために利用可能であった。このころ、栃木県下の小学校では、精神教育のためにと称して、寒中にも教室に暖房はなかった。ただ一年生だけ朝の二時限まで火鉢が特別に許可されていた。同じころ登下校の際、生徒は、校門近くの奉安殿前を通過するとき、そこに収められていた天皇・皇后の御真影に最敬礼をしていた。水曜日には放課後、各学年が交代し、日光の方角に向って、二荒山や東照宮を礼拝し、日本の勝利を祈念した。このように教科書の内容を超える教育は、この他にもありえた。たとえば同じ栃木県では、県立栃木中学校に一九一四年に入学し一九年に卒業した一生徒の手記によると、在学中、学校の講堂で聞いた講演のうちで、特に感銘を受けたものには、新渡戸稲造の修養の話、白瀬矗中尉の南極探検の話、著名な柔道家の体験談などがあったという(31)。津久井龍雄は一九一八年、同じ地方の県立大田原中学校を優等の成績で卒業し、早稲田大学に進学している。津久井にも右のような知的、情動的環境があったと考えてもよいだろう。

血盟団事件の被告小沼正を井上日召に引き合せ、結果的に事件の主犯の一人にしてしまったのは、小学校教員の古内栄司だった。それは一九三〇年春のことで、小沼がいくたびめかの東京での住み込み奉公に満足せず、帰郷し、郷里の若衆宿に寝起きしていたときのことである。そのすこし前、古内自身が井上の指導で、自らの信仰日蓮宗を再発見し、それまでの懐疑的生活から解脱していた。真宗の盛んな小沼の郷里の前浜地域で、古内は法華経の信仰を広めた。血盟団事件でやはり被告となった古内の上申書には、彼の激烈な天皇観、そして国家観が、縷縷のべられている。彼は「大日本帝国は万世一系の天皇陛下　之を統治し」、天皇は「吾々臣民の主師親」なりといった。日本の社会の本来の面目は、「君民一体」、「天皇を中心として人格的共存共栄」であって、絶対に「君民共治」とか「君民同治」とかいうが如きものではない。彼は西郷隆盛に私淑し、明治の元勲を「国家国家と云つて国民を忘れ」てしまったものとして批判した。その結果は地方の疲弊に如実に現れている、とした。彼の家は父をはじめ「敬神崇祖」の念がきわめて強い家であった。大震災のとき多くの朝鮮人が虐殺された事実を知って驚き、自警団の活動に、日本人の「短所長所」をみた彼であったが、その問題の解決の方向は、朝鮮の独立回復にあるとは考えなかった。「小民族自決は世界大勢への逆路」である、「朝鮮民族を包容せよ」といい、その「第一歩は両民族自発的血婚」なりといいきった。彼が考えるのに、日本人の国民的使命は「世界統一」にあり、日本は「世界に対し報恩する」のでなければならない。彼の好きな明治天皇御製は「千万の民の心を治むるも　いつくしみこそ基なりけり」や「久方の空はへたてもなかりけり　土なる国は境あれとも」などであった。小学校教育における重点は国史に置くべしとし、修身は必要なしと主張した。国史教育を通じて日本の特殊な国体を「悟得」せしめればたりる(32)。これが小学校教員古内の信ずるところであった。だとすればどのような教科書を使用しようとも、このような天皇観、人間観は生徒達に影響を与えずにはおかなかったはずである。「上申書」として用意されたこの文章の末尾には、以下に引用するような「註」が付されていた。「大正デモクラシー」の時代は、また「国際協調」の時代ともされたが、古内は、このテーマにも、教師らしい几帳面さで対応を試みるのである。しかも、大英帝国のパックス・ブリタニカという覇権にかわるべき国際協調の新しい方向を明示するために自分は一石を投じたのだ、と自負さえしている。

「国際協調か叫はれる今日被告の如き言をなすは覇者のそれに等しきとなされるやもしれぬ。覇道と王道、けれ共全世界日本をのそき外は名は王道の美名を以てするも悉く是れ覇道なること歴史の証明する処てある。

天孫降臨てふ理想の現実に顕れ居る日本国体而して当然日本の行く処かこれ真の王道なり今や世界の落処は一に日本それ自体の顕現により定まるなりと信す大英帝国の瓦解の如き世界平和への当然の道なるのみ。

国際協調もこの辺よりなり行かねはならぬと思ふ。而して被告の如き行方も必すや深き意義の存するものと信します」(33)。

すでに久しく没落過程にあるイギリスに、国際協調の名のもとに世界政治のリーダーシップをまかせておくことは、大国の驕り、覇道の政治を是認することに通じる。この際、日本は王道の政治を進め、イギリスにかわって世界の平和を創造する意思がなければならない。常陸の国大洗の海岸で小学校教員をしていた古内は、このように所信を披瀝していたのである。一九一八年改訂の教科書が、どれほど国際主義的な内容を盛り込んでいたとしても、古内のような教師の指導のもとでは、反対の教育効果がおこっていたとしかいいようがない。日本民族の特殊性、それに由来する民族的な使命という、この種の選民思想は、江戸中期以降の国学の世界観におおかたの淵源を持つ日本近代ナショナリズムには、終始つきまとう属性の一つであった。中でも遅れて藩学の興った水戸藩では、より過激な水戸国学として展開し、幕末にいくつかの排外的直接行動を生んでいた。いわゆる血盟団事件にかかわった暗殺者の集団のうちの、大洗組と呼ばれた小学校教師古内をはじめ、若衆宿の共同生活で結ばれていた小沼、菱沼、その他の青年は、ひとしく地元水戸学の正統を継ぐものと自負していた。

5　ベルサイユ体制を批判する青年近衛文麿

大正の出来事でありながら、昭和の幕開きにこそふさわしいといえるのが、近衛文麿の「英米本位の平和主義を排す」と題する論文である。この論文は、一九一八年近衛が、第一次大戦の戦後処理のためのベルサイユ講和会議へ、首席全権の西園寺公望の私設秘書として随行する直前に、東京で執筆し、雑誌『日本及日本人』に発表したものである。その内容は、まさにいわゆる国際協調主義とは逆で、英米の現状維持型の平和主義を排して正義ある秩序を確立しようというものであった。執筆発表されたのが、国際主義路線へと教科書の改訂があった年であるのも面白い。この論文における近衛のような立論が、当時の思潮において決して主流ではなく、少数派の意見であったとしても、一九三三年までには、この近衛を首相に担ぎだすことを目的として、昭和研究会が活動を開始するようになったということは重要である。一九一八年の立論に凝縮された形で示された近衛の思想に、昭和研究会に集まった、気鋭の官僚、実業家、学者、ジャーナリスト等は、満州事変後の現状打破の方向性をみていたとすることができるからである。実際『近衛公清談録』と題する、一九三七年六月出版の近衛の語録をみるかぎり、近衛の政治思想の根本は、一九一八年の論文にすべて示されており、その後の主張は、あるいはそれらを敷衍し、あるいはそれらを前提とするものであった。古内の場合がそうであったように、近衛も、近衛のもとに集まったエリート頭脳集団の面々も、共に西欧の没落という時代転換につき秒読みを開始していたといえる。第一次大戦の末期にその一部が出版されはじめたオスワルト・シュペングラーの『西洋の没落』は、日本人にも深甚な影響を与えた。少なくとも日本人が、そんなことではなかろうかと考えはじめていた歴史における主役の交代について、日本人の国民的自負心をくすぐる効果はあった。一九二八年には、笠信太郎著『シュペングラーの歴史主義的立場』が出版されている。このとき笠はいまだ東京帝大の学生だった。のち朝日新聞社に入り、昭和研究会でも活躍した。

ここでしばらく、近衛の一九一八年の正義人道論の語り口を聞いてみよう。

「吾人は我国近時の論壇が英米政治家の花々しき宣言に魅了せられて、彼等の所謂民主主義人道主義の背後に潜める……利己主義を洞察し得ず、自ら日本人たる立場を忘れて、無条件的無批判的に英米本位の国際聯盟を謳歌し、却つて之を以て正義人道に合すると考ふるが如き趣あるを見て甚だ陋態なりと信ずるものなり。吾人は日本人本位に考へざる可からず」。

ここで日本人本位に考えよとは、「日本人の正当なる生存権を確認し」これを断固守るために「争ふの覚悟」がなければならないということだ。「正義人道と人道主義とは必ずしも一致せず、吾人は人道の為に時に平和を捨てざるべからず」(34)と近衛はいう。今時の「欧州の戦乱は已成の強国と未成の強国」間の争いだった。いいかえれば「現状維持」派と現状打破を求めるものとの争いであった。現状を維持しようとするものは「平和を叫び」、現状を打破することで活路を得ようとするものは戦争に訴えた。「もし戦前の現状にして正義人道に合する最善の状態なかりしならば、此現状を打破したるもの必ずしも正義人道の敵に非ざると同時に、此現状を維持せんとせし平和主義の国必ずしも正義人道の味方として誇るの資格なし」(35)。

開戦前の欧州の現状は、英米には「最善」だったかもしれないが、公平にいって、正義人道に合致していたとはいいがたい。こう論じ来たってから、近衛は次のように断じた。

「要之《えうするに》英米の平和主義は現状維持を便利とするものゝ唱ふる事勿れ主義にして何等正義人道と関係なきものなるに拘らず、我国論者が彼等の宣言の美辞に酔うて平和即人道と心得……英米本位の平和主義にかぶれ国際聯盟を天来の福音の如く渇仰するの態度あるは……蛇蝎視すべきものなり」(36)。

そしてこの間に、彼は、現状に不満な日本は、本来ドイツと同じ立場にいるのである、ともいった。そして英米の黄色人種に対する人種的差別を撤廃するよう求めるべきであるともいった。そして講和会議に臨む日本の態度はかくあるべしとして次のように結んだのである。

「想ふに、来るべき媾和会議は人類が正義人道に本く世界改造の事業に堪ふるや否やの一大試錬なり。我国亦宜しく妄りにかの英米本位の平和主義に耳を藉す事なく、真実の意味に於ける正義人道の本旨を体して其主張の貫徹に力むる所あらんか。正義の勇士として人類史上永へに其光栄を謳はれむ」(37)。

それから一四年余して、満州事変の処理をめぐって日本と連盟の対立が深刻化していた一九三三年二月、「正義人道」の持論に則して欧米を批判し、日本の立場を擁護した。

「今や欧米の輿論は、世界平和の名に於て日本の満蒙に於ける行動を審判せんとしつゝある。或は聯盟協約を振り翳し或は不戦条約を楯として日本の行動を非難し、恰も日本人は平和人道の公敵であるかの如き口吻を弄するものさへある。然れども真の世界平和の実現を最も妨げつゝあるものは、日本に非ずして寧ろ彼等である」(38)。

日本は自由貿易と自由移民の二つの主要な条件を奪われ、生存権を脅かされた。唯一の生き残る道として「満蒙への進展」を選ばざるをえなかったのである。欧米の識者はこのことに気付く要がある。「彼等自身こそ正義人道の立場」に帰って「世界平和」樹立の方策を案出すべきである(39)。

以上にわれわれは、一九一八年に確立した近衛の正義人道論が、満州事変における日本の立場を擁護するのをみてきたわけである。それはそのまま、一九三八年の首相としての近衛の東亜新秩序声明につながってゆく。一方、血盟団事件を含んだ一連の暗殺事件について、近衛は一定の評価も与えていた。一九三四年五月のサンフランシスコにおける在留日系人への演説で、近衛は「日本は今非常なる変革の過程にある」と前置きしてから、次のようにいった。

「一昨年起りました五・一五事件を始め、其他の事件は其直接の原因を求むれば、或は倫敦条約にあるかも知れません、或は政党財閥の腐敗にあるかも知れません」(40)。

しかし、もっと深いところにある原因は、日本の社会が変革を必要としているということである。これまでの秩序ではもうどうにもならない。これは日本の国際環境についてもあてはまるのだ。

「即ち日本は今内外共にこのままでは立ち行かなくなつた。何とかせねばならぬ境遇に置かれて居るのであります」(41)。

近衛の思想が、昭和の「世直し青年」の思想に近似していたとしても、それは全くの偶然ではなかった。近衛はその生い立ちにおいて、「世直し青年」と同じ思想の系列に属する、壮士型の人物に人間的な親しみを感じる接触をもった。それは彼の父篤麿を通してであった。篤麿には、日清戦争後の三国干渉のときから、対外強硬策を求める民間の浪人などの取り巻きが多かった。日露戦争前には、いっそうはげしくなった。篤麿は青年のころ、ヨーロッパに留学したが、それはドイツ語圏で、はじめウィーンにしばらくいて、その後ドイツに五年学んだ。洋行の途次、香港やシンガポール、そしてインドなどで、東洋人が人種的差別を受けているのを目撃し憤慨した。「東洋の建設」、これが留学中にも篤麿の頭の中にあったろう、と近衛はいう。近衛自身の言葉によると、

「〔篤麿の〕思想は、必ずしも、侵略主義ではなかった。ヨーロッパの勢力が、東洋に段々に侵入して来ることに対して、日本は支那を指導し、之と提携して支那の保全をしやうといふ。例へば大亜細亜主義と云ふやうな思想がその根柢にあつた」(42)。

これは、一九三七年の六月以前に近衛が抱いた自分の父についての感慨である。彼は父の姿に自分を似せようとしたのであろうか。あるいは自分の思想を父の思想に投影していたのだろうか。これはそのまま、それから間もなく近衛が首相として発する東亜新秩序声明の思想でもある。

日露戦争の始まる年の正月に、篤麿は亡くなった。近衛はまだ一二歳の少年だった。父がいなくなると共に世間の態度は一変し、借金取りが、しきりと近衛家を訪れるようになった。そんなとき昔通りに

近衛家の人々を暖かく見守ってくれたのが、頭山満や内田良平など、いわゆる右翼の壮士達であった。彼等が借金取りを追い帰すのを近衛は目撃している。後年、第一次近衛内閣に、頭山の息のかかった玄洋社系の広田弘毅を外相としたのも、また第二次内閣の外相に松岡洋右を迎えたのも、ただ外交政策において意見が一致したためだけではなく、少年のころ馴れ親んだ壮士風の男気と似たものをそこにみて、国運を共に切り開く気持になったことによるものであろう。近衛の七歳下の弟、秀麿の戦後の回想によると、二人が父を失ったばかりのころ、頭山等が、彼等に父親代りの愛情を注いでいたのがわかる。日露戦争に大勝すると、頭山と一緒に万歳をやった。頭山はよく彼等をその腕に抱いてくれた。支那浪人の豪傑連中の膝に抱かれ、酒を吞まされたこともあった(43)。

近衛自身によると、伊藤博文は三国干渉のこともあって、外交的に軟弱だとされていたが、その対外態度をそのまま継承したのが西園寺公望だった(44)。これも、第一次近衛内閣の成立直後で、しかし日中戦争がいまだ始まっていないころの近衛の語録である。日中戦争開始後の首相近衛の姿勢は積極的としかいいようがない。「蔣介石を相手とせず」という第一次近衛声明（一九三八年一月）から、汪精衛の重慶脱出をうながし日本軍占領下の南京に別途「国民政府」を作らせるに至る第二次近衛声明（同年一一月）にと、時代転換をリードする対外政策の指針を示した。このとき近衛は自己イメージの中に亡父の姿勢をみ、最後の元老西園寺との対比をみていたろう。日露戦争直前、父の強硬論を支持した、その同じ人物頭山が、今は近衛の対中国策のゆくえを見守っていた。近衛の積極的姿勢は、時として玄洋社系の人物に不安を与えるほどであったかもしれない。南京虐殺とともに記憶されている南京陥落の直前、玄洋社から使いが立った。頭山満の息子の秀三は、近衛に対して、広田外相は大事な人物だし、将来疵がついても困るから、今のうちに辞めさせたい、という趣旨の意向を伝達した(45)。第二次内閣には、近衛は松岡洋右を外相に迎えた。松岡は少年時代から一〇年あまりアメリカで学んできたが、吉田松陰とか西郷隆盛を英雄とする、一種壮士風のポーズを好む政治家であった。松岡の外交には、とかくの批判が付きまとったが、近衛は、非常時日本は松岡の才能を必要とするとして松岡を弁護した。

世紀末に生まれ、大正期に青年となった近衛には、貴族としての負目があった。庶民の貧困に鋭く反応した。その影響下で少年のころ、秀麿は弟達と共に近所の貧しそうな家庭に菓子をとどけたこともあった(46)。京都帝国大学の学生時代、近衛はオスカー・ワイルドの「社会主義の下における人間の魂」を翻訳して、雑誌『新思潮』の一九一四年の五月号と六月号に載せた。このためもあって五月号は発禁処分にあった(47)。本来軟弱な文学青年的な体質だった近衛には、育った家庭環境から、壮士風の男たちの直情的な行動スタイルに対する憧憬があったと共に、知的には社会主義に対して道義主義的な接近があった。それは体質と階級からくる保身術だったかもしれない。あるいは真実自分を英雄としようとする意志だったかもしれない。いずれにしろ天皇制国家の枠組のなかでの変革には限界があった。国内の変革は、右翼の人士が納得する範囲を越えることはできない。そこで国内諸問題解決の要因を国外に求めるという変革者の姿勢が生まれた。ベルサイユ体制が諸悪の根源として提示される。移民が禁止されたのみか、自由貿易の原則も反故にされてしまった後では、いっそうこの傾向が強まる。天皇制国家故に、国内では挫折せざるをえなかった社会主義的正義への欲求は、国際社会に向けられた。「持てる国」対「持たざる国」という、いわば国家間の階級的対立として、それは示された。

敗戦後、連合軍により戦争犯罪容疑に問われる身となり、巣鴨拘置所に出頭せねばならなくなったころ、捕虜輸送船で帰国したばかりの秀麿に、近衛は、ドイツの事情をたずねた。「ドイツでも戦争犯罪という言葉が使はれてゐるのだらうか」。音楽家としてドイツに滞在しつづけてきた秀麿はこれに答えて、英語は「ウォー・クリミナル」だが、独語では「フェルブレッヒャー」という、「戦争犯罪といつても破廉恥罪といふ響がもつときつい」といった(48)。戦争犯罪人などという呼称の屈辱にとても耐えられない、といって、近衛は毒をあおって自殺した。敗戦後、加瀬俊一に乞うて借用していた書物があった。オスカー・ワイルドの『深淵より』(*De Profundis*)であった。死後この書物をあらためてみると、近衛が線を引いた個所があった。それは、「世間は、私を余りに個人的であると批評したものである。しかし、私の滅亡は、この人生における個人主義の過多によるものではなく、むしろ過少から起ったものである」という文章であった(49)。

大正の始め、ワイルドの「社会主義の下における人間の魂」で論壇に一石を投じた近衛は、同性愛を犯罪とする英国法のもとで有罪と判決されたワイルドが、刑に服して入獄中、同性愛の相手への手紙という形式で綴ったこの告白の書を、どんな思いで読んだのだろう。世紀末の芸術至上主義者で警句家のワイルドは、短いとはいえ四六年という人生を生き、カトリックに改宗してこの世を去った。天皇制国家の堂上貴族近衛文麿はワイルドを道案内にしつつ五四年の人生を自ら絶った。

第四章　アジア新秩序の理念と現実

1　中国非国論

一九二〇年代の発端にありながら、その思想的影響が、三〇年代の日本の対外行動に決定的に作用したものに中国非国論なるものがあった。中国非国論は、一九二一年末、京都帝国大学教授矢野仁一によって口火が切られた。矢野は日本有数のシナ学者であった。一八九九年に東京帝大の史学科を卒業している。このときの卒業の論文は、中国がはじめてヨーロッパ国家系の一国、ロシアと国境を決めた一六八九年のネルチンスク条約についてであった。矢野が卒論を書きあげた年は、ちょうど中華帝国にも、アフリカやペルシャ帝国と同様な瓜割の運命が遂に到来したかと思われたころである。その時代状況を反映していたことが想像される。ここに二〇数年後の中国非国論への発想の原点があったといえよう。その後、日露戦争、朝鮮併合、中国革命、ロシア革命の歴史体験を踏まえ、矢野の中国観は熟成していった。

矢野の中国非国論の第一論文は、まず一九二一年一二月二五、二六日の『大阪朝日新聞』に「支那無国境論」として世に問われた。それから第二論文「西蔵、蒙古、満州は支那本来の領土に非る論」が翌二二年新年号の『外交時報』に掲載された。

「支那には独り国境がないのみならず、国境のない結果として、国家も亦無いと言つて差支へが無い」(1)。

と矢野は言い切った。矢野によれば、国境とは「二つの国の基となるべき社会の間の境界」として生まれるものである。これら二つの社会――あるいは国――の力関係によって、「いくらか恒久的な」境界線ができるのである。しかし長いこと、中国と力によって境界を画定しようとする隣国が現れなかったために、「雲水縹緲とでも云ふべき地帯」としての「辺疆」が、中国の「政治の及ぶ範囲」の限界地帯とされていたにすぎない。西洋との交渉がおこって、はじめて相手側のおこした行動の結果として国境らしきものが生まれた。しかしこれは、矢野にすれば、「外国の力に依つて圧迫され、侵蝕され、限局されつつある所の過程中にある仮の国境に過ぎない」のであった(2)。

矢野の考えでは、このような「仮の国境」にいつまでもこだわることは、百害あっても一利とてない。対外的に自力で力の均衡が維持できるところまで後退したとき、中国にとってはじめて近代国家としての運命が開ける。こうして生まれる「真の国境線」こそが、「国家組織の完成」をうながし、再生中国の基礎となる(3)。いさぎよく抛棄すべしと矢野が主張した「辺疆」とは、具体的にはチベット、蒙古、そして満州のことだった。それは、辛亥革命で退位させられた満州族の中華帝国皇帝溥儀を新たに帝位にすえて完結した、一〇年後の満州事変のシナリオのための一大理論的要素そのものであった。しかしこのような見解がはじめて示された時点では、あまりにも刺戟的だった。矢野は侵略主義者、帝国主義者と批難を浴びた。それに応えて矢野は第三論文を発表した。これが、一九二二年四月一五日発行の『外交時報』に載った「支那は国に非る論」であった。

この論文で、矢野は、自分としては中国の国家的完成を願って考えだした方策であって、中国の犠牲において「日本の利益」を助長しようなどと考えたことは一時もない、と弁明した。そんな「搾取主義、侵略主義の政略は、結局日本の害になつても利益にならぬ」(4)と彼は断言するのであった。矢野の主張するところによると、多民族帝国だった清朝の版図をそのままにして、国民国家を形成しようというのは無理な相談というものだった。これが中国革命の最大の矛盾であり、この矛盾を打破する方法は簡単明瞭であった。満州族の王朝を倒すことを目的として開始した漢民族の革命であってみれば、満州族のみならずあまたの少数異民族を、彼等の集中している地域とともに手離すことによってのみ、民族革命として完結するはずであった。そしてそこに、ごく自然に、そして容易に国民国家としての新生中国が生まれてくるはずである。矢野はアメリカの体験と中国の未来を混同してはいけないと警告した。独立革命後のアメリカと辛亥革命後の中国の混乱は同質のものではない。アメリカが国民国家を形成しえたからといって、中国にも同じ運命が開けるわけではない。アメリカには、はじめから統一国家となるべき精神が内在していたが、中国の場合はさにあらず。ただ「満州人の政権を排斥」することから起っただけで、国民的統一に向う原理を欠いていた。民族間の分裂として開始した中国革命は、分裂を完結してこそ、革命として完成する道理であり、そこからのみ、近代国民国家の形成が中国に可能になる。もしこうして「種族革命」の道を歩み切ろうとしないのなら、清朝を「倒壊する必要」はなかったし、満州、蒙古、チベットに対しては植民政策をもって臨むべきである(5)。

矢野はさらに大衆雑誌『太陽』の一九二二年九月号に「支那の国家及び社会」と題する第四論文を書いている。ここでは、中国のような伝統的帝国が近代的統一国家へと自己改造するのには、国防の精神と軍事的実践活動が絶対必須である、とした。矢野によれば近世以降の国家とは、「必ず軍国主義の国家」であった。それゆえ平和主義をとなえるアメリカでも、軍備の撤廃はできない。同じ理由から、「生れながらの平和主義」の国中国は、旧中華帝国の領土的遺産をそのままにして、近代的国家として統一を達成することはできない(6)。けだし国境とは力の対決の結果として画定し、力の均衡として維持されるものであった。軍事力は、国境を画定するためにも、保持するためにも欠くことのできないものであった。近代国民国家にとって最重要の属性の一つが、確固たる国境を決定し、それを保持することであるのならば、以上のような理由で、軍事力は近代国民国家存立の最重要の条件であった。矢野のこの国民国家成立過程に関する歴史的立場は、本書の第二章で論じたルシアン・パイの平和主義的な国民国家造出のための理論が味わわざるをえなかった悲観的感慨のことを思い起させる。

矢野の立論が、ヨーロッパの国民国家系の歴史から学ぶところが多かったとすれば、東アジアの社会についての蘊蓄を傾けつつ、独特の中国論を展開していたのは、湖南内藤虎次郎であった。内藤は易姓革命の中国王朝史について壮大な仮説を提出したことで、国際的に著名なシナ学者であり、矢野と同様に、京大の教授であった。内藤には一九一四年刊の『支那論』と題する著書の他、一九三八年刊の『新支那論』があるが、彼の中国観の大筋は前著の方にすでに十分に提示されていた。一九一四年の自序に、内藤は中国が近代的統一国家になるために必要なナショナリズムが欠落している事情を説明して、次のように書いている。中国には「生命あり、伝統ある団体は郷党宗族」以外にない。このような中国における団体の最高の代表者が「父老」である。

「父老たる者は外国に対する独立心・愛国心などは、格別重大視して居るものではない。郷里が安全に、宗族が繁栄して、其日々々を楽しく送ることが出来れば、何国人の統治の下でも、柔順に服従する」(7)。

そして、「何物を犠牲にしても平和を求める」のが中国人の特徴である。父老はいつの時代でも、この平和の旗手である。袁世凱はこの事実の上に成功して、大総統となった。国民党はこれを無視して失敗した(8)。中国は「絶大な惰力によつて潜運黙移」しつづけるものであり、「人為による矯正の効力を超越」している(9)。中国人に国民国家を形成する資質が欠落しているとすれば、列強による共同管理にまかせるにしろ、袁世凱の都統政治にまかせるにしろ、いずれ、どこか国民国家以下のところに、中国人民にとって「最も幸福なるべき境界」があるはずだ(10)。

内藤はこのように、中国人の近代的統一国家を形成する能力を低くみた。しかし「支那人は大なる民族である、此の民族として統一されて居る」ともいった(11)。これはどちらかといえば、「民族文化」あるいは「文明」と読みかえた方が、内藤の意図をよりよく理解することになる。つまり内藤は「中国文明は偉大なり」といっているのである。これは矢野が自分自身の「中国非国論」の第一論文で、冒頭に引用したアメリカのジャーナリスト、H・A・ギボンズの「中国は国家ではない、文明にすぎない」(12)という言葉と響き合うものをもっている。矢野が国民国家の属性として力の均衡によって維持される国境の重要性を主張したのに対し、内藤の中国論の特徴は、中国の特殊性を、国家と社会の二元的乖離にみたことにあった。ここから発する彼独自の中国非国論は、一九三八年の『新支那論』で鮮明さを加える。

一一月には近衛首相が東亜新秩序声明を発しようというこの年、内藤は中国を日本が統治したとて、中国人民は大して意に介しないだろうとしたのである。内藤によれば、東洋文化は、日本、中国、朝鮮、ベトナムなどという「国民」の個別的存在とはあまり関係なく、「国民の区別を無視して、一定の経路」を経て発展してきた。古来から多種多様な民族で成り立っていた中国には、今日でも、少なくとも二、三種類の民族を識別しうる。それは文化の発達につれて、民族間の差違が消滅してきたためである。その間、文化の中心は上古から移動しつづけてきた。それは「国民の区域」には無頓着に進行する。今日、「東洋文化の中心」になろうとしているのは日本である。しかしこの日本が「支那文化を受くる」ようになったのは、ちょうど中国の広東と同じころだった。だからもし日本が中国と政治上一体をなし、一国家を形成していたら、「日本に文化の中心が移つて」、日本人が中国人と同じように、中国の社会や政治で活躍しても、中国人には「格別不思議な現象」とは思われないのである(13)。

こうなると中国が近代国家かどうかということは、もはや重要ではない。内藤によれば中国は古来外来民族の侵入によって若返り、「民族生活」を維持しつづけてきた。日本の中国における経済活動も、このための「莫大な効果」をもたらしていると考えるべきことである。これを「侵略主義」とか「軍国主義」と呼んで排除するには及ばない。中国は過大な財産を親から譲りうけながら、それを「世界のために利用する」ことを知らないのに似ている。他方日本は「人口過剰」に悩み、「生存権」さえおびやかされている。このときにあたり、「隣国の親譲りの相続権を指を啣へて」ただ黙視せねばならぬとは、これほどの「矛盾」がまたとあろうか(14)。

こういうとき、内藤は一体、誰の利益を代弁していたのか。一九一四年の自序で、内藤は中国人のために、中国人に代って『支那論』を書いたといっていた。それが、一九三八年の『新支那論』中に、そのまま収録されているところから判断すると、この信念に変化はなかったものと思われる。だとすると日本の「侵略主義」も「軍国主義」も、中国の若返り、中国の「民族生活」の維持のためには有効である、とするのも、中国人のために中国人に代って考えたということになるのだろう。それが内藤の「東洋文化」に対する独特な考えから導き出された結論であった。これはまさに、東アジアの歴史世界の論理を用いつつ、この地域における日本のヘゲモニーを肯定する理論を構築したものであった。

こうして内藤は、大正の始めに抱懐した中国観を、日中戦争の初期において、近衛の東亜新秩序声明を支える思想として完成させていたといえる。これに対し、あたかも相呼応するかのごとく、矢野も一九三九年出版の著書において、対アジア政策を日本盟主論として揚言するようになる(15)。しかしこれより先早くも、一九二七年七月二五日と日付のある、いわゆる「田中上奏文」には、矢野の中国非国論への言及があった。田中義一首相が、満蒙に対する「積極的根本政策」を立案し、天皇に上奏したとされるこの文章は、その直後からの中国に対する日本の侵略的行動と符合するところが多く、本物と信じられたこともあった。しかし今日までには、おおかた偽書であることが立証されている(16)。矢野への言及は、次のようになされていた。

「ここにいわゆる満蒙とは、歴史上支那の領土にあらず、また支那の特殊区域にもあらず。我が矢野博士は支那歴史研究に努め、満蒙は支那の領土にあらずとなし、すでに帝国大学よりこれを世界に発表せり。我が矢野博士の研究発表が正当なるものなりしをもって、支那学者にして我が帝国大学の立論に反対するものなし」(17)。

ともかく、矢野の中国非国論は、このように国際的影響の大きかった文書にまで引用された。そして内藤の東洋文化論と共に、たしかに三〇年代の日本の対中国政策の論理を用意していたのである。

2 「白禍」とアジア主義

矢野にしろ、また内藤にしろ、その中国論は日本人のための利益だけを考えて発想されたものではない、という弁明をともなっていた。それどころか、中国人のために中国人に代って考えたことだ、と彼等はいっていた。彼等の自己弁護を文字通りに受け入れがたく思う人が、今日では多いだろうが、ここでは、本人達の論理の前提について少しく考えてみたい。その中心にあるものは、アジア主義的心情と呼べるものではないかと思う。

日本近代史を通じて観察される、アジア主義という名のアジア連帯論はどのように生じたものか。欧米人は「黄禍」をいった。つまり、日本人や中国人が、欧米の価値や秩序を侵すことへの恐怖への防御的、あるいは攻撃的対応である。義和団事件（一九〇〇年）のとき、黄禍を主題とした絵をドイツの画家に描かせ、信書と共に、親密な「従兄弟」同志のつきあいのあったロシア皇帝ニコライ二世に送り、共闘を呼びかけたのは、ドイツ皇帝ウィルヘルム二世であった。彼は、六世紀も昔の蒙古によるヨーロッパ侵入＝支配の歴史への報復の機会であるとし、ドイツの派遣軍に対しては、中国兵の捕虜をとるな、皆殺しにせよ、と命じたのである(18)。同じドイツ皇帝は、日露戦争のときには、日本のあまりにも目覚ましい勝利に恐怖感を抱いた。ポーツマス条約に不平を鳴らし、調停役を演じたアメリカの責任を難じ、かえってアメリカと開戦しそうな過激な世論が日本に起ったとき、駐米ドイツ大使はアメリカに共闘を申し入れた。ドイツ軍をアメリカの指揮下に入れ、アメリカを日本の侵略から守る意志があることを伝えたのである(19)。これは一種狂気じみた黄禍論の現れであった。その後この種の反応はみられなくなってゆくが、「黄禍」に対する意識そのものが消滅したわけではない。それは、彼等の意識下に沈潜し、平時は欧米人のキリスト教的良識でコントロールされてゆくのである。

ところで、チャレンジがあってレスポンスがあるという歴史のダイナミズムは黄禍論についてもいえることである。一三世紀の蒙古の侵略のことはひとまずおき、近代についてだけいえば、はじめに「白禍」があって、それへの対応として「黄禍」として認識される対応が起ったのだとする歴史解釈の方が、より説得的である(20)。「白禍」とは一九世紀の中ごろから東アジアにまで達した欧米列強の力による支配の別称であった。日本も中国も、そして朝鮮もみなこの「白禍」に悩まされた。この共通の悩みを通じて、連帯感が生じた。これがいわゆるアジア主義の心理的基盤である。欧米人の勝手な振舞いを許してしまった自責の念、そしてその侮りを防ぐために連帯して行こうという覚悟は、このアジア主義の一つの型であった。それは、それぞれの民族意識を越えて、東アジア歴史世界の人民の共通な運命としての認識に向かわせる。それはいうならば、東アジア人としての東アジア・ナショナリズムと呼んでもいいようなものだったろう。このような脱民族的＝脱国家的なアジア主義は実際に顕現することは希であったとしても、少なくとも理論的には、アジア主義の類型のうちの、一方の極限的な形として考えることができる(21)。

このような脱民族的＝脱国家的アジア主義の対極に位置するものとしては、日本人の近代的ナショナリズムの海外発展版としてのアジア主義というものを想定することができる。それは、歴史的には、日本盟主論などとして現れた。つまり、たとえ日本と中国を欧米列強の拡張主義と権力政治の被害者と認識したとしても、近代化の道を着実に歩みはじめた日本と、近代化が遅々として進まない中国とでは自ずと役割の分担が違う。日本は一歩先を行くものとして、アジアの同胞を指導しようというものであった。脱民族的＝脱国家的なアジア主義には平等主義と解放への指向性を期待することができるが、日本ナショナリズムの海外発展版としてのアジア主義は、たとえ徳治主義的な自己制御が作動したとしても、原理的に日本中心主義に陥りやすいものであった。これら二つの極限的な現れ方の間に、近代日本のアジア主義の諸現象があった。また、この両極に近いようなアジア主義的言動を、同一の人物がすることもよくあることであった。この一見矛盾した言動と類似した現象は、同一の人物が、あるときは地方主義的なアイデンティティのもとで、中央政府の施策に反対しても、一瞬後には、日本人としてのアイデンティティのもとで、同一の政府の強硬な対外政策の全面的支持に廻ったりするのにみられる。

以上、「白禍」の結果として、アジア主義と呼ばれる心情が多様な顕現の仕方をしたといえよう。ところで、心情はどのように政策化に反映していったろうか。アジア主義的な日中共闘の対外政策はすぐ具体化したのだろうか。日本近代の対外政策史を調べてみると、アジア主義の名にふさわしいような条約・声明の例は、一九三〇年代まで皆無といっていい。ただ一つの例外は、一八七一年の日中条約――日清修好条規――のみである(22)。事実上アジア主義が政策化されたことが皆無に近いということは、偶然ではなく、政策決定者の意識的な選択によるといっていい。たとえば伊藤博文にまつわる一つのエピソードがある。それは日露戦争後の一九〇七年九月のことであった。初代満鉄総裁の後藤新平は、アメリカが東アジアの政治に介入するのを排除する策として、日清同盟構想を提案し、「大亜細亜主義」の有用性を説いた。当時朝鮮都督府長官の伊藤はこれに断固として反対し、次のように警告した。

「所謂大亜細亜主義トハ抑々何ゾヤ、此ノ種ノ論法ヲロニスルモノハ、深ク国際間ノ情誼ヲ察セズ、動モスレバ軽卒ナル立言ヲ為スガ故ニ、忽チ西人ノ為メ誤解セラレ、彼等ヲシテ黄禍論《エロー・ペリル》ヲ叫バシムルニ至ル……」(23)。

これは、日本人の側からのアジア主義的政策が、むやみに欧米人を刺戟し、黄禍論的な反応を誘いだすことを批判したものであった。しかしその後にも、アジア主義的な公式態度を政府が差し控えつづけたのは、このときの伊藤と同じ発想によるものではない。実際、朝鮮を併合してしまった一九一〇年以降になれば、国際社会における日本の立場は大きく変ってしまっていた。東アジア諸民族の平等を原則とし、彼等を植民地的支配から解放することを意味内容としたアジア主義を政府が公然と振りかざすことはできなくなった。それどころか、民間のアジア主義者が行動をおこし、ベトナム人やフィリピン人を助けて彼等の民族解放活動に手を貸したりすると、日本政府としては、植民地国家フランスやアメリカとの関係上、これを禁止し、弾圧することになった。朝鮮を併合した後の大日本帝国にとってもはやそれは必然であった。日本は植民地支配という共通の属性で欧米列強と結ばれ、アジア主義が政策化される条件から遠くなった。しかし言説としてのアジア主義まで消滅してしまったわけではない。むしろその反対で、アジア人としてのアイデンティティに発する場合でも、日本のナショナリズムの盟主論的立場による場合にしても、アジア主義的な言説は、ことあるごとに盛んになっていった。特に辛亥革命以降、中国の政情が不安定になればなるほどそうであった。一九一五年日本は一五ヶ条の要求を中国に突きつけた。五群に分けられたこの要求のうち最後の第五群は秘密とされた。もしこの要求に応ずれば、中国は独立を失い、日本の属国になってしまう。中国側は、強いられた約束を破り、これを海外に漏らした。そのため国際世論は、日本の侵略主義を批難した。

そのような国際世論への一つの攻撃的な弁明として読むことのできる『大亜細亜主義論』が一九一六年に出版されている。著者は後に衆議院議員に選出される小寺謙吉である。彼は大アジア主義を白禍に対峙するための人種的連帯と位置づけている。小寺によれば、アジアを支配し、あるいは圧迫しているヨーロッパで、黄禍論がかまびすしくとなえられている。それなのに、白人に征服され、威嚇されている有色人種の間からは、誰一人として白禍論をとなえたものがいない。不思議なことだ。大アジア主義のことを偏狭な人種主義的感情だと批判する人がいるが、人種的偏見を教えてくれたのは、もともと欧米人なのだ。白禍の特徴は、それが「攻勢的・積極的・征服的」なことだ。それに対し、黄禍は「防御的・消極的・平和的」(24)である。

先に論じた矢野の中国非国論は、日本軍のシベリア占領がいまだ続いていた一九二一年末から発表されはじめた。ちょうどワシントン会議開催中のことで、日本は結局、アメリカの圧力のもとでシベリアから撤兵することになる。矢野の立論は、日本人の中国観を、人種主義的な連帯論から解き放ったという点で、重要な意義をもっていた。それは同じころヨーロッパから紹介された地政学の分析法の洗礼を受けて、独特な展開をはじめる。この点については、後述する。今ここではまず、アメリカの排日移民法が一九二四年七月一日、遂に実施に移されたときのアジア主義の情況を、小寺との関係から論じてみよう。このとき小寺は衆議院議員だった。前年の九月の関東大震災で、日本最大の貿易港だった横浜の機能は失われた。ために生糸の輸出をはじめ、日本の対米貿易の中心は神戸に移っていた。排日移民法が実施に移された日、その神戸に、亜細亜協会が発足したが、この創設に小寺は、黒龍会の内田良平等と共にかかわっていた。これは同じころ東京で、政友会の幹事岩崎馨によって、顧問に後藤新平、田中義一、団琢磨を配して結成された汎亜細亜協会に対応するものであった。これら東西二つのアジア主義団体は、目的として共に、アジア人に対する欧米人の政治的圧力を廃し、人種の平等、正義の確立を掲げた。そしてこの目的達成のためにアジア諸民族からの入会を求めた。

この年はアジア主義の歴史に残る重大な出来事がおこる年となった。中国国民党総裁の孫文が、上海から神戸経由で北京に向う途上の一一月神戸で下船中、「大アジア主義演説」という名で記憶される公開講演をしたのである。このとき当然神戸の亜細亜協会ともなんらかの接触があったろう。当時の新聞には、玄洋社の頭山満との会見が報道されている。孫文訪日の目的は、中国における海関権を回復できるよう日本当局者と打合せることだ、とも報じられていた。この年の正月、中国国民党の第一回全国代表者会議が開かれ、不平等条約の撤廃＝平等互恵の条約の締結のほか、国民党と共産党の合作と、中国の軍閥の廃絶という、三大政策を採択した。海関権の回復はその一つを実行に移そうとしたものであった。この中国の提案には、真先にソビエトが応じていた。早くも五月には北京の段祺瑞政府との間に、ソビエトは条約を締結し、国交を回復したが、この条約は、不平等条約の撤廃＝平等互恵条約の締結を約束していた。これは中国人に大きな希望を抱かせた。そしてそこから起った中国ナショナリズムの波の高まりを受けて、他の列強も新たな対応を迫られることになった。一九二五年一〇月の北京特別関税会議は、その一つの現れであった。その後中国が関税自主権の回復に成功してゆくこととの関係において、この会議における幣原喜重郎外相の役割を高く評価する研究がある(25)。とすれば、孫文の神戸における演説も、これまでの通説のように、孫文が意図した目的に対して、全く効果がなかったということはできないだろう。

先にも指摘したように、孫文の演説は、歴史研究のなかでも「大アジア主義演説」として記憶されてきた。しかし、県立神戸高等女学校の講堂を主会場として行なわれた孫文の演説会は、神戸商業会議所を主催者とし、地元の『神戸新聞』、『神戸又新日報』のほか『大阪朝日新聞』、『大阪毎日新聞』を後援者として開催されたが、孫文に与えられた演題は「大亜細亜問題」であった。しかし演壇上の孫文は、開口一番、「本日諸君の前に申上ぐる処の問題は大亜細亜主義についてである」(26)といいかえた。後世孫文の「大アジア主義演説」と呼ばれるゆえんの一端がここにある。孫文の主張の重点は、プロレタリアート民族としてのソビエトと中国の連帯に対して、日本にも力を貸してほしいということであった(27)。つまり日中の提携は、中ソの連帯に対しては、副次的なものの補助的なものと位置づけられていたのである。日本人は孫文が言いかえたためもあって、孫文のアピールの力点が「大アジア主義」にあるものと誤解しがちだった。あるいは、はじめから日中提携の部分だけを抽出して、このときの孫文の演説の意義を理解しようとしていたのかもしれない。アメリカの排日移民法という人種主義的な仕打ちに激昂していた日本人の精神状況は、人種主義的に過剰反応し、日中提携を情緒的に受け入れやすくなっていたと考えられるからである。

いずれにしろ、日本人は一般に孫文の主張を、日中提携への呼びかけとして理解した。「白禍」に対する人種主義的な連帯論として理解した、といってもいい。欧米の覇権からアジアの民族を解放するための共闘の要請とも聞いた。これらはすべて日本人の誤解であった。アジアにおける先発国としての自負心から、視界が曇り、孫文の真意を見失ったのである。日中提携の提唱と理解した日本人は、日中の国力の相違から、日本盟主論でこれに対応するのを当然と考えた。そこからは不平等条約を撤廃しようとする平等主義よりも、これを合理化する伝統的東アジアの国家間の階統秩序の方が想起されがちだった。そして一九三一年、日本が満州を侵略占領して以降は、孫文はもともと、満州は中国から切り離してもよい、といっていたとして、日本の侵略を合理化するおまけまでついた。孫文演説は、本来の意図を離れて、日中両国のその後の運命にかかわる、大きな波紋を投げかけた。その一因は、日本人の側における、いわゆる「アジア主義」的心情からおこる「日中提携」で、すべてが片付くと期待する思考の習性にあった。

3　大アジア主義活動の始動と離陸

一九二六年八月一日から三日間、長崎市で、第一回汎アジア会議と称されるものが開かれた。主催者は、先にあげた東京の汎亜細亜協会と神戸の亜細亜協会で、それに北平の亜細亜人民連盟が加わっていた。この会議の展開には、「アジア主義」の実践活動がこの種の国際会議となったときの、日本人の自己中心的発想と論理が如実に示されている。そしてそれは、孫文の演説への理解のいいかげんさの反映でもある。

この会議の開催についてはじめ外務省は協力的とみえていた。しかしすべてが円滑に進んでいたわけではない。会場すら長崎市の青年館と決定するまで、いくたの紆余曲折があった。七月三一日現在、参加国の代表が到着していたものは、日本を除けば、中国、フィリピン、シャム（タイ）、それに日本支配下の朝鮮のみであった。そこにアフガニスタンを代表するラービア・プラタプを乗せた船が長崎港に入港してきたが、外務省はそれまでの態度を一変して、会議に非協力的となり、アフガニスタン代表の上陸を禁止した。日本人の参加者のうちには、このような政府の態度に同調するものが現れた。憲政会系の帝国議会議員が出席をとりやめた。このために一時、開会さえあやうくなった。それを救ったのは大本教第二代教主出口澄子の到着であった。ともかく予定より二時間遅れて第一回汎アジア会議は開会の運びとなった。しかし中国代表が日中間の不平等条約の撤廃を提案すると、冒頭から会議は荒れ模様になってしまった。このような場所でこの問題を取り扱うことは不適切であると断定し、退場してしまう日本人参加者が多かったからである。

その後、地元長崎市選出の衆議院議員今里準太郎が議長に選出され、会議の態勢がととのえられた。この態勢のもとで中国代表はアジア人民連盟の設立案を説明した。『朝日』(東京)が八月二日報じたところによると、この連盟の暫定規約は、全人類の平等と正義の確立、アジア諸民族の文化・政治・経済における協力、域内産業の振興とその産品の使用奨励をうたっていた。インド代表のラス・ビハリ・ボースやフィリピンの代表は、民族自決、独立達成の熱い思いを吐露し、中国代表はイギリス帝国主義を攻撃した。ある記者の報ずるところでは、大会第一日を支配したムードは、世界を支配し搾取する白人一般に対する抗議であった。つまり「白禍」の事実の再確認であった。第二日目には、個別的に、イギリス、フランスが俎上にのぼった。インド代表は独立の問題を取り上げたい、と提案した。これに対し今里議長は、日英、日仏関係に悪影響がある議論をすれば、必ずや警察力の介入をまねき、大会は解散を命ぜられるだろう、と配慮して、大会は秘密会議にされてしまった(28)。これが一九二〇年代、国際協調主義の時代の日本におけるアジア主義活動の一つの限界であった。しかし満州事変が起ってしまえば、その事情は激変する。日本はアジア主義を国策としてかざすところまで行き着くのである。そしてその間、二〇年代から三〇年代へと、政府の姿勢に変化が起ったにしても、民間にあったアジア主義者達に一大変動があったわけではない。民間人の思想はかえって一貫していたとさえいえるだろう。その一貫性を、大川周明のような人物のうちにみることができる。彼は「白禍」を一番声高に叫んだ世論形成者の一人であった。長崎の第一回汎アジア会議では、彼は理事の一人に選出された。日本人理事はもう一人いて、それは今里だった。

一九二四年四月大川は行地社を創立し、この年の反米活動、米貨排斥運動の先頭に立っていた。このころから長崎大会にかけての大川の心境は、一九二七年二月の『月刊日本』に書いた「国民的理想の確立」、殊にそこに彼が引用したフランス人の日本讃歌に代弁させることができるだろう。一九一六年から二〇年まで日本に滞在したフランス人神学博士ポール・リシャルは、日本の真実を「七つの栄誉」とそれに対応する「七つの大業」として直感した。リシャルは次のように書いている。日本は独りアジアで自由を失わなかった。だから「自由を亜細亜に与」える義務がある。一度も外敵によって亡ぼされたことのない日本には「人類幸福の敵を亡ぼす」使命がある。「新しき科学と旧き智慧」を統一できた日本人には、西洋を東洋に結びつけ「綜合する」任務がある。宗教的対立、流血の歴史をもたない日本人には「一切の神神を統一し」「更に神聖なる真理を発揮する」使命がある。天皇家と日本国民の歴史からは、世界を一君万民の原理のもとに「一個の帝国」とする役目が、そして「万国に優りて統一ある民」としては、「来るべき一切の統一に貢献」する使命が、また「戦士」としては、「人類の平和を促」

す義務が生じる(29)。リシャルが日本の読書人に紹介されたのは、このときより早く、一九二四年のことで、大川の翻訳で『永遠の智慧』(警醒社)が出版されていた。

これより先、一九一八年一〇月には、満川亀太郎を世話役とし、国家改造の研究を目的とする老壮会が結成されていた。大川はその創立メンバーの一人で、他に堺利彦、吉野作造、高畠素之、北一輝、権藤成郷、中野正剛、鹿子木員信などがいた。下中彌三郎もその中に名を連ねていた。この翌年には、北を中心に老壮会右派を母体とする猶存社が、大川、満川の協力で生まれている。鹿子木、安岡正篤、西田稔、中谷武世などが参加した。一九二〇年には、後藤新平学長に乞われて、大川は拓殖大学の教授となり、はじめて教職についた。それは一九一七年以来学監を務めていた新渡戸稲造が、ジュネーブの国際連盟本部の事務次長に就任するために、拓大を去った直後のことであった。長崎の大会の後の大川の足跡を拾うと、一九二九年、南満州鉄道から東亜問題調査局が独立したとき、その理事長となった。血盟団事件関係者と大川の関係は深かった。大川は五・一五事件に連座し、禁錮五年の判決を受け、日中戦争勃発の年、一九三七年の一〇月まで服役した。

満州事変後の一九三三年三月、大亜細亜協会がはなばなしく発会したが、この設立メンバーのリストの中に大川はいない。この協会の直接の前身は汎亜細亜学会といい、三二年四月ごろ、下中彌三郎を中心に、猶存社の満川、中谷の他、中山優、ラス・ビハリ・ボースやベトナムの彊柢(コンデイ)などを同人としていた。そこに当時参謀本部第二作戦部長をしていた陸軍中将松井石根が入会してきたので、これを機に一気に態勢を整え、政策形成に積極的にかかわりうることを目的として、近衛文麿を発起人に担ぎだし、大亜細亜協会を創立することになったものである。発会当時の会員としては、評議員として近衛、松井の他、広田弘毅、末次信正、徳富蘇峰、矢野仁一などを置き、理事には下中、満川、中山の他、本間雅晴、平泉澄がおさまり、中谷、片倉衷、影佐禎昭、鈴木貞一等は幹事であった。

それから七年後、近衛が松岡洋右を外相とする第二次内閣を組閣したころ、協会の会頭は松井で、副会頭の一人は矢野であった。評議員には近衛、広田、徳富、白鳥敏夫などの創立メンバーの他、松岡の名もみえている。下中は理事長で、中谷は事務局長、理事には、中山、平泉、鈴木、本間の他、中国で汪精衛政権の樹立に終始奔走した影佐がいた。汪精衛は第二次近衛声明に呼応して重慶を脱出し、影佐に導かれて日本軍占領下の上海に至り、東京で近衛にも会見し、遂に一九四〇年四月、南京に新国民政府を発足させたのであった。

この事実だけをみても、第二次近衛内閣のころまでには、近代日本の大アジア主義運動がすでに確実に離陸しているのがわかる。大正時代には秘密会議でしか植民地解放を論議できなかったアジアの民族的指導者も、今や、堂々と日本の政府や軍部の権力者と肩を並べて、この大亜細亜協会の諸活動に、会員として参加していた。第一回汎アジア会議では、アフガニスタンの代表は上陸さえかなわなかったが、一九四〇年一一月一日には、アフガニスタン公使を歓迎するパーティーが、協会主催で開催され、松井、下中、中谷と並んで、ビハリ・ボースも出席している(30)。これはまさに満州事変以来おこっていた、日本の内外の政治的環境の絶大な変化を証左するものであった。大アジア主義は遂に官許されたのである。そしてこの事実をもっとも端的に示していたのは、一九四〇年八月一日、松岡外相が記者会見で、「大東亜共栄圏」という用語をはじめて公式に用いて、政府の基本政策を明かしたことにある。そして二〇年代に日本に紹介されていたヨーロッパの地政学は、同じころ提示された中国非国論の命題と結びついて、新たな展開をしめし、政策科学として、「大東亜共栄圏」というアイディアを政策として実施可能なものにまで高めようとすることができるまでになりつつあった。これらの点については、第五章でくわしく論ずることにする。

大亜細亜協会の規約には目的として、アジア諸国の文化、政治、経済、社会諸事情を調査研究するとともに、日本とこれらの国の間の親和を増進し、日本文化を普及させ、そして遂にアジア連盟の実現を期す、とあった。アジア連盟とは、国際連盟の脱退を決定した日本が、ベルサイユ体制と決別して、日本を盟主とする地域的連盟をアジアに興そうということを意味していた。この目的達成のために、調査宣伝活動をすることとし、機関誌として『大亜細亜主義』を月刊で発行することとした。一九三三年五月に創刊号が出ている。四六倍判、毎号八〇から一〇〇ページ、発行部数は最初三〇〇〇ぐらい、後五〇〇〇となり、会員に配布するほか、一般にも販売された。第一号には会員の論文が目白押しに並んだが、この協会の理念が、普遍主義的価値の追求を、まず可能な範囲で、地域的に実践してみようというところにあるとすれば、中谷の「世界に志し亜細亜に行ふ」と題する創刊の辞は、まさにこの理念を表現したものであった。松井は「支那を救ふの道」、満川は「欧洲中心時代の終焉」を、そして徳富は「亜細亜の指導者日本の責任」を載せた。第二号には橋本欣五郎の「大亜細亜王道主義」が載った。これらは、日中戦争勃発以降、「大東亜戦争」初期までの日本人の自己イメージ、対中国観、対欧米観、日本の対アジア指導理念などをすべて代表し、表現しつくしていたとさえいえる。大亜細亜協会の先見性、指導性を裏書きするものである。さらに最初の一年間に出版されたパンフレットの中には、松井の『亜細亜聯盟論』、中谷の『大亜細亜聯合への道』、矢野仁一の『満洲国の将来と王道政治』の他、やはり会員の小笠原長生子爵謹話として『明治天皇と亜細亜聯盟』とか、白岩龍平の『近衛霞山公の大亜細亜経綸』と題するものがあった。アジア連盟論の思想的正統性は明治天皇を通じて語られ、運動としての連続性は、日清戦争後上海に専門学校東亜同文書院を開設し、また東京目白の自邸内に同様書院を開き、しきりとアジアの民族主義者を励ました、近衛篤麿の事績によって語られていたといえよう(31)。

篤麿が教育施設の開設でかかわった中国にも、大亜細亜主義運動は、文麿を通じて広まろうとしていた。近衛の会頭就任が予定された日本の大亜細亜協会は、広東駐在の和知鷹二を通じて現地の中国人に働きかけ、ここに「広東大亜細亜協会」を誕生させるところまでいった。しかしこれは国民党政府の弾圧を受け、すぐさま消滅してしまった。しかし一方天津では、松井、中谷の努力の結果、一九三五年末までには、中国大亜細亜協会の創立発起人会が開催された。そしてその後この協会を母体として、高凌蔚などを中心として、暫定的ながら華北新政権が樹立されるという経緯もあった(32)。

これより先一九三四年一月には、当時台湾軍司令官だった松井の肝煎りで、現地の台湾人、日本人によって台湾大亜細亜協会が結成されていた。そして南方に向けて、松井のお墨付をもった日本人が進み、フィリピンで大アジア主義運動を展開した。同年七月八日にはマニラでフィリピン大アジア協会の創立大会が開催された。フィリピン側からこの運動に参画したもののうちには、後に日本占領下でフィリピンの大統領となるホセ・P・ラウレルもいた。(ラウレルは一九四三年一一月には、東京における大東亜共同宣言に名を連ねることになる。) ここには大アジア主義運動の一つの成果が感じられる。大アジア主義の栄光に満ちた部分と見立てることも可能だ。しかしその底辺には、うさんくさい部分もあった。この運動を推進した日本人活動家のなかでも、特に中心的役割を果たしていたのは、マニラの邦人社会ですでに信用を失いかけていた人物だったという。自分の事業の失敗を穴埋めするために、この新しい運動からおこる人間関係を巧みに利用しようとした。マニラ駐在の日本総領事は、この運動が日米関係、日比関係に及ぼす悪影響を恐れていた。本省に送った彼の報告には、フィリピンがすでにアメリカの約束した独立への移行期にはいり、しかもいまだアメリカが残留しつづけているのに、その膝元で大アジア主義運動とは、日本に不利な情況をつくることになる、とあった(33)。

一九三七年一二月、日本軍が中国国民政府の首府南京を占領したときおこった大虐殺の責任を問われ、当時支那方面軍司令官だった松井石根は、戦後戦争犯罪人として処刑された。しかし、松井は大亜細亜協会の活動の有効性を信じていたから、日中戦争には、思想的に反対だったという(34)。関係者によって戦後なされたこのような弁明は、額面通りに受けとるのは難しい。しかし同じ近衛政権下であったとしても、時と共に、彼等の理想主義的信念が生かされ難くなっていったことは理解できる。第一次近衛内閣のもとで国家総動員法が成立していた。一九四〇年一一月、第二次内閣のもとで大政翼賛会が発足し、この新たな挙国一致体制のもとで、大亜細亜協会は発展的に解消させられ、大日本興亜同盟に吸収された。この同盟の総裁は林銑十郎だったが、松井がその後継者に当てられ、下中は相談役を依頼された。しかしこのころには、かつて一九二〇年代の中頃に、農民自治運動の言論をおこし、地方主義的、反都市的、反近代的方向で日本とアジアの変革を構想した下中流のアジア連帯論はもはや、対外政策形成のための言論の主流ではなかった。代って登場していたのは、同じく大政翼賛会の発足とともに解散させられていたとはいえ、昭和研究会の旧メンバーの三木清によって代表されるような、東亜協同体論であった。それは、西洋の思想、科学、伝統を利用しつつ、それを超えようとする政策提言であって、西洋の近代国民国家のイメージに似せて国造りを進めてきた日本の政府にとっては、よりなじみやすいものであった。それにくらべ、下中の構想する変革には、普遍の価値に通ずるとはいえ、あまりにも土の香りの強い、反近代的姿勢があり、東洋的アナキズムのセンチメントが横溢していた。

4　東亜新秩序声明と斎藤隆夫

下中と類似した農本主義的思想の持主に中山優がいた。中山は、いまだ農本主義的思想が、国家の改造とか対中国政策に生かしうると思われていたころ、政府声明の草稿を書く役割を与えられた。それがいわゆる「東亜新秩序」声明（一九三八年一一月三日）であった。

中山は、上海の東亜同文書院に学んだ。熊本県の農民の子として生まれた中山には、「水呑み百姓の本家意識」（一九三〇年）と題する文章がある。「生産するものの善心と独立の気魄」をもった「自作農」が没落してゆくのを嘆き、次のように激しい語句で、覚悟のほどを示していた。

「日本民族の優良種保存の立場からみても、農村の没落は何とも忍び難い。都会の搾取に対して、農村を防御する適切な法にして存せんか、それが如何なる理論、如何なる方法によるにしろ、予は衰傷の体を以て、一隅に馳せ参ずることを辞するものではない」(35)。

満州事変以降、刻々と変りゆく国際情勢を反映して、中山の農本主義的思想も新たな展開をみせてゆく。一九三七年七月七日には蘆溝橋事件が突発し、日中戦争が始まった。二八日には日本軍は華北で総攻撃に入っていた。そのころのことであろう、「七月末日」とある文章で、中山は日本の根本的思想は「むすび」の精神にあるといい、日本の近代化を積極的に評価し、同じ「むすび」の精神で、中国の変革にも手をかすことができる、そこに日本の対中国戦の意義がある、とした。

「日本を植民地的混合物といふは骨董的に日本を品評せんとするものの短見だ。その一見雑然たる処に新しい調和の端緒がある、実用と風雅と固有なるものと異国的なるものとの融合がある。……欧州の文化は、これ以上欧州をも又勿論世界をも救ふ力はない。新しき力は第三文明だ。それは東洋の文明と西洋の文明とを『むすび』に於て生かすもの、支那に新しき秩序を与ふるものはこれでなければならん。そして日本はその媒介者たる必然に在る」(36)。

そして、この戦争において、日本が中国に求めているものは、日中の「経済流通を互恵的に活潑ならしむ」ことであり、「国家主義」を転じて「世界の新気運」である「ブロック」という「聯帯主義」に向わせることである。こういってから中山は、次の如く力強く日本の立場を表現した。

「一片の領土を求めず一不辜を殺さず、支那が東洋に還へることによつて、日支が協力し、新しき第三の文明を以て世界平和の礎石を築かんとするところにある」(37)。

このような中山の思想は、彼が草稿を書いたという近衛の一九三八年一一月三日のいわゆる第二次声明にも、当然反映されていた。中山はこの草稿を北京で書いた。そのとき中山は近衛の長男の文隆と、その学友細川護貞のお伴をして、一ヶ月ほどの中国旅行の最中だった。日本の対中国戦の目的を、近衛声明は次のように表現していた。

「帝国ノ冀求スル所ハ、東亜永遠ノ安定ヲ確保スヘキ新秩序ノ建設ニ在リ。……コノ新秩序ノ建設ハ……東亜ニオケル国際正義ノ確立、共同防共ノ達成、新文化ノ創造、経済結合ノ実現ヲ期スルニアリ。……帝国カ支那ニ望ム所ハ、コノ東亜新秩序建設ノ任務ヲ分担センコトニ在リ」(38)。

ここには、たしかに一九三七年七月末の中山の文章に通じるものがある。しかしもっと直接的に中山の手を感じることのできるのは、一九三八年一二月二二日のいわゆる第三次近衛声明である。近衛の「東亜新秩序」声明とは、先にあげた第二次声明の他、この第三次声明を合せていうことがあるが、中山によると、一二月二二日の声明の草稿は、参謀本部の意向で堀場一雄中佐が用意したものだった。この声明は、蔣介石総統の政治的競争相手であった汪精衛が、中国国民党政府が遷都していた重慶を脱出して、ハノイに到着したという情報に呼応して発せられたものであった。汪は、一九四〇年四月に南京に国民党の新政権を樹立し、重慶政権の吸収＝合体を期待した。この間、終始汪と直接折衝したのは、大亜細亜協会の設立メンバーの一人だった陸軍大佐影佐禎昭であった。この一二月二二日の声明には、「日本ノ支那ニ求ムルモノカ区々タル領土ニ非ス、又戦費ノ賠償ニ非サルコトハ自ラ明カテアル」(39)という条があるが、中山によると、堀場中佐の用意した草稿に、中山が独断でこれらの文言を書きたしたのだという(40)。これは中山における徳治主義の表現であった。

ところが、このような徳治主義の文言で表現された日本の対中国戦の目的に、文句がつけられた。それは汪精衛の南京政府の樹立が目前にみえてきた一九四〇年二月二日のことで、第七五帝国議会の衆議院本会議で、民政党の代表質問に立った斎藤隆夫によってなされた。これは「反軍演説」(41)として記憶されているものである。しかしその全容は、当時の新聞報道や『官報速記録』からも知ることはできない。速記録は後半を全部削除してしまったからである。『朝日』は二月三日の朝刊に「除名問題に発展か」と見出しを付けて、質疑応答のあらましを報じた。それによると、斎藤は、――総理大臣米内光政が「確固不動」と呼んでいる政府の日華事変の処理方針とは、つまるところ近衛の新秩序声明に基づくということを意味するのだろう。その要点は次の五つの点にまとめられると思う。すなわち、「一 支那主権の尊重、二 領土・賠償を求めず、三 経済提携、四 在支第三国権益を制限せず、五 内蒙を除く地域の撤兵」であろう。ところで、もし実際にこのような条件で事変が処理されたとすれば、今日までの戦費はどうなるのか――。こう斎藤は政府の姿勢を質した。これからさらにどれだけかかるかわからぬ戦費はどうするのか。それらはみんな日本国民の負担となるのかと斎藤はつめ寄った。これだけを読めば、これ以上のことは、『朝日』は報じなかったし、『官報速記録』からも知ることはできない。これ以上のことは、『朝日』は報じなかったし、『官報速記録』からも知ることはできない。

斎藤代議士は、近衛を、そして近衛のゴースト・ライター中山の対中国政策の理想主義的表現、徳治主義的内容をそのまま直接攻撃していたわけである。近衛新体制運動のブレインとなる東京帝国大学教授矢部貞治も、日記でこの事件に触れている。「何のために戦争したか判らぬ」というようなことをいった斎藤に対し、「反軍思想」だ、「新秩序に対する冒瀆」だ、「戦争目的の攪乱」だといった批難がおこったと、書き残した(42)。

演説の全容を知ることができなかったころ執筆された遠山茂樹、今井清一、藤原彰共著の『昭和史』も、次のように書いている。

「……中国にたいし領土、償金を要求せず、経済上の独占をなさず、内蒙附近以外から日本軍は撤兵するといふ近衛声明を、政府はそのまま実行するつもりか、数万の英霊と百数十億の国費を犠牲にした大事変の処理としてこれで良いのかと、軍部、政府が中国支配をめざした意図と、うわべの『善隣友好』という旗印との間の矛盾をついたものであった」(43)。

結局、斎藤は「聖戦」を冒瀆するものとして、衆議院の懲罰委員会の採決通り、議員の資格を剝脱され、議会から追放されてしまった。

一九六一年、削除された部分が復元されて出版された。こうして全部を読みかえしてみると、斎藤演説の真意は「反軍演説」とする通常の評価とは、いくぶん違ったニュアンスのものとなる。『官報速記録』で削除されていた部分で、斎藤は実際政治に現実主義的に対応する立場から、まず近衛声明の理想主義を批判した。

「其ノ言ハ洵ニ壮大デアル、其ノ理想ハ高遠デアリマス、併シナガラ斯ノ如キ高遠ナル理想ガ、過去現在及ビ将来国家競争ノ実際ト一致スルモノデアルカ否ヤト云フコトニ付イテ考ヘネバナラヌノデアリマス（拍手）苟モ国家ノ運命ヲ担ウテ立ツ所ノ実際政治家タル者ハ、唯徒ニ理想ニ囚ハルルコトナク、国家競争ノ現実ニ即シテ国策ヲ立ツルニアラザレバ、国家ノ将来ヲ誤ルコトガアルノデアリマス（拍手）、現実ニ即セザル所ノ国策ハ真ノ国策ニアラズシテ一種ノ空想デアリマス……」(44)。

つづいて、斎藤は現実の国際政治を動かすものが力の支配以外のなにものでもない点を強調した。

「国家競争ハ道理ノ競争デハナイ、正邪曲直ノ競争デモナイ、徹頭徹尾力ノ競争デアル（拍手）……国家競争ノ真髄ハ何デアルカ、曰ク生存競争デアル、優勝劣敗デアル、適者生存デアル……過去数千年ノ歴史ハソレデアル、未来永遠ノ歴史モ亦ソレデナクテハナラナイノデアリマス（拍手）此ノ歴史上ノ事実ヲ基礎トシテ、吾々ガ国家競争ニ向フニ当リマシテ、徹頭徹尾自国本位デアラネバナラヌ、自国ノ力ヲ養成シ、自国ノ力ヲ強化スル、是ヨリ外ニ国家ノ向フベキ途ハナイノデアリマス（拍手）」(45)。

このように、力の政治の一般論を述べた後で、斎藤は、これこそがこの日の彼の演説の主題ではなかったかと推測される、欧米の覇権主義批判と、それに対峙するための国防力の充実を求めているのかとさえ思われる条へと移ってゆく。

「彼ノ欧米ノ基督教国、之ヲ御覧ナサイ……彼等ハ内ニアツテハ十字架ノ前ニ頭ヲ下ゲテ居リマスケレドモ、一タビ国際問題ニ直面致シマスト、基督ノ信条モ慈善博愛モ一切蹴散ラカシテシマツテ、弱肉強食ノ修羅道ニ向ツテ猛進ヲスル、是ガ即チ人類ノ歴史デアリ……マス、此ノ現実ヲ無視シテ、唯徒ニ聖戦ノ美名ニ隠レテ、国民的犠牲ヲ閑却シ、曰ク国際正義、曰ク道義外交、曰ク共存共栄、曰ク世界ノ平和、斯ノ如キ雲ヲ掴ムヤウナ文字ヲ列ベ立テテ、サウシテ千載一遇ノ機会ヲ逸シ、国家百年ノ大計ヲ誤ルヤウナコトガアリマシタナラバ……現在ノ政治家ハ死シテモ其ノ罪ヲ滅ボスコトハ出来ナイ……」(46)。

以上のような斎藤の論旨を、欧米の覇権主義こそが日本の真の敵、その真の敵から国を守るために、軍備を増強せよといっているのだと解釈するのは、読み込み過ぎになるかもしれない。しかしともかく斎藤は、近衛をはじめとする、日中戦争下の政権担当者の理想主義的言詞に、現実主義的な批判を下していたのである。かつて、日本の対外態度が、政府の現実主義、民間の理想主義という対立を常としていたことを思うと、一九三〇年代という時代の特徴が、ここにもあったことがわかる。いうならば政府の対外政策の理想主義的＝アジア主義的表現は、「大国」となった日本の政権担当者の奢りであった。それまで現実政治にうとい民間人の愚かな理想主義、精神的な贅沢として退けてきたアジア連帯論とか日本国皇帝の徳治によるアジアの再編成といった思想を、取りあげて政策化したのである。しかし現実はずっと厳しかった。それは欧米列強に対してのみならず、日本人にとっても本質的に差はなかった。あるいは斎藤はそのことをいっていたのかもしれない。欧米人がキリストを拝するように、日本人も「徳治」「徳治」と崇めたが、戦乱の中国ではたちまち鬼畜と化すものがいたのである。

5　地方回帰と古典回帰

斎藤の追放を決定した衆議院懲罰委員会の中に山形県選出の木村武雄代議士がいた。木村は、中国の「犠牲」によって「日本が生き」てゆくというのは、「日本建国の精神である道義国策」に反すると信じていた。彼は斎藤の演説の核心は「領土を取らず、賠償金を求めぬ戦争は無意義」としたことにあるとみた。彼はこれを斎藤の侵略主義と断定し、「非併合、非賠償」主義の近衛声明を支持する立場で、斎藤弾劾に与した(47)。木村がこのような斎藤批判を公にしたのは、『東亜聯盟』の第二巻第二号で、事件の直後であった。東亜連盟は、その前年一九三九の一二月木村が創設したもので、木村が会長であった。顧問には石原莞爾を立てていたが、実質的に石原が会長で、木村はどちらかといえば事務局長的な役割をこなしていた。

木村の思想には地方主義的なところがあった(48)。木村は明治大学の学生のころ、ヴ・ナロード的な政治活動をしたことがあった。中央政府による官僚主義的独善を、どこかで地方の立場から排除し、改善できないものかと考えていた。木村を石原に引き会わせるきっかけとなったのは、東北地方の大凶作、一九三四年のことであった。当時山形県会議員だった木村は彼の出身地区の置賜の農民運動を組織した。生産者の農民が木の実や草の根で露命をつないでいるとき、東京の深川の倉庫には政府買いつけの備蓄米が腐りかけていた。彼は流通のこの矛盾を、生産地の倉庫に米を備蓄することで解決しようと提唱した。「郷倉運動」である。彼はこのような実践的目標を掲げて県庁に陳情活動をするとともに、農民出身者の多い地元山形の第三二連隊にも働きかけた。これら一連の活動の過程で、木村は石原と会見することになる。石原の父は、山形県鶴岡の出身であった。石原は当時陸軍大佐として仙台の第四連隊長をしていた。彼の所へ、木村は、木村がすでに接近していた国民同盟の中野正剛の仲間の松浦武雄の紹介状をもって現れた。この会見は、木村の政治的生涯に決定的影響をもった。木村は石原の立居振舞いをまねるほどに石原に心酔した。一九三四年、石原に会見して以降、木村は「体制内での変革の可能性を確信」するに至ったという(49)。ここから、東亜連盟結成への二人の関係が育ってゆく。東亜連盟は、類似した通常の組織と異なり、意識的に地方分権主義的に構想されていた。

石原は「世界最終戦」という戦略論をもっていた。世界は東西の両地域内での諸勢力が勝抜き戦を戦い、それに勝残ったものが、両地域の代表として、世界最終戦を戦う。その後で、世界は勝者により統合され、はじめて世界に平和がくる。石原は日本が最終戦の勝者となる道程を考えた。東の代表決定戦は日本対ソビエトになると考えた。その後で西の代表アメリカとの決戦となると目論んだ。満州事変は、当時関東軍の参謀だった石原が、この戦略論のもとで書いたシナリオだった。対ソ戦への布石として考えだされた満州占領であったから、当初石原の頭には、この地を「独立国」にするなどという発想はなかった。軍事と戦争経済の基地としての考慮が最優先していた。そのために日本の直轄植民地とするのが最善であった。しかし軍事行動を開始してしまってから考えが変った。国際状勢等からして、直轄植民地という策は決して賢明でないと悟った。次善の策は、橘樸の「満州国」への思想を生かすことであった。橘は日露戦争以来、日本の租借地として、満州への日本の進出の拠点であった関東州にあって、この思想をねってきた。反資本主義的な郷村共同体連合として下から組みあげられるべき国家が構想されていた(50)。そして、この構想の実践母体としては、同じく関東州を拠点として発達してきていた満州青年連盟に、その役割が当てられた。橘樸の構想を生かそうとしたそのときから、石原は官僚的中央集権の欠陥を排除する思想の実践者と目されるようになった。直轄植民地として完結すれば、文字通りに、中国の領土を侵略した帝国主義者となり果てていたはずの石原が、橘の思想の採用によって、新しい国家理念の追求者となった。しかし目的のために手段を選ばなかったこの戦略論者には、それなりのしっぺ返しがあった。満州事変は、日本政府が進めてきた国際協調主義の時代に終止符を打つことになるが、これは、石原の下剋上的行動を発端とするものであった。それから六年後、蘆溝橋事変が起ったとき、石原は参謀本部にあって、事変の拡大に反対しつづけた。彼の世界最終戦論からいって、この際中国とは争ってはならなかったのである。しかし石原の信念にかかわりなく、出先部隊の下剋上的な行動もあって戦線は拡大しつづけ、遂に対米開戦にまで至ってしまうのであった。

戦前の陸軍は、皇道派と統制派の対立・抗争の図式でとらえられる。石原は皇道派の領袖と考えられている。一九三六年の二・二六事件は皇道派青年将校によってひき起された。石原は極力これを鎮めようとした。ここにも下剋上的現象があった。この事件後、皇道派の勢力は失墜した。日中戦争開始後、戦線の拡大に反対した(51)石原は参謀本部を去り、やがて一九三八年一二月には、石原を嫌う統制派の首領東条英機によって、舞鶴司令部の閑職に追いやられ、四一年には予備役とされた。

東亜連盟が結成されたとき、東京帝大の大河内一男、東京商科大学(現一橋大学)の中山伊知郎、早稲田大学の時子山常三郎の他、京都の立命館大学の田中直吉、白柳秀湖などがこれに参加し、この連盟の活動のための理論構築に貢献している。これらのメンバーの顔ぶれから感じとることができるのは、この連盟の思想が、どこかで日本ナショナリズムの限界を乗り越えようとしていたということである。白柳の日本史は、その用語からすれば一見皇国史観のようにみえるが、日本民族の起源についての彼の論述の仕方には、天皇家の起源の神秘性を破るところがある。彼の古代史から、いわゆる天孫族のルーツを探せば、それが朝鮮半島にかかわりがあることがはっきりわかるように記述されている(52)。これは、日本人の自己イメージを内部から改造するのに寄与しえたのではなかろうか。日本人の思想を選民思想の独善から解放し、朝鮮人への、また広く大陸の諸民族への人間としての同胞感の拡大に役立ちえたろう。また時子山は、ちょうど木村が斎藤批判を書いたころ、『東亜聯盟』誌上に「東亜経済新秩序の世界史的展望」と題する論考を連載中であった。地球的規模における経済秩序の変革への一里塚として、東アジアの地域的変革を構想するという発想の仕方であった。一つの普遍主義的な構想を、まず実践可能な特定地域で実施しはじめ、やがて全世界に及ぼそうとするものであった。東亜連盟の組織は、東条政権下、「結社」としての存続を禁じられ、その名も東亜連盟協会から東亜連盟同志会へと改めた。また敗戦後は、占領政策のもとで解散を命ぜられた。戦前には、大日本帝国の現実のゆえに、避けがたかった制約があった。敗戦は、それらの制約を取り払った。時子山の普遍主義への指向性も解き放たれた。戦後日本の世界への窓口となった世界連邦運動に参画し、最も積極的に活躍したのは、下中彌三郎と並んで時子山であった。時子山は、一九五二年、世界連邦建設同盟が、下中を中心に再建されようとしたとき、横田喜三郎、前田多門、浅沼稲次郎、松岡駒吉等と共に理事となっている。

田中直吉は石原が舞鶴司令部にいたとき、立命館大学に講師として出講を依頼したことがある。このころ田中はしばしば石原のゴースト・ライター役をした。立命館大学出版部から配布された東亜連盟協会の『昭和維新論』には田中の筆が入っていた。石原が一九四九年夏他界する直前に書き上げたとされるマッカーサー元帥への進言「新日本の進路」も実は田中の作だと聞いたことがある。ここでも、東亜連盟の思想の真骨頂は、敗戦という国家のもつ制約が最少になった瞬間に、自由奔放に現れた節がある。石原の郷里の『山形新聞』は、マッカーサーと共に米占領軍の第一陣およそ八千の将兵が東京に進駐した翌日、つまり一九四五年九月九日の紙上に、石原の文章として「再生日本への道」を掲載した。これは都市の解体、土地人口の再分配を骨子として、非武装で食糧の自給ができる国家を建設しようとするものであった。そこには地方主義的な発想が歴然としていた。そしてこのような地方主義的発想は、東亜連盟が発足した当初から、運動の指導的理念としてあった。『昭和維新論』には、次のように書かれていた。

「明治以来、日本在来の自治形態は、僻村に至るまで殆んど破壊された。特に今次事変以来、官治の範囲は益々拡大する勢にあるが、このことは独り地方の財政的負担を増加させてゐるのみならず、国民の自主的活動・連帯責任観念の発達を阻害し、個人主義的傾向に追いやるのである。然し今日に於ける各種自治体、殊に地方自治行政の自由主義的・利益主義的状態は、抜本的に変革を加へ、新しき世界観に基く国策中心・公益中心のものに再建せねばならぬ」(53)。

満州事変以来の世界政治の変動に対応するために民間団体が、このように地方へ回帰するところから再出発することを提唱していた。これも一つの日本の伝統の見直しであった。その過程で、天皇親政論的な内政変革の構想も思いつかれている(54)。しかし思想の基本的な軸は地方主義であり、それゆえの超国家主義的価値指向でもあった。それが戦後の世界連邦運動への思想的脈絡でもあった。

以上、石原莞爾を中心に、東亜連盟運動などアジア主義運動にみられた地方主義を基礎にした国家を越えようとする思想のことをみてきた。次に、外務省にあらわれた伝統の革新的応用の場合をみておこう。

第一章で少しく論じたことであるが、一九三〇年代後半には、政府機関の主要部署でさえ、皇道主義を追求しようとするものが現れた。もっともハイカラかと思われる通俗的イメージにもかかわらず、外務省にそれがきわだって現れた例がある。近衛首相に請われて、広田弘毅に代り外相となり、駐日イギリス大使クレーギーを介して蔣介石の政府と和平工作を進めていた宇垣一成の大磯の自宅に、外務省の若手の、いわゆる「新官僚」グループが会見にきた。それは一九三八年三月三〇日のことであった。宇垣と会見したのは、中川融、牛場信彦他総勢八名であった。彼等が記録として残した「会談覚」には当時の皇道主義者の用語が飛びかっている。彼等は「皇国外交」の実践を「皇道宣布の奉行」たる宇垣外相に要求して次のようにいったのである。

「……生等は皇道宣布の奉行の前衛たる外務省員として皇国外交は如何なる綱領方針に依り施行せらるべきやを研究し皇道外交の名称を附する一聯の根本的論策を有し居り……右皇道宣布の思想よりするも此の際『アングロサクソン』と東亜に於て中途半端なる妥協を為す要を何等認めず……」(55)。

これに対し、宇垣は、彼等の記録によると、次のように答えた。

「自分は元来帝国は結局英蘇の勢力を東亜より排除して又進で先に御話の如く皇道を世界に宣布すべしと考慮し居るも之には段階あり先づ支那を片附け次に蘇聯の勢力を駆逐したる後……英の勢力を排

除すべく今日支那と同時に英を敵とすべきに非ずと考ふ……」(56)。宇垣は対ソ問題の解決に、必ずしも戦争をしなければならぬとは考えなかった。これに対し、「新官僚」の外交官達は「結局戦争に依る他解決の途なし」(57)と確信していた。戦争を必ずしも手段と考えていなかったことだけを除けば、日本を中心にした世界新秩序に至る段階は、石原の「世界最終戦論」の段階と符合する。まずソビエトを排し、最後にアングロサクソンと対決するというものである。宇垣外相と、部下たるべき牛場、中川等との対決は、結局部下の方に軍配があがる。「皇道宣布の奉行の前衛」を自称するもの達の勝利であった。軍配の陰には、近衛首相の対中国強硬態度があった。この年のはじめ、いわゆる第一次近衛声明は、中国国民政府を相手とせずと宣言した。つづいて出された政府の補足説明は国民政府を「否認」するだけでなく「抹殺」しようとするものだとまでいいきった(58)。宇垣はわずか五ヶ月の在任の後、この年の一〇月、外相を辞任した。その直後、「新秩序」声明が発せられるのである。

一九四〇年八月一日、第二次近衛内閣の外相松岡洋右ははじめて、「大東亜共栄圏」という呼称で、政府の対外政策を記者団に明らかにした。この松岡談の背景には、これに先だって政府決定をみていた「基本国策要綱」があった。皇道主義の特殊用語という点では、政府の公式文書の中で、これほど特殊用語で綴られたものは、ほとんど空前絶後であった。これは第一章ですでに詳しく触れた通りである。昭和一五年、西暦で一九四〇年にあたるこの年を、当時日本人は皇紀二六〇〇年と呼んでいた。血盟団事件の犯人達が恩赦で刑期の短縮を受けたのはこの年のことであった。一九三六年のベルリン・オリンピックに続き、オリンピックがはじめて西洋を離れ、東京で開催が予定されたのもこの年であった。時局が深刻化したために、政府はオリンピック開催を返上したが、二月一一日の紀元節の日を中心に、皇紀二六〇〇年の記念行事はにぎやかにとり行われていた。三月末には、汪精衛を首班とする新政権が、中国に誕生していた。これこそ「皇道外交」の最初の大きな実りといえた。こうして第二次近衛内閣の発足した夏を一つの頂点として、皇道主義は公式文書にも花咲いていた。松岡自身は記者団に、次のように所信を披瀝したのである。

「私は年来皇道を世界に宣布することが皇国の使命であると主張して来た者でありますが、国際関係より皇道を見ますれば、それは要するに各国民各民族をして各その処を得せしむることに帰着することを信ずるのであります。即ち我国現前の外交方針としてはこの皇道の大精神に則り先ず日満支をその一環とする大東亜共栄圏の確立を図るにあらねばなりませぬ」(59)。

そして「大東亜共栄圏」とは従来「東亜新秩序圏」といわれてきたものと同一なりと一方でいいながら、他方では「広く蘭印、仏印等の南方の諸地域を包含」(60)する、とも説明した。ヒトラーの侵略を受けてオランダは敗れ、フランスにはビシー政権が成立していた。東南アジアには今や「無主」の領土が広がりはじめていた。これらをただ黙視して、ドイツのコントロールにまかすことはない。こうして近衛は、松岡という皇道外交家をえて、行動に移ることになる。この年九月二二日に日本と仏印の間に軍事協定を成立させた松岡外相のもとで、二九日には日独伊三国同盟が調印された。

松岡はかねてから「皇道主義」をとなえ、この用語は自分が作ったものだとさえいっていた。一九四一年四月、モスコーで日ソ中立条約を電撃的に調印した松岡は、スターリン書記長に抱擁され、「我々は共にアジア人だ」と、人種主義的な連帯意識の祝福を受けた。この直後出版された著書のなかで松岡は、「皇道による世界救済こそ興亜の大業の核心である」(61)と断言した。こうした「皇国主義」「皇道外交」論が昂揚するなかで、天皇の公式文書まで、遂にこの用語を採用するに至った。それは一九四一年一二月八日の対米英宣戦布告の詔書の署名に集約的に現れた。近代日本の対外戦争のつど発せられた宣戦布告の詔書は、これまで日清、日露、第一次大戦とも、みな日本国「皇帝」として署名された。それは歴史的にも当時も、世界に複数存在する普通名詞としての「皇帝」であった。この呼称を使用するということは、日本が、欧米の打ち立てた国家系のなかにあり、その秩序原理に従って行動していることの証であった。ところが、対米英戦の宣戦布告に当っては、大東亜共栄圏の形成という戦争目的の論理との整合性を求める政府は、天皇が、対外的にも「皇帝」というかわりに「天皇」と自称するようにしたのである。明治、大正と欧米に学び、欧米の原理、原則、慣行に「あわせ」て国際政治の荒波を渡りつづけてきた日本は、遂に日本の古典に、そして東アジアの伝統に回帰するところから再出発しようとしていた。

第五章　地域的普遍主義から地球的普遍主義へ

1　地政学の援用

松岡洋右は、「皇道主義」という用語は、自分の創作であると自慢したが、それが真実であったかどうか、定かではない。確かなのは「皇道主義」という概念は、一九四〇年代のはじめまでには、日本人一般になじみやすくなっていたということである。それは、東アジア歴史世界の縁辺で、欧米列強と折衝しつつ近代的国民国家を作ってきた日本がたどりついた、一つの帰結であった。すでに論じた「中国非国論」の現実認識とか、同じころヨーロッパから紹介されていた地政学と結びついて、「皇道の地政学」と自称する一学派を生み、支持者をも生んでいた。このころまでに、「皇道主義」という用語でくくられる情緒的情況が、日本人の集まるところどこにでも作り出されてきていたためである。それは明治、大正、昭和と積み重ねられてきた歴史的体験の共有化によって進行してきた。それには教育制度、徴兵制度が大きく貢献し、在郷軍人会、青年団、愛国婦人会、国防婦人会が組織的媒体となっていた。

地政学とのからみを論ずる前に、まず「皇道主義」が教育やジャーナリズムでどのように表現され、奨励されたか、一、二の例を示しておこう。一九三八年九月、陸軍省教育総監部は、それまでに配布されていた小冊子八冊を合わせて『万邦に冠絶せる我が国体』とした。「精神教育資料」と銘打たれたこの書物は、まず日本のことを「皇道国家」と定義した。「皇道国家」の対極には「覇道国家」が置かれた。日本は「徳治国であつて、力を以て強制支配する国ではない」(1)のであった。日本人の国民性は、「個性が遺伝と環境との合成的所産であると同じく、国民性も亦この二つの結果」(2)であるとされた。また一九三〇年代までには、自他共に許す皇室中心主義者になっていた徳富蘇峰は、一九四〇年初冬から翌年の初春にかけて『皇国日本の大道』を口述した。この書物のなかで蘇峰は「八紘一宇」を次の如く定義した。

「八紘一宇は我が皇道を光被するものであつて、所謂る内に於ては政治を倫理化し、外に向つては国際を道義化するものである。我等は何を以て国内政治を倫理化するかと云へば、飽くまで皇室中心主義の大旆の下に、総国民が一致戮協し、皇国の為に一切の自我を擲ち去つて奉仕することに外ならない」(3)。

同じ著書で蘇峰は、日本人の舶来かぶれを批判し、徳川時代まで続いた中国文化「中毒」症状、それ以降の欧米、ことに英米「依存」の「病症」を治療することが、「皇国の一大急務」(4)だともいった。国民性を「遺伝と環境との合成的所産」とした『万邦に冠絶せる我が国体』の論法も蘇峰のとなえた「八紘一宇」論のエスノセントリズムも、共に地理的決定論としての地政学の方法論にはなじみやすいものであった。

その一つの現れを、小牧実繁の『日本地政学覚書』に読むことができる。小牧によれば、ドイツのカール・ハウスホーファーに代表される地政学は「ゲルマン民族の生活圏の拡大といふ、謂はばヨーロッパ的覇道主義によつて貫かれ」(5)たものである。これに対し、日本の地政学は「皇道」の地政学であらねばならぬとし、皇道地政学の特徴は次のようなものであるとした。

「皇国日本の地政学の指導理念は当に世界の万邦をして各々其の所を得しめ兆民をして悉く其の堵に安んぜしむと仰せられた神ながらの道、皇道に存しなければならない……」(6)。

小牧の用語は、一九四〇年八月の松岡外相の表現に酷似している。しかし直接的には、小牧のこの文章は対米英宣戦布告の詔書の文言に言及したものである。小牧の地政学の特徴は、欧米の植民地主義を否定し、アジアを伝統主義的に再編成しようとするところにあった。欧米の植民地国家によって、対立する民族集団に分解されてしまった(7)東南アジアの農村社会を復旧し、これを通じ皇道主義によって「大東亜民族」を創出しようとした(8)。キー・ワードはいつも「皇道」であり、派生概念として「徳治」とか「八紘一宇」があった。

小牧は京都帝国大学の人文地理学を専攻する教授であり、一九三六年には地理学教室の主任になっている。この大学からはかつて「中国非国論」が起っていた。小牧の地政学は、この「非国論」への伝統主義的な対応であったといえる。東アジアの歴史世界の秩序原理、徳治主義で、東アジアからさらには東南アジアまで、日本の指導下に再編しようとしたものであった。関西には、この系統の「地政学」を説くものが集中していた。そこには「非国論」のほかに、孫文の「アジア主義演説」への対応もあったかもしれない。これに対し関東では、小牧がヨーロッパ流の覇道の地政学、ドイツの地政学の亜流にすぎないとして退けた地政学が、東大や慶応義塾大学を中心に展開していた。対照的な特徴の一点は、小牧が徳治主義的に発想するのに対して、経済効率を中心に考えていることである。その一つの例を慶応義塾大学教授加田哲二が、一九三九年一二月号の『中央公論』に発表した「東亜経済協同体の政策」と題する論文にみることができる。東亜諸民族の協力によって形成されるべき広域経済圏は、決してこれら民族の「個性を殺して日本に奉仕」させるようなものであってはならない。かといって日本が「身を亡ぼして、仁をなすものでもない」(9)と加田は書いている。

加田よりも更に鋭いコントラストを画くのは東京帝大教授蠟山政道である。一九二〇年代に蠟山は、矢野の「中国非国論」から強い知的刺戟を受けた。同じころ日本に紹介されていた地政学にも興味を抱いた。そして満州事変以降の日本の大陸政策を、地政学を意識的に――しかしヒトラーの侵略主義とははっきり一線を画すように注意深く――利用しつつ、思いめぐらした。一九三八年、中国各地を視察旅行した直後、蠟山は「東亜協同体の理論」を執筆し、これを『改造』の一一月号に発表した。蠟山は政策科学の有用性を考えており、地政学をそのために利用しようとした。彼が追求していたのは、実施可能な政策の提言である。小牧のような観念的なアジア主義者ではなかった。蠟山は昭和研究会の主要メンバーであった。同研究会は一九三三年の発足当時から、近衛を首相に擁立し、近衛のブレイン・トラストとして機能することを存在目的としていたのだから、蠟山の政策提言が近衛の政策に直接反映していたことは十分に想像される。近衛のいわゆる第二次声明、「東亜新秩序」声明が発せられたのは、蠟山の『東亜協同体論』が出版されたのと相前後していた。当然その間に有機的な関係が考えられる。しかし前述のように、中山優は、これは自分が起草したものだといっている。中山は心情的にもアジア主義者であった。そこに中山の役割があったのかもしれない。本来蠟山、あるいは彼の仲間達が、政策科学を指向しつつ案出した政策提言が避けがたくもっていた、ドイツの侵略主義的な地政学とのまぎらわしさを払拭するために、中山にゴースト・ライター的な役が振り当てられたのかもしれない(10)。

「東亜新秩序」声明の現実主義的内容は、蠟山の如き政策科学者が用意し、そしてそれをアジア主義をとなえるものの人間的なぬくもりのある表現に変えたのが中山であったとするのは、研究の現段階では、仮説の範囲をでるものではない。しかし、対中国政策の展開する中で起っていた大衆動員は、一般的に政策内容と大衆操作との間の、このような関係によって成り立っていたのではなかろうか。つまり政策提言としては、できる限りの情報収集と緻密な分析に基づいたものでなければならなかった。しかしいざ政策化されたとき、それが大衆の支持を獲得できるかどうかは、いちずに大衆になじみやすい表現形式を踏んでいるかどうかにかかっていた。同時代の大衆は、それまでの教育効果もあって、日本や東アジアの伝統的な政治理念や、地縁血縁的な運命共同体の観念で説明できる場合、そのような対外政策にはより容易に自発的にすら動員された。つまり指導者層の一部には、当時といえども欧米に学ぼうとする近代的合理主義的な思考の態度があったが、その一方では、高踏ジャーナリズムを含み、時代思潮は日本浪曼派の思想に代表されるような、反近代、反欧米、祖先返りの思想を特徴としていた。こうして政府の対外政策の基本方針は、政策科学によって考えだされた合理的内容を、同時代の思潮になじむ民族の文化に根ざした特殊な用語で表現することになった。そして民衆は、政府の対外政策に起りつつあった大きな変化を、自分達になじみやすい思考様式で理解した。

一般に非合理的に進められたと考えられがちな対米開戦への道程においても、政策形成者側における合理的態度を示す一例として、一九四〇年正月、秋丸次郎主計中佐をキャップにして陸軍省内部に作られた、戦争経済研究班のことをあげることができる。この研究班は一九四一年九月末ごろ報告書をまとめた。それによると、日満中ブロックの経済力という点から考えて、日本の生産力はすでに限界にある。開戦後二ヶ年間は貯備戦力による抗戦が可能だが、それ以後は下降の一途となる。それに対し米英は上昇をつづけるというのであった(11)。この研究班の主要メンバーには、蠟山のほか、同じく東京帝大教授で人民戦線事件で検挙され裁判が進行中、当時は保釈の身であった有沢広巳もいた。蠟山が積極的に地政学的な論文を矢つぎ早に発表するようになるのは、このような活動の展開する中であり、直接の契機は、戦争経済研究班ができた年の八月、松岡外相が記者団に「大東亜共栄圏」構想を公表したことにあった。その年の一一月蠟山は「大東亜広域圏論——地政学的考察」と題して講演している。これは太平洋協会が主催し、会場は東京の上智大学講堂であった。蠟山は講演の主要目的を、松岡によって国民に示された「大東亜共栄圏」構想に、名称以上の実質的内容を与えることとしていた。蠟山は次のように前置きした。

「大東亜共栄圏の建設といふことは、既に御承知の如く、現内閣の基本国策の一つとなつておるのであるが……これは理論的にも十分に説明がつき、又実際的にも実現の可能性があるものでなければならぬ。かく考へるならば、大東亜共栄圏なるものは、広域圏として考察されねばならぬ」[12]。そして広域圏あるいは「広域経済圏」とは、「歴史的」「政治的」な主張であり、事実である。近世以来国家を中心に構成されていた世界は、広域圏という新しい歴史の時代を迎えた。「政治的」というのは、「法制的」「経済的」にいまだ実現していないものであっても、それが「政治的」に要請されていることを意味する[13]、と蠟山はいった。広域圏というと、日本人はすぐアジア主義のことを思う。しかしこれは、あながち日本人独自の思想ではない。というのは、「地政学的に見て、大アジア主義といふものを民族解放の問題に示唆したのは、むしろモスコウであつた」[14]からである。しかもこのソビエトのアピールに的確に応じたのは、日本ではなく、中国の孫文だった。この孫文の一九二四年の神戸における演説の「大アジア主義」にさえ、日本は応えようとしなかった。そういう日本でありながら、満州事変以降は急に広域経済圏のことをいいだした。ここに、対応がこれまで遅れていた日本が、ソビエトの提唱に応じて起った中国の大アジア主義に、どう今応えるかの問題がある[15]、と蠟山はいった。もう一つの実際的な問題は、アメリカの勢力が日本の大東亜共栄圏と、「物質」と「資本」の部分で「交錯」状態にある事実である。ソビエトの「ユーラシア大広域圏」は、このアメリカの「太平洋経済圏」と共に、歴史的な主張である。これらと、ようよう「近時主張し始めた」だけの日本の大東亜共栄圏の関係を、どう調整するのか。こういう意味でも日本の主張は、強度に「政治的」である[16]。日本はこれをどう達成しようというのか。

蠟山の言葉でいうと、日本が主張する広域圏は、「東方共栄圏」、「つまり日満支ブロック」とそれ以外の「南方共栄圏」からなりたっている。前者については、一応事実としての経済圏が成立しているといってていい。しかし後者については、インドシナはフランスに、マレー、ボルネオはイギリスに、東インド諸島（インドネシア）はオランダに、フィリピンはアメリカにと、植民地経済として結びついている。この地域における日本の経済的プレゼンスは貿易総額のわずか一〇パーセントにすぎない。これに対し、一九三八年、ドイツはバルカン地域で四〇パーセントの貿易額をもっていた。日本の場合、これら東方と南方の二地域を合して大東亜共栄圏と呼んでみても、この広域圏からの輸入額は、輸入総額の三〇パーセントにすぎず、また自給経済圏としての実績にとぼしい(17)。このように論ずるとき、蠟山が言外に秘めていた結論は、欧米を排除したとしても、日本経済がこの広域圏で自立できる保証はない、ということだった。それにしても蠟山の広域経済圏への立論が、伝統的な「同文同種」とか「一衣帯水」という人種的文化的親近感や地縁共同体意識とは絶縁したところから発想されているということは、重要である。日本の歴史的地理的条件には十分配慮している。しかし日本的特殊主義に振りまわされるところがない。彼の説くところは、世界各地域に普遍でありうる原理や原則で、日本のための広域圏の内包する問題点を明らかにしたものである。これは個々の国家を超えて通用しうるものであって、歴史的には時代をも超えうるものであった。それは戦後にも適用しうるものであったろう。たとえば一九八〇年一月、オーストラリア訪問中の大平正芳首相が提唱した「環太平洋連帯構想」なども、蠟山の広域圏構想の思想的脈絡のうちにあったといえないことはない。それは戦時中には、種々の制約のために実現不可能であったプランを戦後のために先取りしていたものとさえいえるかもしれない。

2　戦後秩序への提言──「大東亜共同宣言」

蠟山の広域経済圏の思想は、日本の敗戦、植民地体制の解体という歴史的変動を越えて、戦前を現代にまで連続しつづけてきたものと位置づけることができるかもしれない。しかし日本の敗戦を予見したうえで形成された構想ではなかった。敗戦がこの構想そのものを破砕しなかったのは、歴史の偶然のようにみえるけれども、深くさぐれば実は戦前から戦後へと、日本の運命を導いた必然の糸の如きものもみえてくるかもしれない。ガダルカナル島からの撤退（一九四三年二月）、アッツ島の玉砕（同五月）と、戦局が日増しに悪化しはじめたとき、国家の枢機にかかわっていた政策形成者のうちに、やがて来るべき敗戦のときを予見して、それに対する処置を講じはじめるものがいたとしても、当然のことだったろう。近衛や吉田茂などが交戦国との和平の方途をさぐりはじめたことは、よく知られている。しかし戦後への準備は、これとはいくぶん違った発想で行なわれることもありえた。それは、敗戦をもはや避けがたいものと判断したうえで、戦後秩序に対するもっとも理想主義的な構想を用意し、これを世界に宣言し、それによって戦勝国も、なにがしかの拘束を受けることを期待する、というものである。それが現実には重光葵外相が演出した一九四三年一一月六日の「大東亜共同宣言」としておこったと考えることができる。重光はこの年の四月、南京の汪精衛政権への駐箚大使を免ぜられ、代って外務大臣に就任した。そのときすでに重光は来るべき敗戦への対応を考えはじめていたとみるべき節がある。大臣秘書として重光と密接な関係にあった加瀬俊一は、重光のことを「舞台回しが非常にうまい人」で、終戦工作への第一の布石として、対中国政策の転換を手がけた。「大東亜共同宣言」については、加瀬自身、これを、負けても立派な戦争目的だけは残るようにと考案されたものだ、としている(18)。

政府としては、アッツ島玉砕の報を聞いた直後、御前会議で「大東亜政略指導大綱」を決定した。ここで、フィリピン独立の後で、一〇月下旬ごろ、大東亜会議を東京で開催することとした。そのとき発せられるべき共同宣言は、重光と加瀬が草案を用意し、首相の東条英機の手を経て閣議に提出、承認という手続を踏むことになる。『朝日新聞』の報ずるところによると、八月二七日の衆議院予算総会で、中島彌団次は重光外相に対する質問演説中、大東亜結集のための方策確立を要望し、六項目からなる私案を示した。㈠人種的差別撤廃。㈡民族の平等互譲。㈢互恵的経済提携。㈣文化の交流。㈤資源の開放。㈥大東亜共同防衛(19)。そして翌二八日、第八三臨時議会本会議は、大東亜総蹶起に関する決議を採択し、「東亜を永遠に解放し」「世界恒久の平和を確立せん」と誓った(20)。

ヨーロッパでも、日本の盟邦の意気はあがらず、この年の二月、日本軍のガダルカナルからの撤退と相前後して、ドイツ軍の精鋭はスターリングラードで壊滅していた。またイタリアは、九月には連合国の軍門に降り、日独伊三国同盟を離脱した。その二ヶ月後に東京で開催されることになる大東亜会議であったから、重光ならずとも、アジアからの参加国の代表にも、枢軸国側の敗北は、十分に予見されていたろう。とすれば、理想主義的な戦争目的の宣言は、単に敗戦後の日本に都合がいいだけでなく、彼等自身にとっても、同程度か、あるいはそれ以上に好都合であった。戦後必ずや復帰してくるだろう旧植民地国家に対して、それは反植民地主義の思想的武器として機能するだろうから。連合国の反撃が日に日に熾烈さを加えてゆくとき、日本軍占領下の旧植民地は、次々と独立を与えられた。八月にはビルマがイギリスからの独立を宣し、日本と同盟条約を調印した。一〇月中旬には、フィリピンにも同様のことがおこった。同じころチャンドラ・ボースは昭南島と名を変えていたシンガポールで、自由印度仮政府を樹立した。そして一〇月二三日、先にふれたような手続を踏んで、政府大本営連絡会議にかけられた「大東亜共同宣言」の原案が承認された。

こうして一一月五日、大東亜会議は東京の日比谷公会堂で開会した。参加国とその代表は次の如くであった。日本、東条英機首相。中国、汪兆銘（精衛）行政院院長。タイ、ピブン・ソンクラム総理大臣名代、ワンワイタヤコーン殿下。満州国、張景恵総理大臣。フィリピン、ホセ・P・ラウレル大統領。ビルマ、バー・モウ総理大臣。翌六日には「大東亜共同宣言」が採択されたが、これに署名したのも、これらの代表だった。自由印度代表のチャンドラ・ボースも会議には出席していた。共同宣言は、前文と五項目からなる簡潔なものであった。前文では相互援助、共存共栄という、もちつもたれつの友好的な関係が「世界平和確立ノ根本要義ナリ」と強調された。この原理に反して、米英が「侵略搾取」し大東亜を「隷属化」しようとしたことが、戦争の原因であった。この米英の支配抑圧から大東亜を解放し、自存自衛の大東亜を建設し、世界平和に貢献しようとする。そのための綱領には次の如くあった。まず第一に、「道義ニ基ク共存共栄ノ秩序ノ建設」、第二に「相互ニ自主独立ヲ尊重」する、第三に「相互ニ伝統ヲ尊重シ各民族ノ創造性ヲ伸暢シ、大東亜ノ文化ヲ昂揚ス」、第四に「互恵」「提携」による「経済発展」、第五に「万邦」と交流を深め、「人種差別」を廃し、「資源ヲ開放シ」て「世界ノ進運」に寄与する(21)。

これを米英など連合国側の戦争目的と比較してみるとどうなるか。類似した文書として、一九四一年八月一四日の大西洋憲章をあげることができる。日本が真珠湾攻撃をする五ヶ月近く前に、バミューダ沖で、アメリカの大統領ローズベルトと、イギリスの首相チャーチルが合意したこの戦争目的の表現は、主としてヨーロッパにおけるヒトラーの侵略戦争に対処するためのものであった。東南アジアを含む大東亜の戦後秩序を考えるに当って、重光葵等が最も意識したのは、この文書であった(22)。戦争目的の提示、戦後処理への理念の表現として、これを超えるものでなければならない。そして「超える」ということはさして難しいことではなかった。というのは、アメリカは別としても、イギリスなど植民地国家は、いまだ植民地拋棄の気持はなく、それどころか植民地の回復をこそ戦争目的としていたからである。これに対して、日本は植民地の解放を唱えつづけてきたし、敗戦がすでに日程にのぼっていると状況認識できるものにとっては、解放を再確認することは、いっそう容易なことであった。なぜか。解放＝独立という「公約」に対する責任は、敗戦という政変のなかで霧散してしまうからである。そしてひとたび「独立」をかちえたものに対して「責任」を問われるのは、かえって旧宗主国であるイギリス、オランダ、フランスなどとなるはずであった。とすれば、戦争目的の内容は、いくらでも理想主義的でありえたわけである。

はじめから越えるべきものと考えられた大西洋憲章の全八章を要約して示せば次の通りであった。㈠領土の不拡大。㈡領土の変更は住民の意志による。㈢政治に関する民族自決権。㈣世界の通商と資源に対する機会均等。㈤労働条件・経済生活の改善、社会保障のための国際協力。㈥全人類の恐怖と欠乏からの解放。㈦公海航行の自由。㈧武力行使の放棄、全般的安全保障制度の確立、軍備縮小など。

ここに列挙された原則は、ヒトラーにより破壊されたベルサイユ体制を再建しようとしたものであった。いくぶんは、ローズベルトが国内政策として実施したニュー・ディールの理念が反映していたとはいえる。しかしこのときのローズベルトもチャーチルも、世界旧秩序の擁護者として、決してこれ以上のことをいえる立場にはなかった。実際米英側の勝利に終った第二次大戦後の戦後秩序の再建が、これらの原則の方向で行われたというのも、また事実には違いない。しかし、ここには明記できなかった、植民地と植民地国家の間の従属関係の保全、あるいは回復、継続こそが、大西洋憲章の限界性であった。

ひるがえってここでもう一度大東亜共同宣言の文言を読み返してみると、ここには今日の世界が追求している国際社会における理想主義的な原理さえ認められる。「大東亜各国ハ相互ニ自主独立ヲ尊重シ……相互ニ其ノ伝統ヲ尊重シ各民族ノ創造性ヲ伸暢シ……互恵ノ下緊密ニ提携シ其ノ経済発展ヲ図リ……人種的差別ヲ撤廃シ普ク文化ヲ交流シ進ンテ資源ヲ開放シ以テ世界ノ進運ニ貢献ス」と記されている。ここには、大西洋憲章にはその片鱗すら認められない、いくつかの先進的な概念が示されていたのである。ここには開発理論のなかで、最近とみに注目されている内発的発展理論に通じる価値観を読みとることもできる。「伝統」に対する姿勢、「民族ノ創造性」への評価である。西洋文明の絶対的優越性を信じ、文明一元論的発想でしか、いわゆる後発国の問題の解決を探そうとはしなかった欧米の植民地国家の姿勢とは根本的な差違がある。そして「資源」に対する考え方には、今日の国際公共財への発想の萌芽とでもいうべきものを認めることも可能であり、これは、一九七四年、発展途上国の主導のもとに、国連で成立したＮＩＥＯ（新国際経済秩序）の思想にこそ近いともいえよう。

こうみてくると、敗戦を予見した日本は、かえって戦後の世界秩序の形成に理想主義的にかかわる道を発見し、その道を選択したとすることができる。そこで「敗戦国の方がかえって戦後秩序のための原則を提示しやすい」という命題を立てるとすると、われわれはここに、少なくとももう一つの歴史的事例を示すことができる。それは第一次大戦中おこったロシア革命の進行過程で、レーニンのとった態度である。「平和とパン」をスローガンに、戦争に倦み疲れた民衆の支持をえたレーニンは、ドイツと即刻休戦することとし、旧ロシア帝国の多大な領土の犠牲において、その目的を達した。革命ロシアは、ドイツ帝国に降伏したのである。しかしこのとき、レーニンは戦後の世界のために「民族自決」の原則を示した。もともと第一次大戦の戦争原因の一つは、多民族国家のなかの少数民族、そしてまた国境をはさんで複数に分割された民族の問題であった。また革命ロシアがドイツに割譲した領土は、フィンランド、エストニア、ラトビア、リトワニア、ポーランド、ウクライナなど、異民族の「国土」であった。「民族自決」の原則は、こうして戦争原因を除去すると共に、ドイツ帝国から、これらの領土を保有しつづける根拠を奪うものであった。そのうえ、レーニンの理論によれば、民族主義的な欲求がまず満たされなければ、共産主義革命の起爆力となるべき階級意識を醸成することができないのであった。

こうしてロシア革命の利益にかなうよう発想された「民族自決」の原理ではあったが、それは結局、戦後処理の一大原則となった。一九一八年一月八日、アメリカの大統領ウッドロー・ウィルソンは、戦後処理のための一四ヶ条のなかに、この原則を大書していたのである(23)。つまり革命達成を第一義的な目的として戦略的な降伏をした革命ロシアは、その際、今日にまでつづく世界の国際秩序の主要原則を提示するのを忘れなかった。そして一九四三年一一月の日本は、敗戦を予期しつつ、今日の世界ではじめて意義が確然とするような、価値観、世界観を世界に向けて宣言した。それは、しばし国際政治場裡ではアクターとしての役割を剝奪されてしまうものが残していった、戦勝国への置土産であった。戦後処理をまかされるものには、いかにも扱いづらいものとなるはずであった。

こうして、単に侵略戦争と性格づけられてしまうかもしれなかった「大東亜戦争」は、未完の目標として「解放」を戦後の世界システムの責任者に託すことになった。そして、一九七〇年代以降、世界の経済活動に決定的な影響力を行使しうるようになった日本自身に、その責任の一端が、すでに廻ってきていることは明らかである。「自主独立」、内発的発展への協力、「互恵」的な関係による「経済発展」等を共同宣言として主導した日本としては、国家が「国体護持」の名において、戦前から戦後に連続しつづけている以上、未完の目標を達成すべき責任をも継承してきているとはいえまいか。国家が連続している限り、そしてまたその連続性を根拠として戦後日本の繁栄を享受してきた日本国民としては、この事実を自覚する必要があるのではなかろうか。しかし、今日の国民にはそのような意識があるようには思われない。それはなぜであろうか。

一つの答は、戦後における、戦争の位置付けの仕方にあると思われる。日中戦争から大東亜戦争にいたる大戦争のすべてを侵略戦争として切り捨ててしまったことのうちにある。こうして切り捨ててしまったことにより、そして日本国家を非連続的に考えることにより、その「侵略」の責任すらも、今日の日本の責任とは考えない態度ができあがってきてしまった。「侵略」の事実に責任を負わない態度は、「解放」への約束についても責任を負わない姿勢を生んできた。こうして、戦前から戦後へと、日本における国家の事実は連続し、アメリカのリーダーシップのもとで、その国家による日本の経済的繁栄がもたらされたにもかかわらず、国家の負う責任に、国民は無関心でいつづけるのである。これは戦後の民主主義の一大陥穽であろう。国家の意志決定に参加し、その行動に責任を負うべく位置づけられていながら、その国民は、あたかも「革命」を通過したかのように、戦前の行為には責任をとろうとせず、ひたすら「平和」を唱うのである。これはすべて、あの戦争を、ただ侵略戦争とだけ位置づけ、そしてその責任を軍部独裁、あるいは日本の資本の責任としてきたためであろう。そして結果として「平和」を願いながら、第三世界での平和の条件である「正義」の確立に冷淡でありつづけている今日の日本人にとって、この袋小路からの脱出口は、どこにみいだすことができるか。

その突破口の一つは、明らかに、「大東亜戦争」の両義性を再確認するところにあるだろう。ともかく、第一級の知識人までも巻き込んだ戦争である。現実の政治がどれほど偽善的であり、戦場や占領地で、軍人や軍属、あるいは官僚、商人、農民まで、どれほど非人道的で残虐であったろうと、その事実をもって、理念の領域における崇高さまで、一緒に廃棄処分にすることはなかったのである。それをまるで、日本近代の汚濁の凝結のように、全面的に排除してしまったために、あえてそれにこだわった者の独占物とすることになってしまった。位置付けをあやまたなければ、戦後の日本に独自の価値と行動の方向性を与えたはずの、戦前の国民的体験は、こうして一部戦後右翼の思想的拠り所に堕してしまった。

「大東亜戦争」の侵略と解放の両義性を、はっきりと腑分けし、そこから抽出できる、今日いっそう有効な文明観を、日本人民の歴史的遺産として位置づけるとき、われわれは、はじめて侵略の事実による異民族の犠牲者のみならず、自国民の犠牲者に対しても、歴史の継承者としての責任を果たす方向に向けて行動をおこすことができるようになるだろう。

3　「大東亜戦争」の両義性

こうしてみてくると、「大東亜戦争」のもっていた侵略と解放の両義性の今日にもつ意義の重要性は、いよいよ明らかである。そしてなぜ解放という方向にだけ展開することができなかったのかといえば、その責任は政策決定者自身にあったのである。対米英宣戦布告に先き立つこと三ヶ月という一九四一年九月、来るべき東南アジアでの戦争において、食糧などは現地自給と決定されていたからである。それが「八紘一宇」という「徳治主義」を旗印とした「聖戦」を支える物質的条件であった。勝ち戦ですら、占領地の民心を収攬するのは容易なことではない。まして、現地調達がいっそうはげしくなり、原地人の生活を脅かす敗け戦となれば。

この決定にかかわった政府の要人、そして占領地の軍人には、この明白なる矛盾はよくわかっていたはずである。それを知らず、「聖戦」の美名のもと、「大東亜戦争」の理想を鼓吹された日本本土の、どちらかといえば純粋無垢な少年達は、この戦争の数年の間にも「軍国少年」の誇りに燃えて成長し、遂には神風特攻隊員として、喜んで死を択ぶまでになった。歴たる知識人のうちにも、理念に酔って、現実批判を忘れるものが多々あった。

一九世紀のはじめ、佐藤信淵は、徳治主義で日本の安全保障をえようと考えた。東北アジアの人民の心を日本になびかせるために、彼等が欲する日本の米を無償で分配してやるというものであった。二〇世紀中葉の日本は、口に徳治をうたいながら、はじめから収奪を公認する最高意思決定をしてから、対外戦争を一挙に拡大したのであった。「解放」の戦争は、政府レベルでは、はじめから、いつからでも「侵略」の戦争に転化するような制度化を背景にしていたのである。

歴史から教訓を学ぼうとするのは、いつの時代でも人間の常である。ことに「大東亜戦争」の場合、あれほどの破壊と殺戮をし、自国民にも多大の犠牲を強いたのだから、その「コスト」との関係から、より大きな意義を学びとりたくなるのは人情である。しかもこの戦争には、侵略と解放の両義性があったとなれば、その教訓も多種多様となる。

たとえば、「一五年戦争」という呼称にしても、歴史のとらえかたと深くかかわっている。この呼称を最初に使ったのは鶴見俊輔であった。それは「太平洋戦争」という呼称では落ちこぼれてしまう歴史の局面への配慮から生まれたものであった。もともと「太平洋戦争」という呼称は、開戦時、日本帝国海軍は使用していた。その後政府が採用した「大東亜戦争」が公式名となった。敗戦後は東京極東軍事法廷で「太平洋戦争」という呼称が正式に採用された。しかしこれでは、日米戦争のみが回想されがちで、中国への侵略として開始された日本の戦争の意義が忘れ去られやすい。この欠点を是正するために、鶴見が思いついたのが「一五年戦争」であった。こうすれば満州事変以来の日本の戦争責任が銘記されうるのである(24)。

『太平洋戦争』(岩波書店、一九六八年)で、著者の家永三郎も、「一五年戦争」と呼ぶ歴史認識の重要性を指摘している。そしてこれは今日までに、かなり一般化した呼称となっている。しかしちょうど一五年あったわけではない。満州事変の発端となった柳条湖事件の一九三一年九月一八日から、終戦の詔書の一九四五年八月一四日までを厳密に数えれば、一三年と一〇ヶ月余にしかならない。丸一年以上もたりないのである。このことを指摘する研究者もある(25)。しかし、歴史から教訓を学びとろうという立場に立てば、「一五年戦争」という呼称には、それなりの有用性があったといえる。日本はアメリカとだけ戦って、アメリカにだけ負けたわけではない。アメリカに負けるより先に、中国にすでに負けていたのだとする「事実」認識を強く求めてくる。「原爆」と「ソビエトの参戦」だけで日本の直接的敗因を考える、一九五〇年代の一般的傾向には、たしかに教訓的でありえた。

しかしその後、あの戦争における、日本の侵略の事実のみが、あまりに強調された結果、歴史認識に一種の揺れもどし的な調整がおこった。それはベトナムにおけるアメリカの戦争への批判と連動して発生していた。日本軍の支配が終った後、民族自決ではなく、植民地支配の再確立を求めたフランスの失敗の後を受けて開始されたアメリカの介入であったために、それはどちらかといえば、アメリカ帝国主義と同一視されがちであった。その結果、この地域におけるかつての日本の戦争が、反植民地主義の戦争、民族解放の戦争として想起されるようになった。このような事情のなかで、歴史解釈において、重点の置き所を変更し、それをわざわざ公言する研究者も現れた。侵略と共にあった「解放」の側面に、新たに重要性を感じた信夫清三郎は、一九八三年八月の敗戦記念日を前にして、雑誌『世界』に寄稿した論文で、その事情を明らかにした。戦後一貫して用いてきた「太平洋戦争」という呼称では、あの戦争の両義性がはっきりしないので、「大東亜戦争」とあえて呼ぶことにするというものであった(26)。

イギリスの歴史家E・H・カーは、かつて「歴史とは現代と過去の対話である」といった。「現代」とは同時代に真剣にかかわる歴史家であり、「過去」とは、たった一度の出来事としての歴史上の事実である。「一五年戦争」といい「大東亜戦争」という呼称の新たな採用といい、これらはすべて、カーのいう歴史家の役割の直接的結果とみていいだろう。かつておこった事実には、何も変化はおこらない。時代の変化と共に、その事実から汲みとろうとする歴史の教訓への比重の置きかたに、変化がおこったのである。歴史の語り部としての現代の歴史家に、このような語り口の変化がおこったとしても、一過性の出来事としての歴史の事実の断片は、同時代を生きた一般人民の体験と記憶のうちにもあった。それは、概して文書などとして記録されてはおらず、それらの人々の個体としての生命が断たれるとき、それらの人々と共に消えてゆく運命にあった。しかし、これらの人々のうちには、たしかに「解放」とか「八紘一宇」という価値や目標で、戦争に動員されていった人々がいたわけであり、それは、日本人に限られたわけでなく、日本軍が進駐していったアジアの各地にもいたわけである。この事実を跡づけておくことは、侵略の事実をはっきりと認識しておくべきことと、同じくらい大切だと思われる。真実の全体像とは、日なたの部分と影の部分の両域からなるものである。両域にわたる全体の正確な把握があって、はじめてバランスのとれた態度が形成される。暗黒面のみを強調する教育、また光にみちた局面のみの情報からは、将来を築く判断力はつちかわれない。

あの戦争においても、日本軍が進駐し、あるいは戦闘の後占領した地域における現地人の反応は一律ではなかった。「大東亜戦争」の理念を額面通りに受けとって、日本軍を「解放軍」として迎え入れた民族があるとともに、日本軍を侵略者として迎え撃った民族もあった。ビルマの場合は前者であり、フィリピンの場合は後者であった。ビルマの場合には、日本軍のやりようによっては、全面的な協力がえられるほど、「解放軍」としての日本軍への期待は大きかった。ビルマ人は、植民地主義のイギリス人の対極に位置するものとして日本人をみていたのである。ここに一人の証人がいる。それはウー・ヌーである。彼は一九四三年、日本占領下で誕生した「独立」ビルマ政府のバー・モウ内閣に外相として入閣していた。日本の敗戦後も、ビルマ民族の指導者として仰がれ、一九四八年以降、ほとんど連続的に首相を務めた。彼は、植民地解放の立役者としての日本の役割を高く評価した。このことは、一九六八年アメリカで出版されたバー・モウの自伝的著書に、はっきりと書き記されている[27]。

フィリピンの対応は、まさにこの対極にあった。その理由はまず第一に、戦争が始まったときフィリピンは、アメリカの指導のもとで、すでに独立への準備段階に移行していた。第二に、現代のフィリピンの代表的知識人レナート・コンスタンティノのいう、アメリカによるフィリピン人の「間違った教育《ミスエジュケイション》」の問題があった。彼によれば、アメリカの大学に学び、あるいはフィリピンでアメリカ流の教育を受けたフィリピンのエリート層は、自分達のことをアメリカ文明と同一視し、その反面、アジア一般を蔑視していた。日本はむろん、このアジア一般の一部として蔑視されていたのである。このような教育効果のなかにいたフィリピンの支配層と、アメリカ文明を蔑視していた日本の軍人との間が、しっくりゆくわけは始めからなかったのである(28)。

日本の軍人についていえば、スペイン統治時代以来、特に西欧的文化の色濃いマニラのような都市文化のなかで、特に農村出身の日本人兵士の場合、カルチャー・ショックは大きかったろう。このショックのフィードバックとして、われわれは日本軍の残虐行為を説明できる。一九三〇年代の日本の農村青年が、都市的なものにあこがれと反撥を感じていたことはすでに触れた通りである。この青年達が兵士となってアジアの諸国に送られたとき、彼等は自国のことを先進国と考えていた。つまりアジアの後進性に対しては先進性を、そしてアジアの文化を農村的文化とするなら、自国の文化を都市的と考えていた。そこにかつて彼等が日本において都市的なものへの反撥から抱いていた「蔑視」の裏返しがおこっていた。彼等は「都市的」な日本を代表するものとして、誇りをもってマニラに進駐した。ところがこの都市は、彼等の郷里の地方都市なぞより、ずっと都市的な都市であった。彼等の自尊心はぐらついた。それに追い打ちをかけるような、アメリカのミスエジュケイションの結果としてのフィリピン人支配層の態度である。日本の農民兵士は、これらフィリピン人の背後に、彼等の憎むべきアメリカ文明をみた。しかも彼等は「アメリカ人」ではない。フィリピン人はいわば、贋物としてのアメリカ人であった。そして、ときとして、贋物は本物よりも憎しみの対象となるのである。権力者としての日本軍人によるフィリピン人への暴力行使は、かくして頻繁におこった。

フォート・サンチャゴに投獄された者の無惨な運命、バタアンの死の行進など、日本軍の残虐行為は枚挙にいとまがない。軍事占領という場において、日本軍はフィリピンにおいて、その最悪の資質を露呈した。この事実を前にして、「大東亜戦争」のプラス効果を口にできるのは、よほどの楽天家でなければならないだろう。こう私は考えていた。それだけに、一九八〇年二月、マニラで行ったインタビューで聞くことのできたエピソードには新鮮な驚きがあった。ただ黒一色と思っていたフィリピン占領の歴史のなかに、いくらかの光の差す部分を発見し、そこから日本人の可能性への希望を回復する思いであった。

たとえば、フランコ・パトリアーカという著名な写真家兼商業美術家は、彼自身の戦中体験を次のように語った。

六歳のとき日米戦争が始まった。私の家族はルソン島の南部のナガ市に住んでいた。日本軍が進駐してきたとき、私の父は「園田」という大尉の司令官の乗用車の運転手としてやとわれた。父と共に家族一同、司令官の家に暮した。一九四四年、アメリカ軍が帰ってくる前から、フィリピン人ゲリラがナガ市を攻撃した。「園田」大尉はとらえられ、処刑された。日本軍が進駐してくる前、私はまだアメリカ人を見たことがなかった。外国人は日本軍がはじめてだった。日本人は概して親切だった。占領下で、日本語学校の生徒として学んだ。その日本語の先生は、タガログ語をしゃべっていた。とてもいい日本人だった。私は日本人による残虐行為をみたことがない。

こう語った彼は、日本人に対する「憎しみ」とか「敵意」とかいう感情は、フィリピン人が「国民的に体験」したものであり、彼自身として「自分自身で体験したものではない」と付け加えた(29)。

しかし一般的にいって、フィリピンとビルマの例は、日本が戦争目的にかかげた「解放」と「独立」に対して、両極的な評価と反撥がおこった場合である。日本政府は少なくともたてまえ上、両民族の「独立」を認めた。しかしたてまえとしての独立さえ許されない民族もあった。先に論じた東京における大東亜会議が日程にのぼりはじめた一九四三年五月末に決定されていた「大東亜政略指導大綱」は、ビルマ、フィリピンは「独立」させることになっていた。しかしマレー、スマトラ、ジャワ、ボルネオ、セレベスについては「帝国領土ト決定シ重要資源ノ供給地トシテ極力コレカ開発並ヒニ民心把握ニ努ム」といい、「当分軍政ヲ継続ス」とした。しかも「当分発表セス」と決定していたのである。これらイギリス、オランダの旧植民地に独立を与えることが決定され、ようよう伝達されたのは、広島と長崎が原爆で壊滅し、満州の国境を越えてソビエト軍が進攻しはじめてからのことであった。日本の降伏はもう時間の問題となっていた。これらの植民地の人民が、実質的に民族自決を達成し、独立を獲得するのは旧植民地国家からであり、戦後かなりの時間が経過してからのことである。

戦時下における日本のこのたてまえとほんねの乖離は、開戦直後の藤山愛一郎の感慨を思いおこさせる。当時藤山は日本商工会議所会頭であり、東京商工会議所会頭をも兼ねた実業界の重鎮であった。一九四二年のはじめには海軍当局の委嘱を受けて、藤原銀次郎、山崎巌等とともに、占領地軍政顧問に就任した(30)。この藤山は、日本軍の進攻の結果がオランダの植民地支配と同じものになるのなら、この戦争に意味はない、といっていた。藤山のこの危惧は、戦局の悪化と共に急速に現実化していった。ただその後、日本側に多少の変化がおこった。ジャワ、スマトラなどにおいて、軍政協力者からの批判と要請に対応して、政治に参与させる方針が示された。このときスカルノは民族的指導者として、また日本の軍政への協力者として、日本の新政策への感慨を表明した。「聖戦」への協力を要請する日本軍政当局のやらせとないまぜになっているとはいえ、植民地支配からなんとしてでも脱却しようとする、はげしい民族的欲望と感激を読みとるのは決してむずかしいことではない。スカルノは、「解放」は天皇の聖慮によるもので、神武天皇以来二六〇〇年の「八紘一宇の精神」に基づくものと信ずると前置きし、「我々は、ここに大日本帝国陸海軍に対し衷心より総力を捧げて協力し」勝利の日に向けて「邁進する」ものである、と結んだ(31)。しかしこのインドネシアからは、大東亜会議への参加はオブザーバーとしてさえ許されなかったのである。

国家の最高の意思決定機関が、インドネシア民族に「独立」を与えるつもりがなかったとき、「解放」とは、オランダの植民地支配を離れ、日本の天皇の「臣民」となることを意味するだけとなった。「八紘一宇」という自民族中心主義の世界秩序観でゆけば、この「解放」の方向性にも論理的矛盾はなかった。しかし現実的には、それはまさに植民地支配の手がオランダから日本に移った以外のなにものでもなかった。日本的なアプローチを評価するものと、オランダと同じ植民地支配として批判するものとは、当事者のインドネシア人のうちにもはっきりと識別された。ここに一人の少女がいる。彼女は「評価」派であり、彼女の祖母は「批判」派である。スマトラ中部出身のこの少女は、一〇歳前後のとき、親元を離れ、新設された寄宿制の日本語学校に入れられた。ここで体験したことが少女を感動させた。一人の女性の日本人教師がいたが、この日本人は、自分のためではなく、人のため世のために、社会のため民族のために勉学し、働くという価値観と姿勢を、身をもって教えてくれた。そのような感動を伝え聞いても、この少女の祖母は、終始、日本人のすることのすべてを疑惑の眼でみていた(32)。

研究者として、日本の東南アジア支配の意義を問いつづけてきた明石陽至は、占領地において日本が行った教育の結果を跡づけた。それは、精神的な側面で、支配者の意図とは違った軌跡をえがいた。たとえば、一度たりとも独立させる気のなかったマレーで、日本語をマレー人の共通語とするための教育が進められた。この教育は、天皇を中心とする日本独自の精神教育もともなっていた。それは本来天皇の「臣民」として天皇に信従するマレー人を育成するためであった。シンガポールとマラッカの興亜訓練所で学んだ青年達の間から、今日のシンガポールやマレーシアの国民的指導者が叢生した。彼等の言葉を総合すると次のようになる。独立独行とか自己犠牲といった日本人による教化は、日本側が現地人の民族主義を鼓舞することを意図的に自制したにもかかわらず、マレー人青年の政治的意識を高揚させる結果となった(33)。日本の軍政という枠組の中で、政治に参与させる目的で進められた教育から、結果的に独立国家の国民的指導者が用意されていったのである。教育とは本来そういうものなのかもしれない。「独立独行」とか「自己犠牲」という、いわば普遍的な価値を日本の国益という目的に向けて部分的に制限的に適用しようとしても、青年達は必然的に民族意識に目覚め、自民族のために行動する結果を生むのである。

もう一人の研究者後藤乾一は、同じ地域で民族解放運動にたずさわった一日本人、市来龍夫の感激と慷慨の生涯を跡づけている。一時はアジア主義者岩田愛之助に師事したことのある市来は、「大東亜戦争」を「スメライクサ」と観念し、全身全霊をもってインドネシアの「解放」のために働いた。しかし日本軍の態度と行動があまりに彼の観念した「聖戦」の姿とかけ離れていることに驚き、憤った。彼はジャカルタで発行されていた日本語新聞『うなばら』に、一九四二年の九月いっぱい、ほとんど連日、日本軍の粗暴なふるまいをいさめる警句を載せた。「間違つた優越感から原住民を殴るのは気狂ひ沙汰である」。「一寸《ちょっと》待て！　振り上げたその拳は自己の胸を衝け」。こう彼は書いた。「解放」が当然「民族の独立」を意味するものと信じていた市来は、インドネシア語の積極的活用にも熱意を示していた(34)。

これと比べるとき、中島健蔵の場合をどう理解したらいいだろう。中島は東京帝国大学の仏文の講師をしているとき、軍属として徴用された。宣撫工作員としてシンガポールに配置された。この地で発行されていた『陣中新聞』は、一九四二年四月二九日、天皇の誕生日に「日本語普及運動宣言」と題する論説を掲載した。この文章の起草者は中島だったという。日本はマレー、スマトラを領土として保有することになったという情報を土台にして、次のような論旨を展開した。新たに天皇の「赤子《せきし》」に加えられた」これら二地区の住民に大日本帝国の「国民たる資格」を完備させるためには、「日本語を学ばしめ、日本語を使はせなければならない」。そして大日本帝国の「有難き国体」を理解させることは、皇軍将士の「義務」である。日本語は「多種多様の人種」のマレー、スマトラの住民の間の「差異を消尽せし」めることができる。「新しき国民がたとへ片言交りにもせよ悉く日本語を語る日こそ、大東亜共栄圏確立の実があがつた日である」(35)。

これが軍属としての中島の文章であるとすれば、彼自身戦後執筆出版した回想録のなかの記述は、なにを意味するのか。軍属徴用時代のことについては、——ただ、軍刀を帯びて、占領直後のシンガポールに送られた。この地で、毎日、なにをするというのでなく、ぶらぶらしていたとだけ書き残している(36)。大それた文化帝国主義のマニフェストを起草したのが本当とすれば、これはまたなんという責任回避の回想録であったことか。

中島の文化帝国主義と鋭いコントラストをなす人物として、さらに何人か例をあげることができる。そのうちの一人は、中島同様インテリ階層に属する望月重元である。偶然にも、中島同様、望月も松本高等学校の文科で学んだ後、東京帝国大学に進学した。望月は支那哲学科で学び、卒業とともに同大学院に進んだが、皇道思想にひかれ中退した。一九三九年召集され、陸軍予備士官学校に進んだ。ここを首席で卒業し、一九四二年一月、陸軍中尉としてマニラ入城軍に加わっていた。彼はこの地で、彼の信ずる皇道思想による教育活動をする。それは、優秀なフィリピン人青年を集め、全人間的教育をしようというものであった。それは彼の卒業論文のテーマであった陽明学の知行合一思想による、全寮制晴耕雨読の農民道場のようなものであった。

望月のことを研究した鈴木静夫等によると、望月の理解では「皇道思想は、万民に対する愛の思想であり、決して侵略の思想ではなかった」。彼は「皇道思想とは平和思想」のことだと信じていた。そこで、彼がフィリピン人に強く訴えた「愛国心と民族主義」は、ほとんど反軍思想にさえなりうるものだった。彼は「被圧迫民族が正当な権利を主張する機会」を重視し、これをフィリピン人生徒に伝えようとした。「フィリピンを愛せよ」という彼の言葉に生徒達は強い印象を受けた。一人の生徒は卒業式の日の挨拶で、フィリピン人としての誇りと愛国心を述べた。「フィリピン独立後、もし再び日本軍が攻めてくれれば、われわれは武器をもって戦わねばならない」。このとき日本海軍の軍人も列席していたが、この生徒は望月の教育の正しさを信じていたから、ひるんだりはしなかった(37)。

中島に対するもう一つのコントラストを、妹尾隆彦という、高等教育とは縁遠い一兵卒にみることができる。妹尾は戦後『カチン族の首かご』と題する自伝的記録を書いた。この記録を読んだ鶴見俊輔の語るところによると、妹尾はビルマの奥地のカチン族に気に入られて、ついに王様に選挙されてしまう。進攻してくる日本軍をみて逃げ出したイギリス人には見捨てられ、国境を越えて侵入してくる重慶政府の中国軍にはいじめられ、途方にくれていたカチン族は、その首長会議でこの一日本人兵士を自分達の指導者に迎えることに決したのである。鶴見によると、これは「アジアの諸民族の側から自発的に出された大東亜共栄圏の理念」だった。司令官の命令でカチン族の共同体から引きあげねばならぬことになったとき、妹尾はカチン族に残留してほしいと懇願された。彼自身も戦争に加担するよりも、カチン族の王様として、ここに平和な理想郷をつくった方が、どれほど生きがいある人生かと考え、ほとんど国籍離脱を決すところまでいったという。このとき、この日本の一青年は、大東亜共栄圏の理念を、とことんつきつめたところに立っていた(38)。つまり本来大東亜共栄圏とは、近代国民国家の重要な属性の一つとしての、国籍というものの法的な拘束性を無視し、あるいは排除する方向性を、思想として宿していたのである。そこで次にこのことを考えてみたい。そしてこの考察は、われわれに、戦前から戦中、そして戦後へと、一つの思想が連続して展開してゆくさまを明らかにするだろう。

4　脱国家的思想の戦前と戦後

ビルマの奥地のカチン族と生涯を共にしようとしたとき、あの日本人青年の心をとらえたものは、生生とした人間らしい、しかし外圧には弱い共同体の姿であった。その共同体を守り育てるために身も心も捧げることが、彼の思いえがいた「大東亜共栄圏」の具体化への確かな一歩であった。近代化し都市化して、自分達の生活圏の伝統が侵食され、崩壊しはじめていた大正の日本で、解決の糸口すら見いだせずに苦悶したあのころの青年の心情に通うものが、ここにはあった。資本主義社会の構造的な横暴さのもとで、社会の共同体的な再構築は、ままならぬものがあった。しかしここには、まだ救済可能な状態で共同体が実在していた。この青年兵士にとって、「大東亜共栄圏」とは、自然村的なレベルでの人間の生活の保全を意味していた。それはすぐれて非国家的な共同体の理念であった。戦争目的として設定された段階では、「大東亜共栄圏」は、日本という近代国家の国家権力の行使なしに達成されるはずのものではなかった。しかし、この権力の末端には、それをこのように非国家的な共同体の理念として実践活動に入ろうとしたものがいたわけである。もともと文筆活動には縁遠い普通の生活者であったこのような青年であったから、似たようなケースを記録のうえで探すのはむずかしい。実際、彼のように「行動」にまで至ろうとした人物は少なかったろう。しかし「大東亜共栄圏」という言葉に、どことなく心の琴線に触れるものを感じた人は、案外多かったのではないか。それは老荘の思想に通じる、一種没国家的な、いわば東洋的アナキズムとでもいうべき価値指向性であったといえよう。「反近代」「古典回帰」「共同体志向」という特徴でとらえることのできる思想状況は、開戦前後には、『中央公論』や『文学界』という高踏ジャーナリズムにおいては、いわゆる「近代の超克論」として現れていた。日本の近代とは、すなわち西洋化であり、近代化の悪しき諸相は、特にアメリカ化として認識できるという立場からの近代超克論者の主張は、そのまま「反アメリカニズム」でもあった。この限りにおいて、彼等は「大東亜戦争」にアメリカニズムからの脱却という積極的意義をみいだしていたのである(39)。

カチン族の村に骨をうずめてもよい、と一度は考えたあの青年は、このような近代超克論者と同じ思想の脈絡のなかにいたといえる。この青年の場合、戦後復興期の日本の日常生活のなかに、戦中期の情熱は吸収され、理念は解消してしまったのかもしれない。しかし日本の伝統のなかに、ある普遍をみ、それを通じて現状打破を試みた思想家、行動家のうちには、戦前から戦中へ、そして戦後へと、己の思想の一貫性を守りつづけたものもある。一人の典型は、下中彌三郎である。彼の生涯をみるとき、一九二〇年代を農民自治運動の時代、三〇年代を大アジア主義という地域主義の時代、四〇年代を地球主義への過渡期、五〇年代を世界連邦主義の時代とすることができる。この点は、第四章でいくぶん触れるところがあった。しかし今ここであらためてこのような思想の展開を、簡単に跡づけてみよう。

下中は小学校すら中退という逆境から身をおこし、平凡社を興した人物である。一九二〇年代には農民自治運動を展開した。下中がみいだした最大の理論家は権藤成卿であった(40)。権藤も近代日本の高等教育とは縁がなかった。代々儒者として藩主に仕えた家の学問を遺産とし、ここから独自の政治理論を発展させ、『自治民範』を著し、一九二四年下中がこれを出版した。

満州事変後、下中等は農民自治運動を打ち切ったが、それにつぎ込まれていた情熱は、下中の場合、一九三三年創立の大亜細亜協会の活動に向けられた。この事情も先に論じた。このころの下中の立論の一特徴を、正義ある国際秩序の条件としての資源平衡論にみることができる(41)。この政策化は、大東亜共同宣言の掲げた一目標のうちにもあった。この場合をも含めて、下中の目差した社会変革には、いつも普遍主義的な基底があり、ついぞ偏狭な日本主義そのものであったためしがない。発想の源泉が日本の文化のうちにある場合でも、日本文化の中の普遍的素質とでもいうべきものからの出発であった。外的、国際的条件の変化とともに、人類に共通な価値として展開しうるはずであった。たとえば、政府の掲げた「大東亜共栄圏」政策に、共鳴したようにみえたとき、下中は、これを地球主義《グローバリズム》に移行する一過程としての地域主義《リージョナリズム》として評価していたわけである。それは閉鎖的な地域主義ではなく、普遍の価値と原理で、他の地域主義と連繫することが期待されていた。それは全体に対する部分として位置づけられていた。そしてこの部分としての地域は、国民国家日本であるよりも、更にそれより小さな、身近な地域であった。それは自然村的な地域を一つの原型とする地域観であった。ここにおいて権藤成卿の自治農村観と一致するものがある。

敗戦は近代国民国家としての日本の中央集権的諸傾向に一大痛撃を与えた。国家的な拘束力は、いちじるしく希薄になった。普遍主義は部分的適用の苦難の時代は終り、地球的適用をうたうことのできる良き時代が到来したのである。疎開先の山梨県で敗戦を迎えた下中は、いち早く戦後日本の指針を示した。それは「郷村自治」、「人種混合」、「世界連邦」というものであった(42)。

これは、世界秩序を、国民国家を出発点とするよりも、地方の自治体から再編しようというものであった。それはいわば国民国家の有用性への懐疑からおこった思想であった。国家利益を追求した果ての、国民を全滅させかねなかった大戦争への反省から、新たにその意義が評価された地方主義の発想であった。具体的にいうと、戦前の農民自治という地方主義から戦中の「大東亜共栄圏」という普遍主義の部分的適用に向っていた下中の思想は、戦後は、世界連邦運動へと展開していくのである(43)。このように戦前からの思想の脈絡のなかで、戦後の平和運動の意味をとらえるということは、日本近代史への一つの有効な接近法となるはずである。

第六章　国家の連続性と占領協力

1　共産主義革命を回避するために

ティアール・ド・シャルダンの名を聞いて誰だとわかる人は、日本ではおそらく、古生物学者、あるいは人類学者としての彼のことを思うだろう。今手元にある、一九七一年に出版された山崎庸一郎著の『ティアール・ド・シャルダン』（講談社現代新書）の年表によると、一九四〇年六月、フランスがヒトラーのドイツに降伏したときも、彼は北京にいて考古学の研究に当っていた。

その彼は、パリ陥落の日、パリの主要新聞の『フィガロ』に手紙を送っていた。それは第三共和国が倒れ、ラバールを首班とする新政権が生まれ、ヒトラーとの間に休戦協定が成立しようとしていたときのことであった。これで「革命は避けられるのだろうか」、「あれほどの衝撃を体験した後では、もうなんでも可能なのだ」(1)と彼は書いている。第一次大戦後毎日同じことだけをしつづけてきたフランスとくらべるとき、ドイツが勝利したのは当然のことだとも書いた(2)。

カトリック教会のイエズス会士として、彼の進化論的世界観は、必ずしも教会によって許容されていたわけではない。しかしカトリックの司祭として彼は、混乱よりも秩序を、革命よりも平穏な変革を選ぶ、当時のフランスの保守的な世論を代表していたといえるかもしれない。

フランスの敗北とドイツによる部分占領の開始にあたってフランスの一知識人がこのような反応を示したということは、われわれに、敗戦前後における日本の一部指導者層の人々の意見と態度を思いおこさせる。

その一人は近衛文麿である。一九三八年、国家総動員法を成立させ、二年後には、いわゆる復古＝革新の諸会派の要となって大政翼賛会を発足させた(3)この五摂家筆頭のインテリ貴族は、敗戦の色濃くなった一九四五年の初夏には、なによりも天皇家の安泰を願い、共産主義革命を恐れて、石原莞爾をたよって、戦争を終結させようとしていたのである(4)。その頃近衛は、避暑というよりも空襲の災害を避けて、軽井沢に移り住んでいた。政界、財界を問わず、多くの名士、すくなくともその家族は、帝都から疎開してこの地に生活していた。その中には、知米派の良識ある評論家として、橋川文三にも高く評価された清沢洌もいた。彼は一九四五年五月急逝しているが、近衛と親しい関係にあった。清沢はこの二年ほど前から、日記に、軽井沢の別荘族が独占的に使用してきたゴルフ場の緑の芝生をみて、近隣の農民が、畔道までも利用して食糧の増産をはかっているときに、なんたる非国民ぶりといっているのを聞き咎め、このままゆけば、共産主義革命になってしまうかも知れぬ(5)と書き残している。明治の一〇年代、「下流民権」の時代をリードした信州松本の奨匡社の松沢求策の出身地の近くに生まれ、キリスト信徒井口喜源治の研成義塾に学んだことのある、この農民の子は、いわば日本帝国主義の国内の

「植民地」軽井沢の住人となると、同じ農民の不平不満に、革命を恐れるものとして対応しているわけである。復古＝革新の限界性であるとともに、大政翼賛という名の国体護持への彼等のコミットメントがその重要性を増していったゆえんである。

清沢自身は敗戦そのものは見ないで逝ってしまったので、彼の態度がどう動いていったかを追求することはできないが、一般的にはこの共産主義革命への恐怖が、占領協力を生みだしてくるのだということを、ここまでの一つの仮説とすることはできよう。それはもちろん、戦勝国が反共産主義国であることを前提にしてのことである。敗戦の日、そしてその直後の数日間の東京の主要新聞をみただけでも、このことは、かなりはっきりと跡付けられるようにみえる。八月一五日付けの各紙のトップには、前日中に内閣情報局から伝達されていた終戦の詔勅が載っていた。（配達は正午の天皇のラジオ放送の後と指定されていた。）それには「国体ヲ護持シ得テ」の語句が重々しい響をはなっていたのである。八月一九日の『朝日新聞』には外電の伝えるところとして、米国大統領トルーマンの意向としては、日本を分割統治する意図がないことが報じられている。アメリカ主導の一括占領統治ということであれば、それなりの占領協力がありうるはずである。それは対内的にはアメリカの要求する民主化を、天皇制護持のために進めることであり、対外的には極東における米ソの対立を利用して日本の国際的地位の回復をはかることであった。前者については、ポツダム宣言を受諾する過程で、日本側の質問に対する回答として、「最終的ノ日本国ノ政府ノ形態ハ『ポツダム』宣言ニ遵ヒ日本国国民ノ自由ニ表明スル意思ニヨリ決定セラルヘキモノトス」と通告されていたのであり、後者については、終戦直後の枢密院本会議かなにかの席で、たしか牧野信顕だったかが、このような意見を開陳しているはずである。

国体護持を最終目的として連合国に屈伏した日本国政府は、占領当局の脅しもあって民主化路線を進んでいった。対米英宣戦を布告した大日本帝国天皇は、戦争を終結に導いただけではなく、そのまま在位しつづけたのである。かくして、八月一五日革命説にもかかわらず、新憲法のもとで「国民統合の象徴」と呼称される天皇は、国体護持派にとってはなによりも戦前の日本から戦後の日本への連続の「象徴」としてあるのである。「国体護持派にとって」と書いたが、国家の連続の象徴という意味においては、今日大多数の日本人が共有する感覚ともいえるだろう。そして、われわれがはじめに設定した視点からいえば、占領協力の事実のゆえに、戦前の日本の社会は、おおかたそのまま継続して今日に至っているということになる。こうなってしまったうえは、革命的変革は占領協力者の打ち立てた体制が、新たな外的変動によって打ち倒されることを最重要な要因としてのみ可能となるのだろうか。

ともかく日本は、ヒトラーの自殺、ナチス政権の壊滅と共におこったドイツの敗戦＝占領とは、まるで性格の異なった体験をしたわけである。ドイツの場合、一九四八年まで、およそ三年間もドイツ人の政府はなく、米英ソ仏四ヶ国による分割直接占領統治のもとにおかれたのである(6)。この意味では日本の占領体験はドイツよりもむしろ、ビシー政権下のフランスにこそ類似しているといえるのである。

2　終戦内閣の外相重光葵の場合

次に占領協力がどのように展開していったかを跡付けてみたい。まず終戦内閣といわれた東久邇宮内閣の外務大臣兼大東亜大臣に就任した重光葵を中心に政府の対応を考えよう。

この内閣は、ポツダム宣言を受諾した鈴木貫太郎内閣が総辞職した後を受けて成立した。副総理格の無任所大臣として近衛文麿元首相をすえたこの内閣の陣容は、皇道派的な色彩もあり、「前年東条内閣を打倒しようとした勢力と同質」であった(7)。そしてそれは、その年の二月一四日、近衛が、吉田茂とともに起草して、天皇に、戦争の惨禍の中から革命のおこるのを期待している分子を退け国体を護持するために一刻も早く戦争を終結すべきであるとの主旨の上奏文を上呈して以来、「降伏＝国体護持」対「徹底抗戦＝共産主義革命」の対立が、当面はここに国体護持派の勝利に終ったことを意味していたともいわれる(8)。しかしそのいちじるしい特徴は、外相の重光にみることができるといえまいか。その意義は二点に集約できるだろう。まず彼は、この戦争にともかく一つの積極的な意味を認めていた。前章でみたように、一九四三年一一月六日の大東亜共同宣言は、彼がその原理原則の発想に大きく関与したといわれる草案に基づいていたが、そこには、民族文化の相互尊重とか、国際公共財的提案とかが折り込まれており、大西洋憲章よりも一歩進んでいて、かえって一九七〇年代の新国際経済秩序への思想を先取りしているかにみえるものであった。彼はこれを、日本の敗北を予見しつつ、戦勝国への置土産として用意したものと思われる(9)。第二に彼は日中の友好関係を外交の基本と考えていた。一九三二年四月、第一次上海事変収拾のために中国政府と交渉中、独立を求める朝鮮人に投弾され、その結果、右足を大腿部から失うことになったが、一九四二年には日本占領下の南京に成立していた汪精衛を首班とする、新「国民党」政府へ大使として派遣されていたのである。この汪政権こそまさに、占領協力政権であった。汪自身は、戦時中に名古屋帝大の病院で死んでしまったが、日本の敗戦とともに、蔣介石の国民党政府の漢奸裁判にかけられたとき、同志の一人周仏海は、日本軍の直接占領統治ならありえた苛酷さから、中国人民を守るのが自分等の目的であったと、申し開きをした。それこそ、占領協力の一つの大きな存在理由であったろう。この南京政権との交渉のうちから重光が学びとっていたものは多かったというべきだろう。

東久邇宮内閣が成立したのは敗戦四日目の八月一八日であったが、重光は外相兼大東亜相としてその日のうちに早速記者会見をしている。一九日付けの『朝日』の報ずるところによると、重光は「大東亜戦争の完遂を念願して」きたものとして「甚だ残念」だと前置きし、また「この戦争の意義果たして無益であつたかどうかについて深く広く論ずることはしばらく避けるとして」といいつつも、「東亜諸民族との関係に目覚め各民族との和親を基調とした民族主義的な考えが確立してきてゐることは大きな結果であると思はれる」とした。そして、敗戦の事実を直視し、甘い考えを捨て、ポツダム宣言は男らしく履行すべし。敗戦の代償は大きいが、世界中の国と友好を結びつつ新国家の建設ができれば、あながち無駄とはいえないとした。

また降伏文書調印を九月二日にひかえた、八月二八日の記者会見記録によると、重光はポツダム宣言受諾の意味を、明治維新と比較し、維新も「実質的ニ無条件降伏テアッタ」といい、「堅忍不抜、奮励努力」して民族の運命を切り開いた祖先に劣るようなことではならない、「昭和維新ヲ作ル意気テ」進もうではないか、といった。そして明治日本の遺産のうち欠点は、「政治ノ根本ト云フモノヲ二元化シテハナラナイ」のにこれを二元化してしまったこと、中国人を「チヤンコロ」呼ばわりした根性の狭隘さなどにある。明治の長所の最大のものは不平等条約の撤廃に総力をあげ、それに成功したことであるとし、「無条件降伏シタ為ニ築地ニ外国ノ領土カアツタ」のに、これを「超エテ国ヲ興シタコトハヨク学ハネハナラヌ」といった。またポツダム宣言を「男ラシク全面的ニ進メ」る必要を強調し、デモクラシーの相手にこちらも「一君万民」というデモクラシーでゆけば、「国内モ明ルク」なるだろうと結んだ(10)。

かくして、重光のいう昭和維新の原点となるべき降伏文書調印の日はめぐってきた。天皇は、統帥部代表として参謀長の陸軍大将梅津美治郎を、政府代表として外務大臣重光葵を、全権としてミズリー号に送った。梅津はこの役割りを屈辱的なものと感じ、一時は自殺をさえ考えていた。重光自身も回想しているように、全権の人選には苦労したのである。最後の一兵まで神国を死守するかにみえていた日本人のその本土に上陸してくる占領軍に「日本側の誠意」を納得させる必要があったという(11)。つまり占領協力もその目的達成のため止むをえないと感じていたろう。まして、彼には新日本建設という目標がみえていた。それは明治維新に比肩されるべき昭和維新として認識されていたのだ。彼もまた、老いたりとはいえ、明治の志士を擬して行動するなら、占領協力などと後ろめたい思いにかられることもなかったろう。「堅忍不抜」の目標達成に向けて「奮励努力」あるのみであった。

それはまさに第二の開国であった。調印式場ミズリー号砲塔の側壁には、第一の開国をもたらしたペリー提督が使用していたという星条旗が、額に入れて飾ってあった。重光の「昭和維新」という歴史認識は、こうして、占領国側の歴史演出といみじくも符合していた。それは、ヒトラーが、第一次大戦の休戦協定調印のコンピエーヌの森を、ラバール政権との停戦協定調印の場に選んだこととあえて比較するまでもなく、歴史の中ではよくあった演出の類型といえるだろう。しかし、ペリー提督の星条旗の場合、劇的効果をことのほか好んだマッカーサーが直接関与していたとすれば、それはまたマッカーサーの占領政策の基本方針を象徴していたといえる。彼の意図したものも、革命ではなく、いわば「昭和維新」の如き変革であったから。たとえば、天皇の処遇について、アメリカ政府関係者にも、各種の意見があり、統一されてはいなかった。結局連合国軍最高司令官としてのマッカーサーの裁量にまかされることになってゆくのだが、そのマッカーサー自身は、天皇制を廃する気持はなく、過激な変革＝革命は避けつつ、軍閥解体を中心にした改革をとげようとしていた。国体護持、つまり国家の連続性のうえに、戦後の運命を開拓しようとしていた日本人は、当時過半数を占めていたろうから、このようなマッカーサーが、占領協力を取りつけるのは、重光のような政府の要人のみか、原理的には一般国民からも容易なことであったろう。

はたしてマッカーサーは、調印式の開始にあたって、このような姿勢の日本人に、期待を抱かせるに十分な挨拶をした。全権随員の一人横山一郎海軍少将の『回顧録』によれば、マッカーサーは、対立する思想、理念の優劣はすでに決せられた、われわれは戦勝国か敗戦国かをとわず人間として、よりすぐれた威厳に立ち至り、自由と寛容と正義を達成する世界の実現を望むものである、といった。そして、軍隊の解体を含む降伏条件が、完全、迅速、誠実に履行されるよう、われら諸国の正義と寛容の伝統において、連合国軍最高司令官としての責任を果たす決意である、と結んだ(12)。これは、アメリカの文明、ことに政治文化の優越性を認めるものにとっても、また戦前日本の諸悪の根源を軍閥の跳梁にみてきたものにとっても、希望の光をともすものであった。彼等は、そこに被占領国日本としての、せめてもの救いをみいだすことができた。これこそ戦後改革という名の占領協力への誘い水でなくてなんであったろう。

ところが、その日のうちに、翌日告示予定の連合国軍最高司令官総司令部布告第一、第二、第三号を内示された日本側の衝撃は大きかった。それは、直接軍政、軍事裁判、アメリカ軍票の使用の実施を告げるものであった(13)。すくなくとも結果からみれば、これはアメリカ側からの占領効果を急速にあげるための脅しであった。翌日マッカーサーと会見した重光外相は、日本政府の存続は日本軍の解体とは別の問題であるとの立場を堅持し、日本国家の主権を擁護しようとした。彼は総司令部が、日本政府の頭越しに、国民に直接号令することを事前に止めさせるために、占領協力の態度をはじめて公式に示したといえる。彼は、直接国民に命令するのではなく同じ主旨のことを最高司令官の命令として政府に対して発してくれないだろうかと提案している。「政府ハ誠実ニ是レヲ履行」するだろう、と申し入れた。これに対してマッカーサーは、日本国を破壊するつもりも日本国民を奴隷にするつもりも全くない。要は「政府及国民ノ出方一ッ」である、といい、結局重光の要請を入れ、日本政府への命令とすることにしようということになる。その後サザランド参謀長とさらに同件につき協議を進めた重光は、三布告はさしあたり実施せず、その内容が将来実行される場合も「先ッ日本政府ヲ通」して行なうという間接統治への確信をえたのであった(14)。

このとき重光の脳裡をかすめたものは、日本軍占領地域内で、できるかぎり間接統治化の実をあげようと苦闘した汪精衛政権のことではなかったろうか。汪を占領協力者として分析したアメリカの一研究者は、フランスの場合と比較し、ラバールの言葉を引用している。「もし吾輩の政策が成功すれば、フランス中の石材ではたりないくらい吾輩のために彫像が立つだろう。だがもし失敗すれば、吾輩は絞首刑にあうだろう」。汪についてはもとよりのこと、重光についても同様のことはいえたろう。しかし、重光に「栄光」は訪れなかった。降伏文書調印後、重光は早々と退任してしまったが、その後吉田茂を外相に迎えた東久邇宮内閣さえ、必ずしもスムースに占領協力の実があがったわけではない。すなわち閣僚中の山崎巌内相が、「シャツ姿」のマッカーサーと天皇が同列に並んだ、占領軍提供の写真を掲載した新聞を発禁処分にしたため、総司令部に忠告され、それに従うよりは「抗議」のための辞職をしようとしたやさき、一〇月四日、内閣は結局総辞職してしまったのである。

しかしその後、占領協力によって「国体を護持」するという重光の基本路線は、日本外務省の一つの伝統である「合理主義」によって保持されたといえよう。吉田は外相として、またその後は総理として、重光の敷いた路線に従って行動したといえよう。かくして明治維新の教訓に学んだ敗戦昭和維新は、かつての国策「富国強兵」を武装解除後の現実に合せ、いわば「平和富国」としたのであった。

3　敗戦責任論的な一億総懺悔論からの出発

敗戦宣言を突然受けて混乱したのは全国紙の地方本社であったらしい。八月一五日以降も、報道と国民の世論指導の責任はわれらにありとして、まるで敗戦という一大転換など、どこにも起っていなかったかのごとくに振舞い、その限りにおいて断絶よりも連続性においてこそ特徴づけられる東京本社版と比べて、地方本社版には混乱が表出しているのである。たとえば『毎日新聞』の西部本社（門司）版の第二面は一六日付け以降空白の日がつづく。東京本社からは、ポツダム宣言受諾の主旨に合わせて地方記事を載せよとの指示はあった。しかし編集長としてみれば、昨日まで総力戦の民心指導のために紙面づくりをしてきておきながら、そう簡単に一八〇度転換できるものではないとした。この人、高杉孝三郎は、東京本社に辞表を提出した。仲間も当然そのようにして、戦時中の言論指導の責任を取ってこそ、新聞の戦後の出発があると考えたのだった。しかし結果は彼一人のみの自主的辞職に終った。彼はまるで、「異端のごとく処分」されてしまったのである(15)。こうして、かつて戦時中の社史で、東亜新秩序建設に向けて民心をリードすることをもって、自社の責務と強く自覚した『毎日』（一九四一年末までは『東京日日新聞』と『大阪毎日新聞』）は、徹底した自己反省もないまま、戦後へ突入していった。

たとえば『毎日』（東京本社）の八月一五日付けの「過去を肝に銘じ前途を見よ」と題された社説は、「戦勝の鐘」が遂に日本のためには鳴らなかったことを悲しみつつ、「われわれ一億は在天の英霊に対し奉り、身の不肖を謝す」と書いた。そこには開戦――つまりそのために『毎日』が自ら国民の意思を先導したこと――への反省は皆無である。つまり戦争目的そのものを悪しとする認識はいまだ生まれてきてはいないのだ。「日本帝国が自衛のために剣を抜いた」戦だったのである。つまり対米戦争そのものへの反省は開戦責任としては完全に欠落していたわけである。「強大な日本への願望が素と国民に内在したものであつたか、それとも世界の事情、自然の力に因つたものである〔か〕は容易に断定し得ないと思ふ」として、戦争原因を日本人の意思に直接かかわるものとしてよりも、国際環境とかそれよりもさらにコントロールのきかない自然の勢のなかにみいだしたいようである。そして戦後日本の進むべき方向を「道義の基礎の上に真に強靱にして清浄な日本を建設する」のみとしていた。

すでに論じてきたように、「道義」とは戦時中の日本が好んでつかった言葉であった。近衛の「東亜新秩序」声明（一九三八年）も、「大東亜共栄圏」構想（一九四〇年）を支えた東亜協同体論の思想も、はたまた、「大東亜共同宣言」（一九四三年）も、みなこの「道義」を唱っていた。その指導にあたる東洋の盟主日本は、まさにかんながらの道をゆく、「清浄な日本」でなければならなかったのである。してみると、戦争目的そのものへの否定のない、戦後の出発は、手段としての戦争は、物理的に不可能となったとしても、目的そのものは別の手段で達成できると考えていたといえる。これはまるで逆さまのクラウゼウィッツであった。「戦争とは異なる手段をもってする政治の継続にほかならない」と彼は言ったが、敗戦の事実は、「戦争にかわるもう一つの手段としての外交、あるいは平和」を思いつかせたようである。そしてこの社説は「悲しみの中の大幸は皇室の御安泰である」と結んだ。日本国家の連続性は、このようにはっきりと認識されていた。この認識からすべてが構想されたというべきであろう。国家の事実が断絶していなければ、たとえ敗戦のような大事件を通過したにしても、国家理性もまた連続性においてこそ、その特徴を現すだろう。大東亜共栄圏を戦争によって確立しようとして失敗した日本が、間もなく別の手段で、それを達成しようとしたとしても不思議はないわけだ。結果的には経済的に、それは一九七〇年代までに達成されたといえるが、敗戦直後には経済力の行使などは望むべくもなかった。そこで、戦前・戦中から継承しえた「道義」などという形而上的な要因に焦点がしぼられたのだろう。戦争責任という自己認識があったとしても、その責任は、アメリカが使用した原子爆弾の破壊力で相殺されたはずであるといった紙面作りも行なわれた。たとえば八月一五日付けの『毎日』は第二面に大見出しで原爆攻撃の非人道性を訴えた。「史上空前の残虐〝原子爆弾〟吊革を握つたまゝ 一閃で全乗客黒焦 点々鉄兜の頭蓋骨」とか「正に自己破壊 英紙国際管理を主張」とかあった。同盟国イギリスにさえ批判されるアメリカの無謀さという感じも伝わってくる。

一方『朝日新聞』(東京本社)も八月二三日の社説では「自らを罰する弁」として、開戦責任なのか敗戦責任なのか不明瞭なままに戦争責任が論じられているが、「独り至尊をして社稷を憂へしむ」ことは「断じて許されない」といい、「一億国民の共に偕に負ふべき」ものとされ「人の和」の希薄さが指摘されている。これは、それから五日後、東久邇宮稔彦王が首相として記者会見したとき言った「一億総懺悔」論の先駆をなしたものとされる(16)。

これら全国紙の社説に今日読み取れるものは、「国体を護持」しえた国家と運命を共にしようとする姿勢であり、その国家の運命と、自社の運命とを同一視しているらしい基本的な姿勢である。国家が連続性を失うとき、彼等の新聞社も落城を迫られるだろう。いずれにしろ、先に触れた山崎内相の場合のように、言論＝表現の自由を統制する法規類が官憲によってあいかわらず適用されつづけていても、新聞人自身からは、なに一つ撤廃要求は出てこなかった。少なくとも活字となって残っているものはないという(17)。国体護持の論陣を張ることが優先した。やがてそれは、軍閥のみを悪者に仕立てる論旨となり、世論指導を、いわば軍部独裁という戦前日本が体験した一つの「占領体験」(18)において、「占領協力」といえばいいえないことのないやりようですごしてしまった自己批判は棚あげして、新たな「占領協力」へと言論活動を再構築することになった。戦前は「東洋の恒久平和の確立」という大義名分が、軍部独裁による「占領」への彼等の協力を容易にしていた。それは「平和」という普遍的価値を、たとえ東洋という部分で限定したとはいえ、掲げていたのである。敗戦後間もなく『朝日』は世界連邦運動を編集方針の中心にすえ、キャンペーンを展開する。その論客は、かつて大東亜協同体論で、部分的＝地域的連帯論のイデオローグであった笠信太郎であった(19)。彼のような言論人にとって普遍的価値へのコミットメントが本物であったのなら、敗戦によって部分的政策への追従から解放された彼等にとって、敗戦はまさに「天佑」(20)であったろう。

4　「天佑」と岩波茂雄

独裁体制というものは、一度確立すれば、内部から崩壊することはないといわれている。日本の軍部独裁も敗戦にともなう外部要因によって解体されたのであった。その前には、連合軍の攻撃のもとで自殺したヒトラーの例があった。敗戦を天佑とし天恵とする日本人は意外と多かったはずである。負けたからこそ軍閥は倒れたのであり、勝っていたならば、想像するだに恐ろしいような軍閥支配の日本が続いたろう。敗戦の恩恵はそれにとどまらなかった。農地解放をはじめ、大正デモクラシー以来、果たそうとして果たしえなかった改革は一気に達成されてしまったのである。平和と平等の社会が構築されはじめたのである。このような前進を、これほど明瞭に予見できなくても、軍閥崩壊の事実だけで、敗戦はほとんど天恵に値した。その後に建設されるべき新日本の見取図には、右から左まで、種々のニュアンスの差がありえた。それは今までかつてなかったものの創造である必要はほとんどなかった。戦時中の日本は、右はもちろんのこと、左さえも粛清することなく、総力戦を闘ってきていたのである。それは転向という形で、近衛の新体制運動、大政翼賛会に動員され、糾合されていった人々と思想が、全体主義的な枷から解き放たれさえすればよいのであった。そこには、転向マルキストであるがゆえに、資本主義国家としての日米両国を戦わせ、そこから共産主義革命のチャンスをつかもうとするものもあったろう。彼等にこそ敗戦は期待通りの展開であり、アメリカが反革命に転換してしまうまえに、目的を成就する必要があった。その日本は、開戦の詔書にもあるように「自存自衛」のために武器をとって立ちあがったのであった。新憲法が国会で審議されたとき、日本共産党は、自衛権まで放棄したかのような平和条項を批判して、唯一の反対政党となった。

ともかく、各種の政治的信念、文化的趣向が、民主主義、自由主義の復活強化のスローガンのもとで活発に表現されうることになった。社会の公器を自任していた大新聞の方が、この場合、国体護持との関係でより保守的になりがちだったようである。

その点、戦時中弾圧され廃刊に追い込まれていた『中央公論』や『改造』のような総合雑誌には、敗戦後の言論をリードすべき資格がより明白にそなわっていたと、一応はいえただろう。ところが中央公論社などにはさそいもかからなかった、近衛新体制運動のもと内閣情報部（後の情報局）と連絡しあいつつ生まれた日本出版文化協会に、岩波茂雄は結成準備委員の民間代表としてはじめから名を連らねていた。ここにも戦争に対する彼の二面性をみることができるといえようか。彼は前記の二大総合雑誌が復刊した一九四六年一月号と同時に、岩波書店にとってはじめての総合雑誌『世界』を新たに刊行して、最初から戦後の言論界に一石を投じようとしたのである。その執筆者には、『中央公論』にも共通な、戦時中は弾圧されていた清水幾太郎のような論客がいるかと思えば、戦時中にも執筆しつづけていた武者小路実篤のような作家もいた。

敗戦の報があったとき岩波茂雄は、疎開先の郷里の長野県諏訪の中洲村にいた。それから一週間たった八月二二日には、彼はこの地で出版活動について社員と協議している。彼は、「この敗戦をむしろ日本にとっての天恵と考えた」。「再び本来の出版に帰り、その正道をゆくことができるのを喜んで意気揚がっていた」(21)という。九月には、もう『思想』が八月号として復刊している。印刷は、東京の施設が空襲の被害を受けていたので、長野市の法令印刷で行なうこととし、この地に岩波書店の分室を置いた。ちょうど岩波茂雄が、新しい総合雑誌を発刊しようと考えはじめたとき、第一高等学校、東京帝大の学生時代以来の親友で、岩波書店にとっては重要な執筆者である安倍能成から、志賀直哉等三〇余人の同心会にも、似たようなアイディアがあることが告げられた。当事者安倍自身の記述するところによると、「戦争の末期頃、戦争をやめねばならぬといふ考から、当時の外相重光葵や重光側近の加瀬俊一が山本有三と語らひ、志賀直哉、和辻哲郎、田中耕太郎、谷川徹三」などに安倍も加わり、外相官邸などで数回にわたり密談をしたという。官邸のあった三年町の名をとって、三年会と呼ばれた。このグループから、「その後山本、加瀬を除いた其等の連中の外に、長与善郎、柳宗悦などを加へ」、柳の命名で「同心会」が誕生したのだという。岩波は、安倍に編集のいっさいをまかせることとし、かくして『世界』創刊号が一九四六年一月号として、その前年一二月の中旬に世に現れたのである。安倍が幣原喜重郎内閣の文部大臣に就任すると、大内兵衛が編集長となった。同心会の雑誌が別に『心』として創刊される一九四八年七月まで、同心会と『世界』の関係は継続していった(22)。岩波茂雄自身は、一九四五年九月一〇日最初の脳溢血にあっていたが、四六年四月に第三回目の出血で逝去した。

岩波茂雄は、戦後に立ち向う自らの覚悟を「『世界』の創刊に際して」と題する文章に表現している。「無条件降伏は開闢以来最大の国辱である」と前置きしてから、岩波は、日中戦争にも、日米戦争にもはじめから反対であったが、ただ真の勇気に欠けていたと自己批判をする。

「年来日華親善を志してゐた私は、大義名分なき満州事変にも支那事変にも、もとより絶対反対であつた。また三国同盟の締結に際しても、太平洋戦争の勃発に際しても、心中憂憤を禁じ得なかつた。……私と同感の士は恐らく全国に何百万か存してゐたに相違ない。若しその中の数十人が敢然蹶起し、恰も若き学徒が特攻隊員となつて敵機敵艦に体当りを敢行した如く、死を決して主戦論者に反抗したならば、或ひは名分なき戦争も未然に喰ひ止め得たかも知れず、たとへそれが不可能であつても、少くとも祖国を玆に到らしめず時局を収拾し得たかと思はれる。私に義を見て之に赴く気概のなかつたことは、顧みて衷心慚愧に堪へない」(23)。

岩波茂雄のこの自己反省には、八月当時の『毎日』や『朝日』のようなあいまいさはなく、はっきりと開戦時における責任を突いている。それは、岩波が、彼自身もいうごとく、日中の親善に真にコミットしていたからに他なるまい。竹内好もいうごとく、岩波は日中戦争には徹底的に反対していたのである。しかし竹内好のいうところが正しければ、岩波は真珠湾攻撃を知ったとき、「日中戦争はいけぬが、日米戦争ならいい」という意味のことをいっているはずである。それは恐らく、当時の流行思想「近代の超克論」と同じ思想構造のもとで、いわれたことだろう(24)。つまり、日本が近代を超克しようと思えば、アメリカニゼーションの超克なしに、問題の全面的解決はありえず、対米戦争は、近代の超克へのワン・ステップと考えられないことはなかったからである。安倍能成が書いた『岩波茂雄伝』では、この辺の事情は必ずしも明瞭ではない。ともかく戦争は岩波の事業に水をさしたのではなく、かえって好況をもたらしていた。一九四一年には、ほとんどその「頂上に達する姿を呈した」(25)という。売りあげに貢献したもののうちには、マーガレット・ミッチェルの『風と共に去りぬ』の翻訳版もあった。安倍は次のように書いている。

「岩波はアングロサクソンの世界制覇が、殊に東洋を併呑し圧迫し搾取したことに対して、昔から強い慷慨の念を抱いて居たので、太平洋戦争に対しては支那事変に対する程の反感を示さなかつたらしい」(26)。

そして一九四一年の年末に『読売新聞』に発表した岩波の意見では、「理念の高揚と教養の向上とは戦時といへども忽にすべからざる国家の根本要請」なりとし、二大要請として、「戦争目的に対する確乎たる信念を植えつけること」、そして「戦争に克つ為に自然科学の方面に特に意を用ひる」(27)ことをあげ、出版事業は、この方面で大きく貢献しなければならないとした。「先づ道義的に出版者の良心に訴へ、効果なき時は総動員法の精神を適用する適当な処置を取るもやむを得ない……この際社会政策に立つ当局の御苦労を煩はすことを寸毫もなき様にして、最後の紙一枚まで国家奉仕のために捧げるやうにしなくてはならない」(28)といい切っている。これはどうみても戦争協力であり、この時代を軍部による「占領」の時代とみるならば、まさに「占領協力」であったといえる。こういうことが何故おこるのか。答はすでに触れたごとく、近代の超克の一環として対米戦争が肯定されているということであり、そのためには国家の牛耳を執る軍部とも協力関係に入らざるをえないわけであった。また、大東亜戦争を「自存自衛」の戦、「東亜の民族解放」の戦争とする見方にもよっていたはずである(29)。つまり彼は戦争目的をこのようなものとしてとらえ、それによって戦争行為を肯定していたのである。

ここでもう一度岩波の『世界』の創刊に際して」に立ち返ってみよう。岩波は、ひとまず開戦責任を自らに認めたうえで、「道義なければ勝利なし」と自覚する。戦争目的を全面的に否定したわけではない。手段としての戦争行為のなかに道義が貫徹していなかったことを反省しているといえる。そして無条件降伏は「天譴」の如く来た。これを「健気に克服」したとき「新日本が甦生」する、とした。しかし彼は、「権力は道義に勝てず、利剣も思想を断つ能はず。ガンジーを見よ。トルストイを見よ」といい放った。そして次のように結んだ。「日本国民は敗戦を確認するも自ら卑しくせず、燃ゆるが如き情熱を以て真理に直進すべきである」(30)。

ここに無抵抗の絶対平和主義という戦後の岩波書店の信念、出版方針の基本路線が打ち出されたといえる。それはアメリカの占領政策の方向と合致していたが、岩波茂雄はその正統性を、日本国家の連続性のうちに位置づける立場をとったといえる。彼は、「明治維新の真剣味」を思い、五ヶ条の御誓文こそ「天地の公道に基づく」新日本建設のための「根本原理」だとした(31)。それは重光葵が、終戦内閣の外相として、今こそ昭和維新の時といい、変革遂行の重要性を明治維新に比肩したのと軌を一にする発想であった。この一致は、同心会の出発点に重光の発想があったことと無縁ではないかも知れない。それは、絶対平和主義を無国籍化するのではなく、日本の国体のうちに位置づけようとするものであった。この正統性の確保のために歴史が再認識される必要があった。それは国体護持論と表裏一体をなしていた。そこからまた反米思想も当然胚胎しうる構造になっていた。しかしさし当っては、占領協力は、普遍の価値における一致において、可能なはずであり、商業的にも健全な方策でありえたものと思われる。

5　矢内原忠雄の復活

ここでは、まず『世界』の創刊をとりあげたが、戦後、岩波茂雄が、郷里諏訪の中洲で思いついたものは、どちらかといえば、矢内原忠雄の復活のことが先だったのではないかと思われる。安倍によれば、敗戦直後の岩波茂雄が計画した出版物には、「新書」復興の企があり、羽仁五郎『明治維新』、矢内原忠雄『日本精神と平和国家』、近藤宏二『青年と結核』であったという(32)。このうち矢内原が戦後の岩波のビジョンに占めていた割合は、特別に大きかったのではなかろうか。反軍国主義平和主義者でありながら、それでもなお、日本人のナショナリズムに、深いところでアピールできる第一級の知識人は、矢内原をおいて他にあまりいなかったのではないか。

矢内原はなによりも内村鑑三直弟子のクリスチャンであり、師にならって非戦論の立場を貫いていた。一九三七年九月号の『中央公論』に発表した論文「国家の理」は日中戦争と軍閥を批判したもので、当局により全面削除を命じられた。このような時代の動きに対して矢内原は、その年のうちに東京帝国大学経済学部植民政策講座の教授の席をいさぎよく辞してしまった。その翌年二月には、岩波書店から出版されんばかりになっていた『民族と平和』が検閲にかかり、発売禁止の処分にあった。その後、一九四〇年には、岩波書店から『余が尊敬する人物』を新書赤版として出版した。そこには、内村鑑三とともに新渡戸稲造のことが書かれていた。前述のように、新渡戸は矢内原が第一高等学校入学の時の校長であり、東大では植民政策講座を開設し、矢内原を自分の後任者とした人物であった。その講義を矢内原は一冊の本にまとめ、新渡戸の没後ちょうど一〇年の一九四三年には岩波書店から『新渡戸博士植民政策講義及論文集』として出版した。それよりさき、一九二六年、矢内原自身の講義を一書にまとめ『植民及植民政策』として有斐閣から出版したとき「尊敬と感謝とを以て本書を新渡戸稲造先生に献ず――生徒の一人たりし著者」と献辞を書いた矢内原であった。新渡戸の講義は「白人の重荷」というのに似た文明論的な植民政策論であり、いわば東洋の盟主としての日本民族の歴史的役割を道義主義的に論ずるところに特徴があった。これに対し、矢内原のは、聖書の言葉を警句のように随所にちりばめつつ、植民地における日本の武断的支配、帝国主義的支配を批判しつくしていた。そして、一九三七年一二月には東大から退官してしまったが、その翌年一〇月には、新渡戸の *Bushido* の邦訳を岩波書店から新書赤版として出版した。それは、自分自身の精神をきたえる作業であったかもしれない。そしてその後深まりゆく弾圧のなかで、師内村鑑三の『聖書の研究』にならい信仰にかかわるミニコミ紙の出版と配布を続行しつつ終戦を迎えたのである。

非軍国主義化、非帝国主義化を目指して再建されるべき戦後日本のための言論指導をまかすのに、『武士道』とのかかわりさえ除けば、矢内原以上の信用証明書をマッカーサーの総司令部に捧呈できる人物が他にありえたろうか。岩波茂雄にしてみれば、自分の総力戦への協力は、それなりに事実として反省されねばならぬ事情にあったろうから、戦前における矢内原との関係を、まず最初に強調することによって、戦後へと継続してゆく自分の出版事業に付与すべき正統性としたかったのだろう。ともかく矢内原の『日本精神と平和国家』は、岩波の没後ちょうど二ヶ月の一九四六年六月二五日付けで発行された。その内容は、一九四五年一二月一〇日と日付けのある著者の序によれば、終戦直後の一〇月二三日と一一月六、七日、長野県の木曽福島国民学校と、松本市郊外の広丘国民学校で行なった「講演速記」を合せたものである。主催者は、木曽の場合は当の国民学校、広丘の場合は、東筑摩郡教育会中部会であった。「速記」は誰がとったのだろう。自序で矢内原は「この地方で為した二つの講演が、岩波書店の好意によって広く日本全国に弘められることは、私の喜悦に堪えぬところであります」といっているだけである。

しかし岩波茂雄は、この企画のかなりはじめの段階からかかわっていたと考えられないだろうか。彼はことのほか郷土愛が強く、ことに教育に深い関心を示していた。戦前から小学校教員の内地留学制度を作り、東京に宿泊所を作って迎えたりした。そのほか、独自な教育理念で近代日本の教育史に名を残した信濃教育会が、近衛新体制の名残りで、一九四五年の春廃止になり、大日本教育会に長野県支部として統合されたとき、岩波は諏訪地方の小学校長をしていた同郷の藤森省吾をおして、同支部事務局長としたりしていた。そしてその藤森が、敗戦直後の九月四日病没したとき、岩波は九月一〇日長野市における葬儀に列席し、弔詞を読んだが、この葬儀中に、その後命取りとなる脳溢血の第一回の発作がおこっていたのである。長野市の岩波書店分室でしばらく静養した後、岩波は帰京し、病状が改善すると、引客し「時事を痛論した」という(33)。矢内原の木曽、広丘の講演の話は、このころ具体化したのかもしれない。岩波にしてみれば、会社の再出発に合せて、長野県の文化遺産として誇るべき信濃教育会復活の指針となるような企画を思いついてもいいはずだったろう。かくて、長野県の小学校教員の自主的企画という形で矢内原の講演会は開催される運びとなったのではなかろうか。速記者は岩波が用意したと考えてもいいだろう。この年の一二月四日付け、長野県南安曇郡明盛村の白沢済あて矢内原の葉書には、岩波書店から出版されることになったとある(34)。

木曽福島国民学校を会場とする、一〇月二一、二二日の講演会で、矢内原は、次のように話を始めた。

「此の度戦争終了後私の第一声を揚げしむる名誉、若し名誉といふことが出来るならば、それは長野県の木曽福島であるのです。谷は夕暮が早くて夜明が遅い所でありますが、太平洋戦争終了後の新しい日本の黎明が、少くとも私に関する限りは長野県の木曽から始まります。どうかさういふ事であつてほしい。諸君のたましひの中に新しい日本の覚醒と黎明が始まつて頂き度い。単に木曽とか長野県とか一つの地方的な事柄に止まらないで、日本全体に対する黎明の先駆が諸君のたましひから起つてもらい度い。さう考へるのであります」(35)。

矢内原は「新しい日本の黎明が……木曽から始ま」るといったが、「谷は夕暮が早くて夜明が遅い」という表現と合せて考えると、島崎藤村のことを一種否定的にほのめかしていたのかもしれない。いわば郷里の誇りともいうべき日本近代の一大文豪藤村はこの地方の出身であり、その著作のうちには『夜明け前』と題する、日本が近代社会に変容してゆく過程の苦悩をあつかったものもあった。

『夜明け前』第一部は、「木曽路はすべて山の中である」ではじまる。「山里へは春の来るのもおそい」ともいう。矢内原の「谷は夕暮が早くて夜明が遅い」という表現と響き合うものがある。矢内原はたしかに藤村を意識していたろう。その藤村に直接言及しないで、「御当地」の知識人である小学校教員を主とした会衆に講演するというところに、権力にはもちろんのこと、大衆的人気にも媚びようとしない矢内原独特の厳しさが感じられる。矢内原は、この講演中で、一九四一年一月八日付けで陸軍大臣東条英機が皇軍将兵に与えた『戦陣訓』にも説き及び、道義の退廃があったればこそこのようなものが用意されねばならなかったのだと批判している。陸軍省に委嘱されて、戦場における皇軍はどうあるべきかというこのハウ・ツーものの文章に最終的に手を入れたのが、誰あろう、実は藤村その人だったのである(36)。批判されるべきものは、すべて批判されねばならず、反省すべきは、すべて反省してこそ、新しい日本への出発があるはずであったろう。藤村にこのような無視を報いることによって、ひょっとすると、同郷人の岩波茂雄の戦時中の態度への批判をも意図していたかもしれない。岩波とこのような一線を画することは、戦後をあやまたないための矢内原の才覚であったかもしれない。もともと「日本精神への反省」と題されたこの講演の核心は、本居宣長批判である。岩波は対米英戦開始直後から戦争目的の哲学的根拠に寄与するのを出版事業にたずさわるものの国民的役割と認識したが、その出版計画の中には全二九巻の『本居宣長全集』の刊行（一九四二年一二月開始、六巻で中絶）もあったのである。

矢内原は、日本精神の特質として、神前に額づく「敬虔なる感情」と「清浄を尊び悦ぶ」(37)ことをあげている。宣長は神ながらの道を日本人の民族精神として説いた。天皇の地位は神ながらの道の具現者としてとらえた。もし日本精神の根本が、日本人の神観にあるとするなら、宣長の神観の内容はあまりにも低くて驚く(38)。宣長は、神には、善い神、悪い神と種々あって「一準に定めがたきもの」といい、しかもその根拠を示さないのである。宣長の神の観念は、実に「曖昧で」「無秩序」なのである(39)。つまり「絶対者としての神、及び人格者としての神を把握してゐない事が宣長の神観の最大の欠陥」(40)である、と矢内原は断言している。また宣長などの国体観が、日本精神という名の排外思想を生み、日本の思想を狭隘にし、科学や技術の進歩をさえさまたげた。ここまででも、矢内原のクリスチャンとしての世界観が、判断の基準となっていることは明白である。最後に日本精神を嗣ぐものは誰かと問い、それは国学者の流れを汲むいわゆる日本主義者ではなく、「死物同然」の儒教でも仏教でもない。かといって武士道でもありえない。それは「封建時代の華」ではあっても、今日の社会には、それが復興すべき基盤はもはやない。日本精神を今日「立派なものに仕上げる力は、基督教である」(41)と矢内原は断言した。しかしそのキリスト教は、徳川時代に、もし布教に成功していれば、日本を南欧や中南米諸国のような国にしてしまったろうスペイン風なカトリックではなく、「新薬」(42)としての新教を中心に考えるべきである。「この国民瀕死の時に当つて、この新しい特効薬を試みもしないといふ事は、真に国を愛する者の態度と言へようか」(43)。こういってから、彼は、終戦直後の「哀歌」と題する自作の詩一篇を朗読した。

「ああ哀しいかな此の国、肇りて二千六百年、
未だ曽て有らざるの国辱に遭ふ。
………
天皇、祖宗の神霊と民衆赤子との前に泣き給ひ、五内為めに裂くと宣ふ。
民は陛下の前に泣き、相共に
天地の創造主の前に咒す。
………
剣によりて建てしものは剣によりて奪はれ、
………
戦敗必ずしも亡国ならず。
我らは武力と財力とに恃むを止め、

むしろ苦難によりて信仰を学ばん。
かくてエホバ義しく世界を審き給ふ日に、
我ら永遠の平和と自由を喜び歌はん」(44)。

ところで、『世界』創刊号が発売されたのは、岩波書店の記録によれば、敗戦の年の一二月中旬だったというが、矢内原自身が『世界』をはじめて手にしたのは翌年一月五日であった。『日本精神と平和国家』の自序を矢内原が書き終えたのは一二月一〇日、東京は自由ヶ丘の自宅においてであった。そのときまでに、かつて東京遊学のはじめ、少年の頃、内村鑑三の門をたたき、日曜毎にその聖書講義の座に連らなったことのある岩波茂雄は、矢内原のこの文章に、ひとかたならぬ興味を示していたのではなかろうか。彼はそこに、自己の出版事業の立てるべき理念を探そうとしたのではなかったろうか。というのは、この講演の結びの言葉には、岩波茂雄の筆になる「『世界』の創刊に際して」に表れる表現、またその内容に酷似するところが、あまりにも多いのである。その差は矢内原はキリスト教の神の正義を大上段にかまえて、それを引照基準にしたのに対し、岩波にはそれがないくらいのことであろう。

「日本の国は本当に開闢以来曽てない国辱と困難の中にほり込まれました。……宇宙の唯一の絶対神が日本の国を愛して、之にその貴き天与の使命を自覚せしめ、正しき道を教へて下さる為めの愛の鞭である、愛の懲しめである」(45)と矢内原はいった。岩波もまた、「開闢以来最大の国辱」と書きはじめ、「絶対神」の「愛の鞭」というかわりに「天譴」と呼んだ。矢内原が「自分達がここに本当に反省致しまして新しく国を起してゆくならば、この十年間の戦争とその結果といふ大きな犠牲、実に大きな犠牲を払つたとしても、それは日本の国にとつて幸となるだらう」というとき、岩波は「この苦難を健気に克服」し、これによって新日本が甦生せば、「如何なる賠償も高価なる束脩に非ずと私は考へる」(46)と書いた。ただ「国体護持」というポツダム宣言受諾の大義名分との関係では、岩波茂雄が単に明治維新における五ヶ条の御誓文の意義を今日に再確認しようとしたのにすぎないのに（ここには出版予定になっていた羽仁五郎の『明治維新』への配慮があったのかも知れない）、矢内原は、もっと生々しく現天皇に接近して次のようにいっていた。

「神が懲しめを給ふのでありますが故に、我々はへり下つて満ち足る迄に辱づかしめを受け、苦難を受けて往かう。我々自身の中から邪心を取り除き、宣長の言ふ私心を取除いて、万物の造り主なる唯一の神に対する信仰を謙遜に真実に学んでゆくならば、神は必ず日本の国を恵んで之に新しき生命を与へ、世界の光となして下さるだらう。武装解除はむしろ喜ぶべきことだし、経済力の破壊は辛《つら》いことではありましても、国民の理想にとつて致命的な打撃ではありません。陛下が、信義を重んじ、平和国家の確立に邁進するといふ事を仰せられましたが、私は日本精神の理想型としての天皇の御心として、この御言葉を伺つたのであります」(47)（傍点三輪）。

こうして『世界』は、矢内原的な絶対的平和主義の方向性を蔵しつつ出発したといえるだろう。ところで創刊号の岩波茂雄の挨拶では、同心会の安倍にその編集の一切をまかせたと明記していたが、実際には岩波書店の編集者である吉野源三郎が采配を振るった。はじめから、同心会の会員には実質的な主導権はなかったのかもしれない。二、三年のうちに『世界』との関係は薄れ、やがて同心会のメンバーの中から武者小路実篤を中心に、新たに生成会が誕生し、一九四八年七月『心』を創刊するに及んで、わずかばかりの関係も切れ、ここに『世界』は岩波書店独自の雑誌となった。

この変動はアメリカの占領政策の変化と連動していた。たとえば重光葵が、国体護持の方向で占領協力しようとしていたころの理想主義的な改革路線から離れ、総司令部は次第に反共色を強め、日本再軍備の方向すらみえてきていたのである。当の重光はといえば、戦犯として巣鴨拘置所に送られてしまっていた。敗戦直後の楽観的、あるいは諦観的平和主義のもとで集っていた文化人の間に分裂がおきてもやむをえなかった。大正デモクラシーがなんの留保もなく評価され、オールド・リベラルという反動がまかり通るようになれば、その次に歴史の繰り返しとして軍部ファシズムの再来が恐れられはじめたとしても当然であった。とすれば、絶対的平和主義を自己の信念とするものが十字軍に似た戦闘的な平和主義を追求せざるをえなくなるのも理であった。たしかに『世界』はその方向に進んだ。しかしこの方向性は、矢内原の一九四五年一〇月二、三日の講演のうちに、すでにはっきりと示されていたとみることもできる。つまり岩波茂雄の人間主義的世界観では、どこまでゆきえたかどうかわからない。これに対しキリスト教の絶対の神の愛への信仰から矢内原が立ち至っていた民族主義や祖国愛は、すでに絶対の真理としての無防備平和主義を選ばせていた。矢内原によれば、新しい日本の国は、神の御恵のもとで「世界の光」とこそなりうるはずであった。岩波茂雄の死後、同心会的＝大正教養主義的編集方針と完全に訣別した『世界』は、その「光」のための先導者となることを世界に対する責務としていたといえるからである。

6　歴史の素材の改竄

こう考えるとき、われわれははじめて、ある一つのことについて、より納得のいく説明をみいだすことになる。それは矢内原忠雄と岩波書店にまつわる、いうならば「歴史の改竄」の如き問題である。それは、先に触れた矢内原の『余が尊敬する人物』についてである。岩波書店はこれは新書赤版として一九四〇年に初版を出した。そこには新渡戸が第一高等学校長として一九一〇年九月の入学式で述べた言葉があり、新入生の一人としてこれを聞いた矢内原が日記に書きとめておいたものであった（本書六五ページ参照）。一九四二年には第四刷が、そして戦後一九四八年には第五刷が出された。ところが、改訂版という一言の断りもなく、削除と加筆が行なわれ、新渡戸稲造が朝鮮併合について述べた、戦後の言葉でいうと、まさに「侵略主義的」、「帝国主義的」な意見が、全面的に、第五刷からは消えてしまっていたのである(48)。そして同時に、矢内原自身の、ほとんど肯定的とも読めるコメントまで一緒に削除されていた（もっとも一九六五年岩波書店出版の『矢内原忠雄全集』第二四巻では、削除された部分が、それと断って復原されている）。しかし今手元にある一九六六年八月一〇日の新書版第二九刷は第五刷以来のままで、削除個所は復活していないのである。とすると一九六五―六六年ごろ、岩波書店は一般読者向けには敗戦直後の「平和主義」路線のままの新渡戸像、矢内原像を示しつづけ、研究者のためには、原典の姿を示していたということになる。このように二種類のテキストが、同時代に存在していたとは、いかにも戦後らしい景観であったといえようか。

問題は何故こんなことがおこったのかということである。戦前から戦後にかけておこった大変動のことを思えば、この程度の削除変更は一般的であり、しかも改訂版などとあえて断らなくても、読者も了承したことが十分想像される。敗戦直後、小学校、中学校では戦時中の教科書の好ましくない記述は墨で消して、当座をしのいでいたくらいのものである。消極的に考えれば、ただそれだけということであろう。しかしこれを意図的なものとして積極的に考えれば、つぎの場合が考えられる。著者の矢内原が、新渡戸稲造を不必要な誤解にまき込まないようにとして、その名誉を守ろうとした場合である。矢内原忠雄に関することを考えてみたい。

新渡戸は戦前日本最大の日本紹介者として海外に広く知られていたが、満州事変を弁護したとして、欧米で批判されつつ、一九三三年講演旅行中、カナダで客死した。新渡戸はまたその著書 *Bushido: The Soul of Japan* (New York: Kegan, Paul, 1899) で世界的に知られていた。この書物はかつて日露戦争の時には当時のアメリカ大統領セオドア・ローズベルトによって、日本の強さを解説するものとして評価された。しかし、真珠湾攻撃以降、多種多様な特攻隊の活躍と共に、武士道こそがこのような自殺部隊の狂気を支える精神構造の基なのだとされ、この書物は日本軍国主義の弁明に過ぎないとされ、人気を失った。この武士道の頂点には天皇がいるから、武士道という狂気を打ちくだき、日本民族を無害にするために、天皇制を打破せよという新聞論調さえあった(49)。武士道への恐怖は、総司令部の文化政策として、歌舞伎の「忠臣蔵」上演禁止となって現れてさえいた。武士道はアメリカにおける日本人の国民性論で重要な位置を占めていたし、新渡戸の *Bushido* は国際的にもっとも広く読まれた日本文化紹介の書物の一つであった(50)。その評判のために、新渡戸はほとんど武士道と同一視されていたといえよう。そのうえ、帝国主義的拡張論者としての新渡戸を、あえて戦後の言論界に登場させる必要があっただろうか。矢内原は沈黙をえらんだ。それは結果的には真実を明らかにするため、といっていいすぎならば、すくなくともいらぬ誤解を広めぬための善意に基づく「改竄」となった。

しかも新渡戸の *Bushido* の邦訳版のうち岩波書店が新書版として出版したものの翻訳者は矢内原その人であった。しかもこれには興味深い付録があるのだ。敗戦の翌年の一九四六年一月一一日、矢内原は『武士道』第六刷一万九九七〇部の印税として所得税金三六三円四五銭を差引した金二二三二円六五銭の小切手を受領したのである。「久し振の印税とて一驚せり」と日記に記している(51)。敗戦後の矢内原を経済的に支えていたものには、戦前の出版物からのこのような収入もあったのである。

次に岩波書店の立場である。岩波茂雄としては、岩波書店が戦前から戦後へと出版事業を継続してゆくための正統性の根拠を、戦時中弾圧しつづけられた矢内原にみいだそうとした。矢内原は、反軍国主義の絶対平和主義者として登場してこなければならない。それが戦後直ちに企画出版された矢内原の『日本精神と平和国家』であり、『世界』への矢内原の寄稿論文である。占領軍に示されるべき信用証明書の内容はできうる限り完全無欠なのがよい。戦前版の『余が尊敬する人物』に矢内原が書き込んでいた、朝鮮併合をめぐる新渡戸の帝国主義的な見解についての、肯定的なコメントは削除された方がよかった。

このような岩波の心くばりは、どのように報いられたろうか。矢内原の信用証明書はどのように受理されたのだろうか。安倍能成の記述するところによれば、一九四六年にはいると、日本放送協会会長銓衡委員一五名のうちには、占領軍が認可しないものが八名にのぼった。そんなとき委員の一人に岩波の名が浮び、彼ならば大丈夫ということで接触すると、岩波自身も大乗り気で引きうけたという。彼の没後は、岩波書店の社員の一人小林勇が後任に推され就任した。小林や吉野源三郎は、京都帝大出身の占領軍総司令部付きの麻野幹夫という二世と、彼と親しかった久野収等を通じて交際があったという(52)。

占領軍の資料のなかには、矢内原に直接関係する記録があるだろうと想像される。しかし私が一〇年近く前にアメリカで調査したときには、みつけることはできなかった。間接的に矢内原あたりが高く評価されていたろうことを思わせる資料はあった。たとえば、教育、ことに日本史教育の改革に大きな影響力をもったと思われるカナダ人E・H・ノーマンは、マルクス主義者として戦中弾圧されていた学者渡部義通、石母田正、林基の三名を呼びだして会見し、戦後の日本史研究をまかすのに適切な人物は誰かと聞いたことがある(一九四五年一〇月二二日)。このとき東京大学で追放されるべき歴史学者の筆頭に平泉澄があげられていた(53)。矢内原は、木曽福島の講演で、本居宣長を排外的日本主義の根源として批判したが、平泉はまさにその流れを汲む皇国史観の泰斗だったのである。その東京大学に、矢内原は終戦から三週間後には、大内兵衛、有沢広巳とともに復職している。

また矢内原のプロテスタントとしての姿勢は、それなりに好ましくうつったろうと想像される。マッカーサー元帥は、アメリカの聖公会の信徒であったが、日本ではカトリックに協力的で、その教勢拡張に種々の便宜を与えた。キリスト教諸会派の牧師の先を越して、原爆投下地の広島に入るのを許されたのはカトリックの神父であった。マッカーサーのこの偏向は、大統領選挙に向けてカトリック信徒の票を確保するための政治的ジェスチャーかとさえ取沙汰され、プロテスタントのアメリカ人からは猜疑の目でみられていた(54)。そのようなときに、矢内原が、たとえば木曽福島の講演で、中南米諸国のようにスペイン化してしまうカトリックではなくて新教のキリスト教こそが、新日本をつくるものといっているのを聞くことは、プロテスタントの宣教師を父母にもち、日本で少年時代をすごしたノーマンをはじめ、同様な経歴を持つ総司令部の改革担当者にはたのもしく映ったに違いない。

矢内原の場合、事実としての改竄がどのようにしておこったかには、さしあたってどこにも確証はない。しかし似たような例を探してみると決して少なくなく、それらがどのようにしておこったかを知ることは、矢内原の場合の理解に役立つかも知れない。

一つの例は、すでにかなり有名になっていると思われる金子光晴の詩「湾」についてである。金子は戦後、反戦詩人として高い評価を受け「湾」はその代表作として、文部省検定合格の中等学校教科書にも掲載された。一九七五年金子が死亡したとき『朝日新聞』(七月一日付朝刊)は「抵抗詩人、反戦詩人という形容詞は氏の名前と切りはなせぬ」と手放しで賞讃した。ところが、この詩は、戦後、一九四八年に出版された彼の詩集『落下傘』に収録されているものと、戦前、雑誌『文芸』の一九三七年一二月号に発表されたものとは、字句表現に入れ換え、変動があり、戦前のどちらかといえば戦争肯定の詩が、反戦の詩へと衣更えしてしまっているとされる(55)。こんなことがどうしておこりえたのだろうか。

金子光晴の反戦詩人としての評判が高まってゆくなかで『金子光晴全集』は出版され、それに対する書評も書かれ、また「湾」そのものも、いくつかのアンソロジーに組み込まれ、あるいは詩評の対象とされたのだから、テキストの異同ぐらいは、誰かが気付き、指摘してもよかったはずである。それがなかったのは、金子本人の問題であるとともに詩人仲間の責任であり、評論家の怠慢であろう(56)。それは詩人仲間であれば、戦争中の傷跡をあえて暴くまいとする、仲間意識であったろうか。評論家とすれば、世の中がおしなべて「時局迎合的」になっていった戦前のあの時代の中からなんとかして一人ぐらい反戦＝抵抗の知識人を発見したかったためであろうか。

このようにしておこった歴史の目撃者自身による歴史の素材の「改竄」の事実、またその共犯者となった同時代人のことをわれわれはどう考えたらよいのか。金子を弁護する人々がいうことには、詩人が、雑誌などに発表した旧作を詩集や全集にまとめるとき、字句、表現の改善をはかることはしばしばあることで、そのつど、わざわざ改訂などというものはないという。それはたしかにその通りであろう。しかしその結果が、詩全体の印象を大きく変え、「湾」の場合のように、一九三七年、進行中の日中戦争下、成立したばかりの国家総動員法の精神を反映したようなこの詩が、その正反対の反戦詩になるとしたら、そしてその詩人自身が、その詩をもって抵抗詩人としての自分の代表作とされるのを認めていたとしたら。いまここでは、金子の場合、彼自身、そんな名誉がほしかっただけとしよう。しかし彼をかばった詩人、文筆家仲間のことはどう考えればよいのか。彼等は無惨にも改竄の共犯者となりさがることを予見しつつもなおあえて口をつぐんだのか。

この謎に対する答を、従来の戦争史観のもとで探しだすのはむずかしかろう。日本近代の戦争のすべてを侵略戦争と呼んで切り捨ててしまう史観では、これらの人々の心理も論理もわかってはこない。つまり「大東亜戦争」という名で呼ばれた戦争の意義を全面的に否定したのでは生産的でない、ということである。これらの人々は、彼等の青春を駆り立てた、東亜協同体の思想、欧米帝国主義からのアジアの解放、民族文化の相互尊重と興隆というような戦争目的にはなお価値を認めつづけ、あるいは戦後の混乱が経過した後では、再評価の段階にあったのだろう。そのような歴史認識をもつものにとって、近衛新体制下の変革と連動したようにして展開していた中国大陸における戦争を、この戦争の理想主義的な側面のゆえに、自分の歴史体験のうちから、負の価値だけのものとして完全に抹殺することができなかったのだろう。そしてそれが抹殺できないかぎり、その歴史意識と親和性のある文芸批評が行われたのは当然だったろう。

それは以下のようなプロセスではなかったろうか。日本が掲げた戦争目的の高い道義性。しかし実際にはその道義性にそぐわない、はなはだ劣った日本の軍事行動。それゆえに、その軍事面だけ切り離して批判できれば、日本の戦争目的自体までも否定することはない。よって金子の詩における男々しさに似た軍事行動への讃美のような部分の変更には目をつむり、これを「平和」のための詩に読みかえた。読みかえたといっても、彼等の心のうちでは、あの戦争の目的は、東洋の恒久的な平和を確立することにあったのだから、それほど、抵抗感はなく、この改竄の事実に眼をつむることになった。

さらに踏みこんで、このような歴史意識を生みだしているメカニズムを考えれば、それは丸山真男がいうように「つぎつぎとなりゆくいきおい」(57)といったものではなかろうか。それは日本人の自然認識に由来し、その自然認識から生まれた言語に大きく制約された文化現象の認識の仕方によるものだったろう(58)。戦争の災害も、天災のごとく、自然現象のごとく日本人は受けとめた。それゆえに、人為として戦争に責任を感じることが少ない、とはつとにいわれてきたことである。金子の改竄を暴かなかった人々の歴史認識もまた、このようなメカニズムによっていたのだろうか。「つぎつぎとなりゆくいきおい」に身をまかせたのは、金子ばかりでなく自分たちもだという同情が、そこにはあったのだろうか。

矢内原忠雄が、新渡戸稲造をかばったときにも、同じような意識が働いていたのだといえば、牽強付会の誇りを受けるだろうか。矢内原は、新渡戸の朝鮮併合について述べた拡張主義的な日本の将来への展望を、精いっぱい弁護しつつ、つぎのように書いていたのである。

「朝鮮併合から進んで大陸発展の事を語つた点は、帝国主義的侵略を主張したもののやうに誤解され、現に支那留学生の中から抗議が出たやうに聞いてゐます。先生が先生自身の意見として侵略を主張したり、賛成したものではなく、ただ発展の歴史的必然とその方向とを客観的に予想したものに過ぎない……」(59)(傍点三輪)。

矢内原のように、時代の動きを厳しくみつめ、己の節を守りつづけた、理性と信仰の人でも、新渡戸のように自分に身近な、しかもいわば同業者を社会的批判の矢面からかばおうとすると、その論理は「つぎつぎとなりゆくいきおい」的になるのだということだろうか。そしてそれは、そのような歴史意識の古層を日本人一般が共有しているかぎりにおいて、——しかも当時としてはソーシャル・ダーウィニズムという優勝劣敗の決定論も普通のものの考え方であった——矢内原の新渡戸弁護も、それなりに聴衆を期待できるということだろうか。

同心会に集った、白樺派的な善意の人々には、一般的にそんな傾向があったといえるかもしれない。安倍能成が、岩波の戦争中の戦争協力を同情的に批判し、自分をも含め、同様な態度の知識人は決して少なくなかったろうといっている(60)のは、注意深く観察するに値する。同心会の創立メンバーの一人の長与善郎の「これこそ天佑」と題するエッセーは、『世界』の創刊号に掲載されたが、アメリカ民主主義をモデルとする強制的変革を「つぎつぎとなりゆくいきおい」として認識していたからこそ、敗戦から必然的におこってくる変革を「天佑」と呼ぶことができたのだろう。日本が民主主義国家となるのは敗戦の必然であり、その敗戦は敗けると知れた戦争を仕掛けたのだから、そうなるのは歴史の必然だ。日本と全く対蹠的なアメリカ文化を、これから一生懸命学びなおすのは「天佑」に似ている、と書いた。しかもこれは「迎合主義」とか「東洋人らしい運命への順応性」かもしれないことを心のどこかでは、ちょっと肯定的に認めているようにみえる(61)。

当時の代表的知識人がこのような歴史意識の古層を共有していたとすれば、歴史の「素材」の、結果としての改竄は、「つぎつぎとなりゆくいきおい」として、いつおこってもよかったものとして理解することができる。

7　戦前から戦後に貫流する理念

しかしここに、もう一つの見方もありうる。鶴見俊輔は、戦後の「改竄」に気づいてか気づかぬままにか、ともかく、一九六〇年出版の論文で新渡戸の朝鮮観を論ずるにあたって、かの一九〇六年の旅行記などを見落しはしなかったようにみえる(62)。それにもかかわらず、その後出版された教文館の『新渡戸稲造全集』の年表にも、東京女子大学の共同研究『新渡戸稲造研究』にも、どちらにも一九〇六年新渡戸が政府から韓国に派遣された事実が記載もれになってしまっているのである(63)。これは、金子光晴と評論家の関係の場合と似たような事情によるのだろうか。

岩波茂雄は、戦争協力者でありながら、その理想の追求のゆえに、戦後もそのまま出版事業を継続しようとし、軍閥を解体することで戦後を切り抜ける目算のたった日本国家とともに運命を開拓しようとした。日本国家が政府による占領協力を通じて生き残りを図った限りにおいて、彼もまた、占領協力したわけである。このようなことを、以上に論じたところのさしあたっての結論としよう。

最後にもう一度、岩波茂雄の戦争目的への理想主義的コミットメントの深さをたしかめておきたい。安倍能成の『岩波茂雄伝』によると、岩波には『世界』創刊号に載せた、戦争への反省と戦後への覚悟を表した文章に非常に近似した未発表のエッセイがあった。安倍の要略によってこれを読み、『世界』の文章と較べてみると、未発表のものの方が先に書かれたのではないかと思われる。こちらの方は、どちらかといえば、占領軍をより多く意識し、占領軍に、より強い要求を、日本ナショナリズムの立場から出しつつ、同時により明確に占領協力の立場を提示しているようにみえる。それはほとんど、戦前から戦後にかけて理念としては全く欠陥のない日本の特殊な地域内平和の観念を、パックス・アメリカーナという戦後秩序のなかで達成してみたいといっているようですらある。安倍の要略から引用してみよう。

「ナチス・ドイツがローマ教会の上にその国旗を掲げたのに対して、英皇帝が跪拝して王冠を大僧正から受けたことを思へ――国家権力を増強して世界を支配しようと考へず、天地の公道を踏んで、燃ゆる情熱を以て真理を追求し、八紘一宇を実現することを望む」(64)（傍点三輪）。

こう書きつづったとき、岩波茂雄は敗戦を国辱としつつも、その自ら招いた屈辱を克服する方策は、「八紘一宇」に象徴される日本人の民族的価値の普遍的側面を実現することにあると揚言していたわけである。

註

第I章

（1） John G. Stoessinger, *Why Nations Go to War* (3rd ed.) (New York: St. Martin's Press, 1982), pp. 205-206.
（2） *Ibid.*, p. 206.
（3） George Modelski, "The Long Cycle of Global Politics and the Nation-State," *Comparative Studies in Society and History*, XX (1978), pp. 214-235.
（4） William S. Borden, *The Pacific Alliance: United States Foreign Economic Policy and Japanese Trade Recovery, 1947-1955* (University of Wisconsin Press, 1984), pp. 106, 139-141.
（5） 松浦総三『占領下の言論弾圧』現代ジャーナリズム出版会、一九六九年、三七ページ。
（6） 『日本外交年表並主要文書』下巻、原書房、一九六六年、四三六ページ。
（7） 同右、四三八ページ。
（8） 『宇垣一成日記』第二巻、みすず書房、一九七〇年、一二五二—一二五三ページ。
（9） 『日本外交年表並主要文書』下巻、四三八ページ。
（10） 海野芳郎『国際連盟と日本』原書房、一九七二年、二九八—三〇〇ページ。
（11） 『日本外交年表並主要文書』下巻、四五〇ページ。
（12） 『新渡戸稲造全集』第四巻、教文館、一九六九年、九八ページ。
（13） Tadao Yanaihara, *Pacific Islands under Japanese Mandate* (Oxford University Press, 1940), p. 305.
（14） 矢内原忠雄『植民及植民政策』有斐閣、一九三七年（第六版）、六〇六—六〇七ページ。
（15） 『拓殖大学八十年史』拓殖大学、一九八〇年、二〇二—二〇六ページ。
（16） 『現代史資料』四二（思想統制）みすず書房、一九七六年、一一八四ページ。
（17） 池井優「一九三〇年代のマスメディア」三輪公忠編『再考・太平洋戦争前夜』創世記、一九八一年、一七八ページ。
（18） 本書第六章参照。
（19） 『朝日新聞』一九八五年一二月二八日、籔下彰治朗「受難史貫く黒い縦糸」。
（20） 池井優『白球太平洋を渡る』中公新書、一九七六年、一七六ページ。
（21） 『朝日新聞』一九四一年一二月一六日（夕）。
（22） 山田野理夫『靖国神社』東出版、一九六八年、一七九ページ。
（23） 同右、一八二ページ。
（24） 松浦、前出書、三七ページ。
（25） 文部省社会教育局編『連合軍総司令部指令没収指定図書総目録』今日の話題社、一九八二年、二ページ。
（26） 同右、一、六ページ。
（27） 戸田一成の解説、同右、〇ページ。

（28）思想の科学研究会編『共同研究・日本占領』徳間書店、一九七二年、二二五ページ。

（29）岡野他家夫『日本出版文化史』原書房、一九八一年、四六四ページ。

（30）四手井綱正『戦争史概観』岩波書店、一九四三年、二ページ。

第二章

（1）Gabriel A. Almond and James S. Coleman (eds.), *The Politics of the Developing Areas* (Princeton University Press, 1960), p. 47.

（2）Lucian W. Pye (ed.), *Communications and Political Development* (Princeton University Press, 1963), pp. 12-13.

（3）Lucian W. Pye, "Forward," in Charles Tilly (ed.), *The Formation of National States in Western Europe* (Princeton University Press, 1975), p. ix.

（4）*Ibid.*, p. x.

（5）ガストン・ブートゥール、ルネ・キャレール（高柳先男訳）『戦争の社会学』中央大学出版部、一九八〇年、二九―三一ページ。

（6）同右、七〇ページ。

（7）同右、六七ページ。

（8）同右、付録、九―一二六ページ。

（9）Rabindranath Tagore, *Nationalism* (Calcutta, 1922), p. 38. 三輪公忠「地方主義を欠落させた日本近代」鶴見和子・市井三郎編『思想の冒険』筑摩書房、一九七四年、三一二ページ。

（10）中山治一「ウェストファリア体制からウィーン体制へ」望月幸男・三宅正樹編『概説ドイツ史』有斐閣、一九八二年、三二―三三ページ。

（11）「条約改正締結理由書」（一八八七年七月）『世外井上公伝』第三巻所収。Marius B. Jansen, *Japan and its World* (Princeton University Press, 1980), p. 69.

（12）Ernst L. Presseisen, *Before Aggression: Europeans Prepare the Japanese Army* (The University of Arizona Press, 1965), pp. 113-114.

（13）西嶋定生「東アジア世界」井上光貞編『総合講座・日本の社会文化史』第一巻、講談社、一九七三年、一三七ページ。

（14）旗田巍『日本人の朝鮮観』勁草書房、一九六九年、二七六ページ。

（15）秋山謙蔵『日支交渉史研究』岩波書店、一九三九年、六四二ページに、島田三郎の『東洋策』からの引用がみえている。

（16）竹内好編『アジア主義』（現代日本思想大系・九）筑摩書房、一九六三年、三七ページ。

（17）同右、四〇ページ。

（18）同右、一〇六ページ。

（19）同右、一一六ページ。

（20）同右、一一七ページ。

（21）同右、一一九ページ。

（22）同右、一二三ページ。

（23）同右、四〇ページ。

(24) 三輪公忠「志賀重昂――明治人の国際関係理解について」『日本近代化とその国際的環境』東京大学教養学部日本近代化研究会、一九六七年度研究報告、一〇〇ページ。
(25) 徳富猪一郎『蘇峰自伝』中央公論社、一九三五年、三〇九ページ。
(26) 『内村鑑三全集』第二〇巻、岩波書店、一九三三年、四一四ページ。
(27) 山辺健太郎『日韓併合小史』岩波新書、一九六六年、一九二―一九三ページ。
(28) 竹内編、前出書、三七ページ。
(29) 西嶋、前出論文、一三七ページ。山辺健太郎、前出書、二三八ページ。
(30) 朝鮮史研究会編『朝鮮の歴史』三省堂、一九七四年、二〇九ページ。
(31) 同右、二〇〇―二〇一ページ。
(32) 『矢内原忠雄全集』第二四巻、岩波書店、一九六五年、一三六―一三七ページ。戦後の一九四八年の第五刷以降、新書版からは、なんの断りもなく、ここに引用した部分が脱落している。同様な脱落箇所は他にもあるが、これは最大のものである(本書第六章参照)。
(33) 『大日本拓殖学会年報』第一輯(大東亜政策の諸問題)日本評論社、一九四三年九月、三七九ページ。
(34) 『新渡戸稲造全集』第五巻、教文館、一九七〇年、七九ページ。
(35) 同右、八二ページ。
(36) 朝鮮史研究会編、前出書、二〇三、二四九、二五四ページ。
(37) 『上智大学史資料集』第三集、上智学院、一九八五年、七四ページ。
(38) 石田一良「神道の思想」『神道思想集』(日本の思想・一四)筑摩書房、一九七〇年、三六ページ。
(39) 『内村鑑三全集』第二〇巻、八四〇ページ。
(40) 矢内原忠雄『内村鑑三とともに』東京大学出版会、一九六二年、三ページ。
(41) 『内村鑑三全集』第一四巻、岩波書店、一九三二年、五二二―五二三ページ。
(42) 松岡正男「外国人に与えし正しき認識」『子爵斎藤実伝』第四巻、子爵斎藤実伝刊行会、一九三三年、二八三ページ。
(43) 森岡巌・笠原芳光『キリスト教の戦争責任』教文館、一九七四年、四六―四七ページ。
(44) 朝鮮史研究会編、前出書、二五四ページ。
(45) 森岡・笠原、前出書、二八九―二九八ページ。
(46) 大江志乃夫『靖国神社』岩波新書、一九八四年、一一二―一二〇ページ。
(47) 同右、一一八―一一九ページ。
(48) 一九八六年七月三一日、靖国神社社務所調査課調べ。
(49) 『靖国神社百年史』資料篇、上巻、原書房、一九八三年、三三二ページ。
(50) 小林健三・照沼好文『招魂社成立史の研究』錦正社、一九六九年、五三ページ。
(51) 国立国会図書館調査立法考査局『靖国神社問題資料集』(非売品)一九七六年。

（52）朝鮮史研究会編、前出書、二五〇―二五三ページ。
（53）内海愛子・村井吉敬『赤道直下の朝鮮人叛乱』勁草書房、一九八〇年、一二二ページ。
（54）小林・照沼、前出書、七九ページ。
（55）国立国会図書館、前出書、二二七ページ。

第三章

（1）丸山真男『現代政治の思想と行動』増補版、未来社、一九六五年、九四ページ。
（2）同右、九四―九五ページ。
（3）同右、五〇六ページ。
（4）緒方竹虎『人間中野正剛』鱒書房、一九五一年、二三―二五ページ。
（5）同右、「序に代へて」の第二―三ページ。
（6）宮城公子『大塩平八郎』朝日新聞社、一九七七年、ページvii。
（7）同右、二七〇ページ。
（8）室伏哲郎『日本のテロリスト』弘文堂、一九六二年、二三八ページ。
（9）小沼正『一殺多生』読売新聞社、一九七四年、三四ページ。
（10）室伏、前出書、二四三ページ。
（11）橋川文三「超国家主義の諸相」『超国家主義』（現代日本思想大系・三一）筑摩書房、一九六四年、三一ページ。
（12）園部三郎編『日本唱歌集』中央公論社、一九七〇年、一六二―一六三ページ。
（13）小沼、前出書、四三ページ。
（14）平泉澄『悲劇縦走』皇学館大学出版部、一九八〇年、三九三ページ。
（15）同右、四六六ページ。
（16）『現代史資料』第五巻（国家主義運動・二）みすず書房、一九六四年、四九七ページ。
（17）小沼、前出書、一八一ページ。
（18）『現代史資料』第五巻、四九七ページ。
（19）秦郁彦『昭和史の軍人たち』文藝春秋、一九八二年、二一―二二ページ。平泉、前出書、四〇五ページ。
（20）鹿野政直『大正デモクラシーの底流』日本放送出版協会、一九七三年、一三九ページ。
（21）マリウス・B・ジャンセン「明治日本の遺産」『中央公論』一九八五年八月号、七四ページ。
（22）内山正雄・蓑茂寿太郎『代々木の森』郷学社、一九八一年、二二ページ。
（23）『大日本青少年団史』日本青年館、一九七〇年、三三―三四ページ。
（24）橋川、前出論文、三一ページ。
（25）昭和同人会編著『昭和研究会』経済往来社、一九六八年、三一ページ。
（26）Tomitaro Karasawa, "Changes in Japanese Education as Revealed in Textbooks," *Japan Quarterly*, No. 2 (1955), p. 383.
（27）Harry Wray, "The Lesson of Textbooks," Harry Wray and Hilary Conroy (eds.), *Japan Examined* (Ho-

nolulu: University of Hawaii Press, 1983), p. 290.
(28) 栃木県教育委員会『栃木県教育百年のあゆみ』一九七三年、六〇ページ。
(29) 同右、六一ページ。
(30) 同右、六三―六四ページ。
(31) 同右、六六―六八ページ。
(32) 『現代史資料』第五巻、四一〇―四三三ページ。
(33) 同右、四三九ページ。
(34) 伊藤武編『近衛公清談録』千倉書房、一九三七年、二三四ページ。
(35) 同右、二三六ページ。
(36) 同右、二三七ページ。
(37) 同右、二四一ページ。
(38) 同右、二五五ページ。
(39) 同右。
(40) 同右、六六―六七ページ。
(41) 同右、六七ページ。
(42) 同右、三六ページ。
(43) 近衛秀麿「兄・文麿の死の蔭に」『文藝春秋』一九五二年三月号、七五ページ。
(44) 『近衛公清談録』三四ページ。
(45) 原田熊男『西園寺公と政局』第六巻、岩波書店、一九五一年、一二九、一三一ページ。
(46) 近衛秀麿、前出論文、七七ページ。
(47) 岡義武『近衛文麿』岩波新書、一九七二年、八ページ。
(48) 近衛秀麿、前出論文、八五ページ。
(49) 同右、二三八ページ。

第四章

(1) 矢野仁一『近代支那論』京都・弘文堂、一九二三年、一ページ。
(2) 同右、四―六ページ。
(3) 同右、七―八ページ。
(4) 同右、二八ページ。
(5) 同右、一九ページ。
(6) 同右、六三ページ。
(7) 内藤湖南『支那論』創元社、一九三八年、自序、一〇ページ。
(8) 同右、八―九ページ。
(9) 同右、四ページ。
(10) 同右、七ページ。
(11) 同右。
(12) Herbert Adams Gibbons, *The New Map of Asia* (New York: Century, 1919), p. 425.
(13) 内藤、前出書、二六三―二六六ページ。
(14) 同右、二七五ページ。
(15) 矢野仁一『日本外交史論』(アジア問題講座・一) 創元社、一九三九年。
(16) John Stephan, "The Tanaka Memorial (1927): Authentic or Spurious?" *Modern Asian Studies*, XII, 4 (1973), pp. 733-745.
(17) 『近代の戦争』第八巻 (軍事事典) 人物往来社、一九六六年、一二五ページ。

(18) 三輪公忠『環太平洋関係史』講談社現代新書、一九六八年、一六二ページ。

(19) Thomas A. Bailey, *Theodore Roosevelt and the Japanese-American Crises* (Gloucester, Mass.: Peter Smith, 1964), p. 259.

(20) Peter Duus, "Nagai Ryutaro and the 'White Peril,' 1905-1944," *Journal of Asian Studies*, XXXI (Nov. 1971), pp. 41-48.

(21) 三輪公忠「ナショナリズムとグローバリズム」武者小路公秀・蠟山政道編『国際学』東京大学出版会、一九七六年、七六―八九ページを参照。

(22) 岡義武『近代日本政治史』I、創文社、一九六二年、一二八―一二九ページ。

(23) 鶴見祐輔『後藤新平』第二巻、勁草書房、一九六五年、九六一ページ。

(24) 小寺謙吉『大亜細亜主義論』宝文館、一九一六年、「序」一―四ページ。

(25) 馬場伸也「北京関税特別会議と日本」細谷千博・綿貫譲治編『対外政策決定過程の日米比較』東京大学出版会、一九七七年、三一五―四一七ページ。

(26) 三輪公忠「一九二四年排日移民法の成立と米貨ボイコット」細谷千博編『太平洋・アジア圏の国際経済紛争史』東京大学出版会、一九八三年、一七一―一七二ページ。

(27) 藤井昇三『孫文の研究』勁草書房、一九六六年、二三一ページ。

(28) Grant K. Goodman, "The Pan-Asiatic Conference of 1926 at Nagasaki," *Proceedings of the 3rd Kyushu International Cultural Conference* (Fukuoka UNESCO Association, 1973), pp. 21-29.

(29) 『大川周明全集』第四巻、岩崎書店、一九六二年、四八八―四九〇ページ。

(30) 『大亜細亜協会年報』一九四三年三月号、三五ページ。

(31) 『大亜細亜協会年報』一九三四年三月号、五五ページ。黒龍会編『東亜先覚志士記伝』原書房、一九六六年、八一九―八二四ページ。

(32)『下中彌三郎事典』平凡社、一九七一年、二四七ページ。

(33) Grant Goodman, "Japanese Pan-Asianism in the Philippines: The Hirippin Dai Ajia Kyokai," *Studies on Asia* (1966), p. 140.

(34) 『下中事典』三九五ページ。

(35) 『中山優選集』中山優選集刊行委員会発行、一九七二年、三六五ページ。

(36) 中山優『対支政策の本流』育生社、一九三七年、四九ページ。

(37) 同右。

(38) 『日本外交年表並主要文書』下、四〇一ページ。

(39) 同右、四〇七ページ。

(40) 『中山優選集』二八一ページ。

(41) 京都大学文学部国史研究室編『日本近代史大辞典』東洋経済新報社、一九五八年、二一五ページ。

(42) 『矢部貞治日記』第一巻、読売新聞社、一九七四年、二八五ページ。
(43) 遠山茂樹他『昭和史』岩波新書、一九五九年、一七六ページ。
(44) 『斎藤隆夫政治論集』(兵庫県)出石町斎藤隆夫先生顕彰会、一九六一年、二八ページ。
(45) 同右、三一ページ。
(46) 同右、三一―三二ページ。
(47) 木村武雄「斎藤隆夫氏の演説批判」『東亜聯盟』第二巻第二号、一九四〇年、一〇三―一一〇ページ。
(48) 三輪公忠『共同体意識の土着性』三一書房、一九七八年、六四ページ。
(49) 木村と政治生活を共にした山本武の回想、『読売新聞』山形版、一九七四年三月二九日、三〇日。
(50) 判沢弘『土着の思想』紀伊国屋新書、二〇四―二一二ページ。
(51) 秦郁彦『軍ファシズム運動史』河出書房新社、一九六二年、一九八ページ。
(52) 白柳秀湖『日本民族論』千倉書房、一九三四年、一三三ページ。
(53) 三輪公忠『地方主義の研究』南窓社、一九七五年、八九ページ。
(54) 同右、八六―八七ページ。
(55) 『宇垣一成日記』第二巻、一二五五ページ。
(56) 同右。
(57) 同右。
(58) 高橋久志「支那事変――中国民族抵抗への誤算」近代戦史研究会編『国家戦略の分裂と錯誤』中、PHP研究所、一九八六年、二九五、二九七ページ。
(59) 東京『朝日新聞』一九四〇年八月二日(夕)。
(60) 同右。
(61) 松岡洋右『興亜の大業』第一公論社、一九四一年、二七五ページ。

第五章

(1) 教育総監部『万邦に冠絶せる我が国体』一九四〇年二月増補、二八八ページ。
(2) 同右、三三五ページ。
(3) 徳富猪一郎『皇国日本の大道』明治書院、一九四一年、二五五ページ。
(4) 同右、「序」一―二ページ。
(5) 小牧実繁『日本地政学覚書』大阪和田屋、一九四四年、五一ページ。
(6) 同右、五二ページ。
(7) 同右、一四四―一四六ページ。
(8) 同右、一七七ページ。
(9) 高橋久志「『東亜協同体論』」三輪公忠編『日本の一九三〇年代』彩光社、一九八〇年、七六ページ。
(10) 三輪公忠「『東亜新秩序』声明と『大東亜共栄圏』構想の断層」前掲『再考・太平洋戦争前夜』二〇二ページ。
(11) 三輪公忠「対外決戦へのイメージ」加藤秀俊・亀井俊介編『日本とアメリカ――相手国のイメージ研究』日本学術振興会、一九七七年、二四四ページ。

（12）蠟山政道「大東亜広域圏論」太平洋協会編『太平洋問題の再検討』朝日新聞社、一九四一年、三ページ。
（13）同右、四ページ。
（14）同右、二八ページ。
（15）同右、三〇ページ。
（16）同右、三二―三三ページ。
（17）同右、四一―四四ページ。
（18）加瀬俊一『日本外交の憂鬱』山手書房、一九八一年、二六四ページ。
（19）東京『朝日新聞』一九四三年八月二八日。
（20）同右、八月二九日。
（21）『日本外交年表並主要文書』下巻、五九四ページ。
（22）入江昭『日米戦争』中央公論社、一九七八年、一四八―一四九ページ。
（23）Arno J. Mayer, *Wilson vs. Lenin* (Cleveland: The World Publishing Co., 1964), pp. 372-375.
（24）鶴見俊輔『戦時期日本の精神史』岩波書店、一九八二年、二四〇―二四一ページ。
（25）たとえば秦郁彦「試論一九三〇年代の日本」前掲『再考・太平洋戦争前夜』二八ページ。
（26）信夫清三郎「『太平洋戦争』と『大東亜戦争』」『世界』一九八三年八月号、二二二―二二三ページ。
（27）Ba Maw, *Breakthrough in Burma: Memoirs of a Revolution, 1939-1946* (Yale University Press, 1968), p. 329.
（28）三輪公忠「『アジア』における日本の位置」川田侃・西川潤編『太平洋地域協力の展望』早稲田大学出版部、一九八一年、一九六―一九七ページ。
（29）同右、一九七―一九八ページ。
（30）東京『朝日新聞』一九四二年二月七日。
（31）後藤乾一『火の海の墓標』時事通信社、一九七七年、一五二ページ。
（32）Yohanna Johns, “The Japanese as Educators in Indonesia: A Personal View,” William H. Newell (ed.), *Japan in Asia* (Singapore University Press, 1981), pp. 25-31.
（33）明石陽至「興亜訓練所と南方特別留学生」早稲田大学社会科学研究所インドネシア部会編『インドネシア』早稲田大学出版部、一九七九年、五五ページ。
（34）後藤乾一、前出書、一三四―一三七ページ。
（35）森山康平・栗崎ゆたか『証言記録・大東亜共栄圏』新人物往来社、一九七六年、五九―六〇ページ。
（36）中島健蔵『昭和時代』岩波新書、一九五七年、一五六ページ。
（37）鈴木静雄・横山真佳編『神聖国家日本とアジア』勁草書房、一九八四年、一三八―一五六ページ。
（38）久野収・鶴見俊輔・藤田省三『戦後日本の思想』勁草書房、一九六六年、一八九―一九一ページ。
（39）三輪公忠「地方主義を欠落させた日本近代」前掲『思想の冒険』二九六―三〇六ページ。
（40）滝沢誠『権藤成卿』紀伊国屋新書、一九七一年。
（41）下中彌三郎「世界新秩序の一般理論」『大亜細亜主義』

一九四〇年一〇月号、三ページ。

(42)『下中事典』二二〇ページ。

(43) 三輪公忠「日本の世界連邦運動を支える土着性」川田侃・三輪公忠編『現代国際関係論』東京大学出版会、一九八〇年、二三〇ページ。

第六章

(1) Robert O. Paxton, *Vichy France: Old Regime and New Order, 1940-1944* (N.Y.: Knopf, 1972), p. 14.

(2) *Ibid.*, p. 22.

(3) 伊藤隆『近衛新体制』中公新書、一九八三年、一七四ページ。

(4) 岡義武『近衛文麿』岩波新書、二〇九ページ。

(5) 清沢冽『暗黒日記』第一巻、評論社、一九七〇年。たとえば八三ページ、一九四三年六月三〇日の記述など、この前後に「赤色革命」へのおそれがしばしば記録されている。

(6) 三宅正樹「占領下の日本とドイツ」三宅正樹他編『昭和史の軍部と政治』第五巻、第一法規出版、一九八三年、五ページ。

(7) 藤村道生「日本の降伏と軍部の崩壊」三宅正樹編『昭和史の軍部と政治』第四巻、第一法規出版、一九八三年、二五ページ。

(8) 同右、二三四ページ。

(9) 加瀬俊一、前出書、二六二―二六三ページ。波多野澄雄はこのような解釈を支えうる多様な史料を発掘した。江藤淳監修『終戦工作の記録』上、講談社、一九八六年、の第三章、七三―一〇四ページを見よ。

(10)『占領史録』(江藤淳責任編集・波多野澄雄史料解題)第一巻、講談社、一九八一年、二一七―二一九ページ。

(11)『重光葵著作集』第一巻(昭和の動乱)原書房、一九七八年、二九五ページ。

(12)『占領史録』第一巻、二四一ページ。

(13) 同右、二七〇―二七二ページ。

(14) 同右、二七一、二七二、二八一ページ。武田清子『天皇観の相剋』岩波書店、一九七八年、三六ページによれば、マッカーサーは直接軍政をいい、重光はこれを批判しつつも、これに対応するため占領協力の姿勢をとるようになってゆくのである。

(15) 荒瀬豊「占領統治とジャーナリズム」『戦後改革』第三巻、東京大学出版会、一九七四年、三五六ページ。

(16) 同右、三六一ページ。

(17) 同右、三六五ページ。

(18) 藤村道生は、前出論文の末尾を「こうして軍隊を解体した日本は、講和条約の発効によって独立するまで、軍部の占領に代わるアメリカ軍の占領下におかれたのである」と締めくくっている。

(19) 伊藤隆、前出書、七八―七九ページ。

(20) 長与善郎の「これこそ天佑」と題する、雑誌『世界』創刊号(一九四六年一月号)掲載の論文については後で論ずる。

(21)『岩波書店五十年』岩波書店、一九六三年、二五一ページ。

(22) 安倍能成『岩波茂雄伝』岩波書店、一九五七年、二七七ページ。
(23)『世界』一九四六年一月号、一九〇―一九一ページ。
(24)『竹内好全集』第八巻、筑摩書房、一九八〇年、一四〇ページ。同全集、第一三巻、一九八一年、二五六ページ。
(25) 安倍、前出書、二三六ページ。
(26) 同右、二四七ページ。
(27) 同右。
(28) 同右、二四八ページ。
(29) 同右、三七七ページ。「米英に寄す」と題する一九四五年五月執筆の未発表原稿。
(30)『世界』一九四六年一月号、一九一ページ。
(31) 同右。
(32) 安倍、前出書、二一五ページ。
(33) 同右、四九九ページ。
(34)『矢内原忠雄全集』第二九巻、三〇四ページ。
(35) 矢内原忠雄『日本精神と平和国家』岩波新書、一九四六年、三ページ。
(36) 和田盛哉「戦陣訓及び派遣軍将兵に告ぐに関する研究のまとめ」防衛研修所戦史室、一九七三年、九、一三ページ。
(37) 矢内原、前出書、一一ページ。
(38) 同右、二一ページ。
(39) 同右、二三ページ。
(40) 同右、二五ページ。
(41) 同右、五三ページ。
(42) 同右、五四ページ。
(43) 同右、五七ページ。
(44) 同右、五八―六一ページ。
(45) 同右、六一ページ。
(46)『世界』一九四六年一月号、一九一ページ。
(47) 矢内原、前出書、六二ページ。
(48) 田中慎一「新渡戸稲造と朝鮮」『季刊三千里』一九八三年夏（第三四号）、九三ページ。
(49) たとえば武田、前出書、一二、一六、四七、六一、そして特に一二六ページ。
(50) 大東亜共栄圏の理想を学ばせるために、日本に留学させられたフィリピンの青年の一人が、一九四三年九月、東京で最初に買った書物の一冊が新渡戸の『武士道』であった。レオカディオ・デアシス著、高橋彰編訳『南方特別留学生トウキョウ日記』秀英書房、一九八二年、八四ページ。
(51)『矢内原忠雄全集』第二八巻、一九六五年、七六〇ページ。
(52) 安倍、前出書、三八七―三八八ページ。
(53) 三輪『共同体意識の土着性』一一二ページ。
(54) Laurence S. Wittner, "MacArthur and the Missionaries: God and Man in Occupied Japan," *Pacific Historical Review*, Vol. 40, No. 1 (February 1971), pp. 77-98.
(55) 桜本富雄『詩人と戦争』小林印刷出版部、一九七八年、二一三―二一七ページ。
(56)『毎日新聞』一九八二年八月九日、編集委員池田一之による「記者の眼」。
(57) 丸山真男「歴史意識の『古層』」丸山真男編『歴史思想集』（日本の思想・六）筑摩書房、一九七二年、六―一二八ページ。

(58) 大野晋『日本語の年輪』新潮文庫、一九六六年、一三一一四ページ。

(59) 『矢内原忠雄全集』第二四巻、一四一ページ。

(60) 安倍、前出書、二四九ページ。

(61) 『世界』一九四六年一月号、一〇七―一一二ページ。

(62) 鶴見俊輔「日本の折衷主義」伊藤整他編『近代日本思想史講座』第三巻、筑摩書房、一九六〇年、一九五ページ。

(63) 田中、前出論文。

(64) 安倍、前出書、三八五ページ。

あとがき

太平洋戦争下、敗色の濃くなりはじめた一九四三年九月、東条内閣は学生の徴兵猶予を停止することとし、直ちに実施に移した。以降敗戦の日まで学生にして応召したものは五万人であった。戦死したものはおよそ六〇〇〇名、その半数は沖縄攻防戦においてであった。いわゆる特攻隊については、戦死者七六九名中、学徒兵が六三八名だったという数字がある。『日本戦歿学生の手記 きけわだつみのこえ』(東京大学協同組合出版部、一九四九年)でトップに収められている上原良司(長野県南安曇郡有明村出身・戦没時陸軍少尉)もその一人だった。

一九四五年五月一一日、三式戦闘機を一人で駆って、沖縄嘉手納湾の米機動部隊に突入した上原は、出撃の前夜、「所感」を書きのこしていた。「光栄ある祖国日本の代表的攻撃隊ともいうべき陸軍特別攻撃隊に選ばれ、身の光栄これにすぐるものなしと痛感しております」と、どちらかといえば皇軍将兵の模範のような心境の記述からはじめている。しかしすぐ文章のトーンは一変する。それは日本の敗戦を見通したうえでの、政権担当者への批判である。「権力主義の国家は……必ずや最後に敗れる」とこの特攻隊将校は断言した。日本を「かつての大英帝国のごとき大帝国たらしめる」のが自分の野望だった、とこの二二歳の青年は書いた。日本が失敗した最大の原因は、自由主義を排除したからだ、と確信していた。

そして、出撃前夜の彼の最後の言葉は、ほとんど敗戦後の同胞に宛てられたものだったと読むことができる。「願わくば愛する日本を偉大ならしめられんことを……」。

この特攻隊員の死の意味はなんであろう。「はしがき」でとりあげた内村鑑三の祖国への愛とキリストへの愛に共通したものが感じられる。内村の普遍への愛はキリストとして表現されたが、上原青年はそれを自由へのコミットメントとして表現していた。その他にも内村とこの青年の間に似たものがある。それは、どちらもが一度はイギリスを日本のモデルと見立てていたことである。ここに戦前日本の矛盾が凝縮してみえる。普遍の価値を現実政治のもとで追求して、一九世紀までには一つの完成度に達したものとされ、日本の国造りの模範とされたイギリス。そのイギリスに追い着き追い越そうとして、その悪しき手段まで拡張的に援用した日本。その日本に幻滅した内村。その目標を達成しえなかったことを死を目前にして残念がった青年。

われわれは、このような局面を秘めている一九四五年の日本から、今日何を学び、明日に何を継承してゆけばよいのか。

この本を書きながら、ずいぶんいろいろのことを学んだ。途中から自分の半生の総決算のような気がしてきた。しかし「あとがき」を書く段になって、郷里の上原良司先輩に出会い、近代日本を、この地方の眼で、もう一度眺め返してみたい、と新たな意欲が湧いてきた。

この本の執筆にあたってはいろいろの方にお世話になった。東京大学出版会編集部の竹中英俊氏をはじめ、本書第六章の元となった原稿の『中央公論』一九八五年一一月号掲載のお世話をいただいた江刺実氏、上智大学国際関係研究所で長年わたくしが主宰してきた日本外交史研究会の諸学兄、そして防衛研究所の波多野澄雄、高橋久志の両氏に特にお礼申しあげたい。

一九八六年九月二四日

三輪　公忠

解題「今日の視点で〝戦前＝戦後〟に向き合う」

佐藤　卓己

経年とともに装幀はおろか内容までも古びてしまう学術書とて少なくない。むしろ学知の発展を前提とすれば、それこそが普通のことかもしれない。本書を再読しつつ、その鮮度にむしろ驚いている。初版は世紀転換期を挟んで二八年前、一九八六年一一月一〇日に出ている。それは第三次中曽根康弘内閣の時代だった。刊行前の三ヶ月間に起こった出来事を年表で拾ってみよう。

八月一四日、後藤田正晴官房長官は翌日の首相靖国神社公式参拝を見送くるとの談話を発表した。それはA級戦犯合祀を批判する近隣諸国への配慮によるが、これに反発した藤尾正行文相ら一六閣僚は参拝した。

九月二一日、中曽根首相はソウルで全斗煥大統領と会談し、「（日韓併合は）韓国側にも若干の責任」と述べた藤尾文相の発言で陳謝した。

九月二二日、中曽根首相の講演中、「米国の平均的知的水準は黒人やメキシコ人などを含めると非常に低い」との発言が国際問題化した。米下院に非難決議案が提出され、同二六日首相は陳謝した。

一〇月一七日、この「知的水準」発言を衆議院本会議で釈明する際、中曽根首相が日本は「単一民族国家」と発言し、アイヌ団体などの抗議で再び問題化した。

一一月八日、中曽根首相は訪中し、胡耀邦総書記、鄧小平主任と相次いで会談、日中四原則を再確認した。

本書の刊行当時、まだ東西冷戦下でソビエト連邦と中国も厳しく対立していた。その後、一九九一年にソビエト連邦が崩壊し、二〇一〇年には経済大国の地位で日中の逆転が生じた。これほど世界史的変動がありながら、国際関係論から読み解いた日本近現代史が新鮮なのはなぜだろうか。それは中曽根首相の「戦後政治の総決算」から安倍晋三首相の「戦後レジームからの脱却」にスローガンが変わったとしても、「戦後」という思考枠組がいまだに変化していないためだろう。

それに関連して思い出したのは、アメリカの歴史家キャロル・グラックの「現在のなかの過去」（A・ゴードン編『歴史としての戦後日本　上』みすず書房・二〇〇一年）である。そこで、日本社会における「戦後」の特異性はこう指摘されている。

> ほとんどの国で、自国史を語るさいに第二次大「戦後」という形容が冠せられるのは一九五〇年代後半までのことであり、それ以後は「現代」という扱いになる。日本の「長い戦後」は、日本独自であるとともにアナクロニズムである。

「ほとんどの国」には、国共内戦を経て一九四九年に成立した中華人民共和国も、一九五三年に朝鮮戦争が停戦となった韓国も含まれるはずだ。世界中の国々の歴史教科書で「戦後」は一九五〇年代後半で終わり、それ以後は「現代」となっている。その一方で、日本だけが「長い戦後」という特異な時間枠を採用しており、しかもそれは「悪しき戦前」と「良き戦後」を分断する八・一五史観に支えられてきた。グラックは日本人が「戦後」という言葉を「魔除けのお札」として利用してきたことを厳しく批判している。

テレビ画面では、この〔戦争に至る過程〕部分は一九四五年をもって終わり、それはあたかも暗くて古い日本はもはや背後に遠ざかり、朝の訪れとともに明るく新しい日本が現れるといおうとしているかのようだった。

こうして今日も繰りかえされる「貧しき戦前／豊かな戦後」のイメージこそが、経済的繁栄と結びついた「平和憲法」の現状維持を願う心理的背景だというのである。だとすれば、こうした「戦前／戦後」断絶史観こそ、周辺諸国との歴史的対話を困難にしているとも言えるのではあるまいか。平和憲法、あるいは第九条はその「良き戦後」の象徴とされているが、その前提となるドメスティック（自国中心的）な「戦前／戦後」枠組みは外国人にはまったく共有されていない。外部の他者に開かれていない空間でいくら自己反省を繰り返してみても、それは対手のいないゲームに過ぎず、空虚な自己満足のパフォーマンスに終わってしまう。

こうした自国中心の「戦後」観が外交的思考を困難にしていることに、プリンストン大学で学位を得た著者が敏感であるのは当然だろう。本書は敢えて戦前と戦後を接続する「一九四五年の視点」を導入することで、世界史との経路を遮断された日本史を再びグローバルに開こうとする試みと言えなくもない。

私が本書と出会ったのは一九九五年、「戦後」を見直す共同研究の中である。当時、ドイツ現代史研究者だった私は、山之内靖・東京外国語大学教授（当時）を代表とする「総力戦体制論」の研究プロジェクトに参加していた。その成果をまとめた山之内靖・ヴィクター・コシュマン・成田龍一編『総力戦と現代化』（柏書房・一九九五年）の冒頭で、山之内は問題意識をこう語っている。

> 資本の活動が国境を越えてグローバル化し、そのことによって国民国家の権力基盤が動揺しているにもかかわらず、私たちの政治体制も経済体制も、総力戦時代に構築されたシステム統合という基本的性格をいまなお抜け出してはいない。（強調は引用者）

つまり、「総力戦体制論」とは悪しき戦前と良き戦後を切り分ける俗論に、世界大戦が必然化した総動員システムによる戦中＝戦後の連続性を対置するものであり、現代化（システム化）の問題を批判的に検討することを目的としていた。同書に収めた拙稿「総力戦体制と思想戦の言説空間」は、戦時メディアの経営者と研究者における戦後への連続性にスポットを当てている。この論文の脱稿後、重要な先行研究として本書の存在に気がついた。国際政治学者の著作のため、メディア研究の視野に入ってこなかったのである。私は不十分な文献調査を恥じ入った。しかも、はしがきで著者は本書の目的をこう述べていた。

「聖戦」といわれた戦争の裏も表も同様に、緻密に研究し、特に知的側面に注目しつつ、国民動員の全体像をしっかりと把握する必要がある。（vi頁）

さっそく第一章第四節「検閲制度に自由を感じるとき」に目を通した。その記述は以後、私のメディア史研究の導きの糸になったといえるかもしれない。拙著『『キング』の時代―国民大衆雑誌の公共性』（岩波書店・二〇〇二年）では戦時期のファシスト的公共性（圏）を裏付ける記述として、本書（二〇―二一頁）から長文の引用をおこなっている。

岩波書店については、三輪公忠が次のように記述している。

「岩波書店の店主岩波茂雄は出版界の重鎮であった。近衛新体制運動のもと、後に情報局となる内閣情報部と連絡をとりつつ組織された日本出版文化協会の結成準備委員会には、民間代表としてはじめから名を連ねていた。一九四〇年初春早々から津田左右吉の著作に対する刑事弾圧がはじまった。それは出版法第二六条の「皇室ノ尊厳ヲ冒瀆シ……」の条を根拠にしていた。しかしこの書店の出版事業は一九四一年には、好況の絶頂に達した。岩波は自由な文化人として見識の高い人で、意識して、軍閥におもねったりする人ではない。それなのにこの好況を迎えていたということは、彼の選択が他の分野では、政府の見解と一致していたためだろう。そんな場合、検閲制度はあっても、岩波とすれば、出版の自由を享受していたのと同じ効果をもっていたとはいえまいか。（中略）制度的にはすでに言論の自由を奪われているはずのものが、自由だと感じるということは、その体制が、一つの革命的体制であって、その個人が、その革命を指向しているときだろう。」

ここで三輪が「革命」と呼ぶのは、英米の世界秩序に対する挑戦である。しかし、それは同時に国内における公共圏の革命ではなかったろうか。大衆が運動の中に「参加」と「自由」を感じる社会関係（空間）を、特に第I部で大衆的公共性（圏）と呼んできた。総力戦体制は、「財産と教養」という市民的公共圏の壁を打ち破って、「言語と国籍」を入場条件とする国民的公共圏を成立させようとしていた。それは敢えて「ファシスト的公共性（圏）」と呼ぶこともできるが、イタリアのファシズム、ドイツのナチズム、あるいはアメリカのニューディールであれソビエトのスターリニズムにしろ、そうした国民的合意を生み出す運動であった。戦前の日本にも、歓呼と共感によって大衆世論を生み出す「ファシスト的公共性」は存在した。岩波が予感した自由とは、この公共性の構造転換において、岩波文庫創刊言「読書子に寄す」の精神が具現化することではなかったか。

「それは生命ある不朽の書を少数者の書斎と研究室とより解放して街頭にくまなく立たしめ民衆

に伍せしめるであろう。」

その内容にかかわらず書籍や雑誌の購入とは、そうした自由と参加を街頭の大衆が直接感じることができる体験であった。こうしたファシスト的公共圏での出版好況は、会計上敗戦まで続いた。（中略）貧しく暗い出版状況の中で日米開戦に突入したと考えるのは、根本的に誤りなのではないか。出版界に限っていえば、むしろ「バブル」に浮かれて主体的に開戦キャンペーンに邁進したといえまいか。

さらに、この延長上に私は『言論統制――情報官・鈴木庫三と教育の国防国家』（中公新書・二〇〇四年）を執筆した。私にとって、本書はまず戦時言論史のステレオタイプを打ち破る突破口になったわけである。しかし、一般には戦争社会学やポストコロニアル論、あるいは地政学＝国際関係論の先駆的研究として評価されるべきだろう。以下、各章ごとに「二〇一四年現在の視点」からその意義をまとめてみたい。

第一章「一九四五年の視点」は、戦争社会学の理論的検討から始まっている。「最初に戦争をはじめた側が敗者となる」、「国民国家形成の過程で戦われた戦争は、必ず勝利に終わる」というテーゼが紹介され、「敗戦国の方が、戦争国よりも、長期的にみて、戦争が結果的にもたらす効用を受ける」かどうかが検討されている。これは後にジョン・ダワーが「役に立った戦争―戦時政治経済の遺産」（『日米の昭和』TBSブリタニカ・一九九〇年）や『敗北を抱きしめて』（岩波書店・二〇〇一年）で検証する命題である。だが、国際政治学者である著者の方が、空間的にはダワーよりはるか遠くを見つめていたようだ。特に、東京帝国大学の植民政策講座教授・新渡戸稲造とその後継者・矢内原忠雄に焦点を当てることで、委任統治領の南洋群島から満洲国（中国東北部）まで含む地政学的な広がりにおいて「日本」を問題設定している。この章は以下の言葉で締めくくられている。

学界では、戦後の一九五六年に日本国際政治学会が創立された。その創立メンバーのうちには、解散した日本地政学協会や大日本拓殖学会の旧会員も多数いた。戦前の日本と戦後の日本は、決して断絶していない。それどころか連続しているといった方が、より正鵠を射ていると思うが、学界におけるこの連続性もその一つの例であろう。（三二一頁）

第二章「戦争と国民国家形成」は、構築主義的「国民化」論の先がけの一つとして読まれるべきだろう。一八九四年の日清戦争から、日露戦争、第一次大戦と正確に十年周期で対外戦争が繰りかえされたことは、受験勉強の年号暗記を助けてくれた。さらに本書では一八八四年の甲申事変、七四年の台湾出兵、六四年の馬関戦争、五四年のペリー艦隊に強要された神奈川条約までさかのぼり、この対外紛争の十年周期が確認されている。その上で、なぜ第一次大戦の一〇年後に戦争が起きなかったのかと問いが立てられている。この一九二四年にアメリカで排日移民法が成立したにもかかわらず、である。著者の回答は明快だ。「一九二四年までには国民国家の形成が終わっていたからだ」。日露戦争までを国境画定の「国民主義戦争」、第一次大戦以後をへゲモニー確立のための「帝国主義戦争」と色分ける本書の立場には、もちろん異論もあるだろう。特に、朝鮮支配をめぐる日露戦争の評価である。蝦夷、琉球、朝鮮を扱った林子平『三国通覧図説』(一七八六年)を引いて、著者はこう書いている。

> 近代国民国家として、辺境の統合を進めていった日本が、北海道、千島、沖縄の後で、韓国を併合したのはそれほど違和感のある展開ではなかった。(五一―五二頁)

この併合が「日本人には自明の成り行きと考えられていた」ことの一事例として、矢内原忠雄『余の尊敬する人物』(岩波新書・一九四〇年)に収録(戦後版で削除)された新渡戸稲造の一高入学式訓話も紹介されている。

第三章「大正の青年と明治神宮の杜」では、昭和ファシストが育った「大正デモクラシー期」の再評価がおこなわれている。政治的暗殺者がほぼ士族出身であった明治期と異なり、大正以降は平民から暗殺者が生まれたという指摘は鋭い。それが暗殺のデモクラシー化と呼べるか否かはともかく、政治への直接的な参加感覚を民主主義の指標とするならば、ファシストが自ら民主主義者であると信じることに何らの不思議もないはずである。

第四章「アジア新秩序の理念と現実」では、一九三〇年代の大陸進出の輿論形成に大きく作用した京都学派の矢野仁一や内藤湖南による「中国非国論」が扱われている。矢野の「支那は国に非る論」(『外交時報』一九二二年四月）はともかく、内藤の『支那論』（一九一四年）、『新支那論』（一九二四年）は最近も「文春学藝ライブラリー」（二〇一三年）で復刊され読まれ続けている。だが、内藤が「中国人のために、中国人に代わって」書いたというアジア主義的な支那論よりも、実際に「東亜新秩序」、「大東亜共栄圏」に至る国策形成と親和的だったのは、京都学派でも西洋哲学を学んだ三木清の近代的な東亜協同体論だったはずだ。にもかかわらず、欧米の普遍的「旧秩序」への対抗を表明する際には、近代主義でもアジア主義でもなく翻訳不能な「皇道主義」を掲げざるを得なかった。

第五章「地域的普遍主義から地球的普遍主義へ」では、皇道主義の「八紘一宇」を空間的に裏付ける理論として地政学（ゲオポリティーク）が分析される。日本書記に由来する「八紘一宇」は英語に強引に意訳すると"all the world under one roof"（全世界を一つ屋根の下に）、超訳すればJapanese globalism（日本の世界化）である。特に、昭和研究会で近衛ブレーンとなり「東亜協同体の理論」を執筆した東京帝大教授・蠟山政道に焦点を当てている。皇道主義の特殊用語をまとった「東亜新秩序」声明なども、その政策内容は蠟山ら合理的政策科学者によって用意されていた。非合理な表現の中にも近代主義のロジックは貫かれていたとする評価である。著者は蠟山の広域圏構想を「戦後のために先取りしていたもの」と位置付け、その脈絡のうちに一九八〇年に大平正芳首相が提唱した「環太平洋連帯構想」なども数えている。

蠟山の広域経済圏の思想は、日本の敗戦、植民地体制の解体という歴史的変動を越えて、戦前を

現代にまで連続しつづけてきたものと位置づけることができるかもしれない。(一五九頁)

だが、本書で政治的により高く評価されているのは、「負けても立派な戦争目的だけは残るようにと考案された」、一九四三年一一月六日の「大東亜共同宣言」である。

それは、敗戦をもはや避けがたいものと判断したうえで、戦後秩序に対するもっとも理想主義的な構想を用意し、これを世界に宣言し、それによって戦勝国も、なにがしかの拘束を受けることを期待する、というものである。(一五九頁)

これを演出した重光葵外相らは、戦後の東南アジアを含む広域秩序を考える際、ローズヴェルトとチャーチルが一九四一年に発した大西洋憲章を念頭におき、これを超える理念を植民地解放に求めた。それは植民地国家イギリスが到底飲めなかった要求であり、戦勝国たる各宗主国は戦後処理で逆ねじを食らうことになった。たとえ、日本が約束した「独立」がいかに現実から離れていても、「未完の目標」を世界システムの責任者に托すことになったというのである。物資の現地調達を前提とした日本軍政の現実的な残忍さを十分に認めた上で、それでもなお東南アジア諸国の独立は意図された戦後なのだ、と著者は考えている。だからこそ、自主独立、内発的発展、互恵平等を謳った「大東亜共同宣言」を実現させる責任が日本にあると主張する。丸山眞男の有名なセリフに「大日本帝国の実在よりは戦後民主主義の虚妄に賭ける」があるが、大日本帝国にも「賭けるべき虚妄」はあったということだ。

国家が「国体護持」の名において、戦前から戦後に連続しつづけている以上、未完の目標を達成すべき責任をも継承してきているとはいえまいか。国家が連続している限り、そしてまたその連続性を根拠として戦後日本の繁栄を享受してきた日本国民としては、この事実を自覚する必要があるのではなかろうか。(一六五頁)

しかし、こうした歴史意識は戦争体験者、すなわち戦前から戦後への生身の連続性が消滅しつつある今日では、ますます稀有なものとなっている。あの戦争のすべてを「侵略」として切り捨て、それと非連続的な「戦後」にしがみついたため、「解放」への約束はおろか、「侵略」への責任すらも負わない態度が生まれたというわけである。

今回再読して、本書で終戦日はポツダム宣言受諾の八月一四日とされ、八月一五日の玉音放送は黙殺されていることに気がついた。「八・一五革命」説(丸山眞男)がもたらした「戦後の民主主義の一大陥穽」を著者はこう論じている。

国家の意志決定に参加し、その行動に責任を負うべく位置づけられていながら、その国民は、あたかも「革命」を通過したかのように、戦前の行為には責任をとろうとせず、ひたすら「平和」を唱うのである。これはすべて、あの戦争を、ただ侵略戦争とだけ位置づけ、そしてその責任を軍部独裁、あるいは日本の資本の責任としてきたためであろう。（一六六頁）

その上で、侵略と解放という戦争の両義性を認めないために、「戦前の国民的体験は、こうして一部戦後右翼の思想的拠り所に堕してしまった」とも指摘している。

「大東亜戦争」の侵略と解放の両義性を、はっきりと腑分けし、そこから抽出できる、今日いっそう有効な文明観を、日本人民の歴史的遺産として位置づけるとき、われわれは、はじめて侵略の事実による異民族の犠牲者のみならず、自国民の犠牲者に対しても、歴史の継承者としての責任を果たす方向に向けて行動することができるようになるだろう。（一六七頁）

この文章から想起されるのは、後に加藤典洋が『敗戦後論』（講談社・一九九七年）で展開した、謝罪主体の構築のためにまず自国の死者を先に弔うべきだという主張である。もちろん、加藤の場合は「義のない戦争」を前提として「無意味な死者を無意味ゆえに深く哀悼すること」を要求している。加藤が「無意味さ」をことさらに強調したのは、もっぱら「解放」の理念を強調する自由主義史観運動が一九九〇年代に台頭したためであろう。「解放」の欺瞞性に対する批判は、加藤典洋と高橋哲哉の歴史認識論争以後さらに深まっていった（高橋哲哉『戦後責任論』講談社・一九九七年も参照）。だが、この論争に一〇年も先だつ本書の主張は存在意義を失ったといえるだろうか。むしろ、「新冷戦時代」の到来が叫ばれる今日、超国家主義を「脱国家的思想の戦前と戦後」に読み換えようとした本書は、改めて読み直されるべきだろう。ウェブの情報環境では、侵略の告発だけに専念するリベラル派、解放の理念だけにしがみつく保守派への集団成極化 Group Polarization はますます加速化している。

第六章「国家の連続性と占領協力」では、国際比較の視点でGHQ占領体制が再検討されている。同じ敗戦国ドイツと比較されることが多い日本だが、政府機構が消滅したドイツとはまるで異なる間接統治がおこなわれていた。だとすれば、日本人の占領体験は一九四〇年にナチ・ドイツに降伏したヴィシー政権下のフランス人、あるいは同年に日本占領下の南京に成立した汪兆銘政権下の中国人の占領体験と対比すべきなのである。その汪兆銘政権に大使として派遣されていた重光葵が、翌年「大東亜共同宣言」を演出し、一九四五年九月二日の降伏文書調印式における日本政府代表となっている。

そうした「占領」体験の連続性を踏まえて、戦中から途切れることなく続く言論機関のコルポラシオン〈協力〉体制が鋭く批判されている。結局、「軍部独裁という戦前日本が体験した一つの〝占領体験〟」で「占領協力」した新聞社は、連合軍最高司令部（ＧＨＱ）の下でも同じように「占領協力」したに過ぎない。「占領協力」の中身が、戦争動員から平和動員に変わっただけである。もっとも戦前の新聞も「東洋の恒久平和の確立」という大義名分に協賛したわけであり、「東洋」平和が「世界」平和に拡大されただけとも言える。多くの言論人が自己批判を棚上げにして、戦後も活動を続けた理由がそこにあった。

この文脈から、第四節では「悔恨共同体」（丸山眞男）の中核メディアとなった岩波書店の『世界』にスポットが当てられている。これを創刊した同心会は、小磯国昭内閣で外相となった重光葵の呼びかけで外相官邸に集まった知識人グループである。『世界』の原点に敗戦を変革遂行の「昭和維新」と考えた重光の発想があったことを著者は強調している。しかし、『世界』はアメリカ占領政策の変化にともない同心会と袂をわかち、「絶対的平和主義」の雑誌に変化していった（詳しくは、拙稿「『世界』―戦後平和主義のメートル原器」、竹内洋・佐藤卓己・稲垣恭子編『日本の論壇雑誌―教養メディアの盛衰』創元社・二〇一四年を参照）。それは岩波茂雄のリベラル・ナショナリズムから吉野源三郎のソーシャル・インターナショナリズムへと『世界』が転換していくプロセスだともいえるだろう。その過程で生じた言論出版史上の「歴史の素材の改竄」を厳しく指摘した上で、本書はこう結ばれている。

岩波茂雄は敗戦を国辱としつつも、その自ら招いた屈辱を克服する方策は、「八紘一宇」に象徴される日本人の民族的価値の普遍的側面を実現することにあると揚言していたわけである。（二二三頁）

本来であれば、本書の解題は国際関係論の研究者が担当するべきものだったのかもしれない。にもかかわらず、私が敢えて引き受けた理由は、拙著『物語　岩波書店百年史――②「教育」の時代』（岩波書店・二〇一三年）の余熱があったためである。その「あとがき」で「岩波書店の歩みを〝貫戦史〟

「Transwar historyとして描いた」と書いたとき、私の脳裏に本書の結語がよぎったこともまちがいない。かつて本書から多大な刺激を受けた一読者として、二一世紀の若い読者が本書と新に出会うことをまずはよろこびたい。

（さとう　たくみ・京都大学大学院教育学研究科准教授）

著書略歴
1929 年長野県生まれ.
1955 年ジョージタウン大学卒業. 67 年プリンストン大学 Ph.D (歴史学). 上智大学教授, 上智大学国際関係研究所長, 同アメリカ・カナダ研究所長. メキシコ大学院大学, プリンストン大学客員教授. ヴィクトリア大学(カナダ)アジア太平洋センター学外顧問. ソ連科学アカデミー世界経済国際関係研究所, ニュージーランド・キャンタベリー大学太平洋研究所, 客員研究員. 日本カナダ学会会長を勤めた.
現在, 上智大学名誉教授.

主要著書
『環太平洋関係史』(講談社現代新書, 1968)
『松岡洋右ーその人間と外交』(中公新書, 1971)
『地方主義の研究』(南窓社, 1957)
『アメリカ留学記』(光人社, 1977)
『共同体意識の土着性』(三一書房, 1987)
『日本・1945 年の視点』(東京大学出版会, 1986)
『隠されたペリーの「白旗」』(信山社, Sophia University Press, 1999)
『日本・アメリカー対立と協調の 150 年』(清流出版, 2005)

新装版 日本・1945 年の視点 UP コレクション

1986 年 11 月 10 日 初 版 第 1 刷
2014 年 9 月 25 日 新装版 第 1 刷

〔検印廃止〕

著 者 三輪公忠《みわきみただ》

発行所 一般財団法人 東京大学出版会
代表者 渡辺 浩
153-0041 東京都目黒区駒場 4-5-29
電話 03-6407-1069 Fax 03-6407-1991
振替 00160-6-59964

印刷所 大日本法令印刷株式会社
製本所 誠製本株式会社

ISBN 978-4-13-006527-6 Printed in Japan

「ＵＰコレクション」刊行にあたって

学問の最先端における変化のスピードは、現代においてさらに増すばかりです。日進月歩（あるいはそれ以上）のイメージが強い物理学や化学などの自然科学だけでなく、社会科学、人文科学に至るまで、次々と新たな知見が生み出され、数か月後にはそれまでとは違う地平が広がっていることもめずらしくありません。

その一方で、学問には変わらないものも確実に存在します。それは過去の人間が積み重ねてきた膨大な地層ともいうべきもの、「古典」という姿で私たちの前に現れる成果です。

日々、めまぐるしく情報が流通するなかで、なぜ人びとは古典を大切にするのか。それは、この変わらないものが、新たに変わるためのヒントをつねに提供し、まだ見ぬ世界へ私たちを誘ってくれるからではないでしょうか。このダイナミズムは、学問の場でもっとも顕著にみられるものだと思います。

このたび東京大学出版会は、「ＵＰコレクション」と題し、学問の場から、新たなものの見方・考え方を呼び起こしてくれる、古典としての評価の高い著作を新装復刊いたします。

「ＵＰコレクション」の一冊一冊が、読者の皆さまにとって、学問への導きの書となり、また、これまで当然のこととしていた世界への認識を揺さぶるものになるでしょう。そうした刺激的な書物を生み出しつづけること、それが大学出版の役割だと考えています。

一般財団法人　東京大学出版会